ROTRAUD A. PERNER

KULTUR DES teilens

EINLADUNG ZU EINEM DIALOGISCHEN LEBEN

Ein Tagebuch in Briefen samt einer Einführung in die Mesoziation®

UEBERREUTER

Autorin und Verlag bedanken sich bei den Rechteinhabern
der in diesem Buch abgedruckten Gedichte.

Die Deutsche Bibliothek – CIP-Einheitsaufnahme

Perner, Rotraud A.:
Kultur des Teilens: Einladung zu einem dialogischen Leben /
Rotraud A. Perner. – Wien: Ueberreuter, 2002
ISBN 3-8000-3844-7

Coverfoto: Corbis Stock Market (Puzzle), Helmut Klein (Perner)

Druck: Druckerei Theiss GmbH, A-9400 Wolfsberg
1 3 5 7 6 4 2

Ueberreuter im Internet: www.ueberreuter.de
Dr. Rotraud A. Perner im Internet: http://welcome.to/rotraud.a.perner

Für Dušan
und den Dušan in jedem Mann
und in jeder Frau

Inhalt

TEIlhaben

Eine Art Vorwort

Lieber Dušan!

Eigentlich wollte ich dieses Buch als ein Sachbuch gemäß der gewohnten Tradition schreiben: berichtend, feststellend, aber auch appellierend und – hoffentlich – motivierend. Und ich wollte es Dir widmen, weil ich meinte, dass Dir die Überwindung von Fremdenfeindlichkeit ebenso Anliegen ist wie mir, und dass wir unsere Energien gemEINsam diesem Ziel widmen könnten – nur die Art und Weise wäre noch zu verEINbaren. Dann hat unsere beginnende EINigung einen Bruch erlitten. Ich hoffe: keinen Abbruch.
Ich habe seither viel nachgedacht und nachgefühlt. Dabei ist mir aufgefallen, dass mein Anliegen, das ich in diesem Buch »transportieren« will, auch mein Anliegen an Dich ist – und vielleicht auch das Anliegen aller Menschen, die mitEINander in einer intensiven Beziehung stehen. Also habe ich beschlossen, dieses Buch in der ungewöhnlichen Briefform zu schreiben. Ein Risiko, ich weiß. Aber auch der renommierte Psychoanalytiker Michael Lukas Moeller hat »Die Liebe ist das Kind der Freiheit« mit zwölf Briefen an eine Freundin, Celia, begonnen, um, wie er schreibt, »fünf Grundeinsichten mitzuteilen, die auch mein Paarleben veränderten«. Nun, ich peile zwar kein »Paarleben« mit Dir an, wie Du vermutlich befürchtest, aber ich habe sehr wohl eine deutliche Vision von PARTnerschaft, und ich habe meine Einsichten dazu. Ich fantasiere, dass Du mein – noch nicht geäußertes – inneres Schauen im Sinne gehabt hast, als Du Dich in unserem letztvergangenem Disput beschwert hast: »Ich kann Dich nicht einschätzen!« Du hast etwas geahnt – aber Du hast nicht nachgefragt.
Da hättest Du, sage ich einmal, nämlich einen Schritt auf mich zu machen müssen, und das hast Du nicht gewagt. Oder anders formu-

liert: Einen Schritt auf eine »starke« Frau zuzugehen und ihr gleichzeitig dabei Raum zu geben, sich selbst in ihre eigene Position bringen zu dürfen, ist wahrscheinlich Neuland für Dich; immerhin bist Du in einer männerverherrlichenden Kultur geprägt worden, in der traditionell Frauen ausgeschlossen sind und zu diesem Zweck entweder idealisiert oder abgewertet werden. Überschätzt oder abgeschätzt, aber nicht als gleichwertig wertgeschätzt.

Michael Lukas Moeller schreibt: »Jeder von uns macht seine Beziehung selbst, ist aber in einem riesigen, unbewussten Beziehungsraum eng mit dem anderen verflochten.« und: »Beides wollen wir nicht wahrhaben.« Ich bin überzeugt, dass in jeder Beziehung und mehr noch in jedem Beziehungskonflikt eine Lernaufgabe steckt, die die Beteiligten in ihrer Entwicklung zu mehr Ganzheit fördert, egal, ob es sich um Angehörige verschiedener Generationen, Geschlechter, Ideologien, Regionen, Religionen – eben Kulturen handelt.

Ich wähle die Briefform aber auch, weil ich damit all das, was ich Dir bisher nicht – oder nicht so – mitTEILen konnte, dass Du es annehmen und verstehen kannst, auch all denen als Wissen zur Verfügung stellen kann, die mehr über sich und andere erfahren wollen. Dazu zähle ich auch die Erfahrungen, die Reaktionen während des Lesens auf das Gelesene sind. Ich hoffe auf Gefühlsregungen, denn die einen werden vielleicht ihre eigenen Gedanken und Gefühle wieder erkennen und sich daher mit meinen Ansichten identifizieren, und die anderen werden hoffentlich merken, dass das, was sie als fremd – und möglicherweise befremdend – bezeichnen, einer Bewertung entstammt, die dazu dient, sich vor unerwünschten Gefühlen zu schützen.

Du sollst wissen, dass ich sogar zu meinem bewunderten Essayisten-Vorbild Helmut A. Gansterer gepilgert bin, um ihn zu fragen, was er davon hält, ein Sachbuch in Briefen zu verfassen, und er hat vorsichtig zögernd gemeint, er kenne nur einen Bestseller in Briefform, und das wäre Goethes »Die Leiden des jungen Werther« … Er hat dann meine Verzagtheit bemerkt und mir doch noch zugeraten, die Form zu wählen, die sich mir als zweckmäßig aufdrängt. Ich möchte nämlich auf Dogmatismus verzichten. Und ich wäre dogmatisch, wenn ich meine Sicht der Dinge absolut setzen wollte. Das will ich nicht. Jeder Mensch hat seine Position im Raum und daher seinen –

ihren – ganz bestimmten Blickwinkel. Es geht ja gar nicht anders. Wer anderer kann physisch nicht zeitgleich den selben Platz einnehmen. Aber geistig-mental kann man sehr wohl »aus den Augen der anderen Person blicken« oder, wie die Indianer sagen, »in den Mokassins des anderen gehen«. Und psychisch kann man sich einfühlen. »Mitschwingen«. Sich emotional bewegen lassen. Im Wort Emotion steckt ja bereits Motion drinnen. Natürlich bleibt es dem oder der jeweils anderen unbenommen, Starrheit gegenüber Bewegung vorzuziehen. Aber: Solch ein Zug bzw. Vorzug sollte meiner Ansicht nach in Sprache mitgeTEILt werden. Ich möchte Dir erklären, warum.

> Alles, was lebt, bewegt sich. Pulsiert: einatmen – ausatmen. Pendelt innerhalb einer Spannungsbandbreite. Vibriert schnell. Oder »kriecht« langsam. Unterschiedlich sind nur die Rhythmen. Und die langsamen bemerkt man selten, wenn es einem nicht mitgeTEILt wird.
> Die Biologen Maturana und Varela weisen darauf hin, dass wir üblicherweise mit dem Begriff »Verhalten« Handlungen wie Gehen, Fressen, Suchen und so weiter assoziieren. Aber: »Wenn wir näher untersuchen, was all diesen mit dem Begriff Verhalten assoziierten Handlungen gemeinsam ist, finden wir, dass sie mit Bewegung verbunden sind.«[1] Nicht alle Lebewesen zeigen aber Bewegung, wohl aber Veränderung. Dazu bringen die beiden Autoren das Beispiel des Pfeilkrauts, das als Landpflanze ein anderes Erscheinungsbild bietet denn als Wasserpflanze: »Steigt … der Wasserspiegel, bleibt die Pflanze also unter Wasser, verändert sie in wenigen Tagen ihre Struktur und wandelt sich zu ihrer Wasserpflanzenform. Diese Situation ist umkehrbar; es kommt dabei zu recht komplizierten Strukturveränderungen, die mit unterschiedlichen Formen der Ausdifferenzierung von verschiedenen PflanzenTEILen zu tun haben …«[2] Dennoch werde diese Situation üblicherweise als Entwicklung der Pflanze beschrieben und nicht als Verhalten: »Die Veränderung bei der Differenzierung des Pfeilkrauts hingegen scheint uns wegen ihrer Langsamkeit von dem, was uns als Bewegung vertraut ist, weit entfernt zu sein, und deshalb sehen wir sie nur als Veränderung der Form.«

Ich frage mich (und auch Dich): Lassen wir beide uns zu wenig Zeit für das, was wir jeweils beim anderen auslösen? Von Dir weiß ich ja zwischenzeitlich, dass Du oft zwei, drei Tage nach – für mich – harmonischen Begegnungen bei mir einfällst wie ein Hurrikan und alles wieder in Frage stellst, ja sogar zerstörst, was wir als EINigung aufgebaut hatten. Aber ich merke auch, was unsere wiederkehrenden »Streitgespräche« – deshalb unter Anführungszeichen, weil Du derjenige bist, der, für mich völlig unerwartet, lospoltert, während ich mich vor Überraschung sprachlos entsetze – bei mir bewirken: lange Verdauungszeiten und – Veränderung. Entwicklung. Ent-wick-lung. Dann will ich sofort die nächste »Runde« wagen, aber meine Gongzeichen motivieren Dich meist erst nach wochenlangen – vermute ich mal – Regenerationspausen, wieder in den Ring des Diskurses zu steigen. Da bin ich dann immer sehr enttäuscht von Dir, weil ich so gerne glauben will, dass Du genauso mutig bist wie ich. Mut zur Sprache ist für mich nämlich nicht gleichbedeutend mit Mut zum Handeln.
Sprache vermittelt ja nicht nur mehr oder weniger bewusst formulierte Denkinhalte – unbewusstes Versprechen (im Doppelsinn des Wortes) inbegriffen –, sondern lässt auch Gefühle laut werden. Dabei habe ich Dir schon einige Male gesagt: Gefühle haben ist für mich eines, Verhalten etwas anderes. Darüber hinaus aber: In der Stimme klingt nicht nur die Stimmung, sondern auch die Einstellung, aus welcher Geistes- wie Körperhaltung man einen anderen anspricht. Willst Du Deine verbergen?

In der psychotherapeutischen Schule der »Transaktionsanalyse« werden drei Ich-Zustände unterschieden: das Kindheits-Ich, das Erwachsenen-Ich und das Eltern-Ich. Wird jeweils »symmetrisch« kommuniziert – »interagiert« –, gibt es keine Dissonanzen. Also zwei im Kindheits-Ich blödeln oder flirten oder spielen und sind sich EINig. Ebenso zwei im Eltern-Ich, die beispielsweise über die Schlechtigkeit der heutigen Jugend nörgeln. Und von Erwachsenen-Ich zu Erwachsenen-Ich gibt es ohnedies nur sachliche – »politisch korrekte« – Kommunikation.
Eine Kommunikation kann aber auch »schief« laufen – von Eltern-Ich zu Kindheits-Ich oder umgekehrt. Es kann sich jemand als »braves Kind« mit oder ohne Bedingungen anpassen oder

listig nur so tun als ob, kann als »schlimmes Kind« rebellieren oder »halbstark« Widerstand leisten, als »kokettes Kind« eine Elternfigur »um den Finger wickeln« oder als »schüchternes Kind« ewige Hilfestellungen erpressen. Ähnliches kann auch umgekehrt inszeniert werden: Dann drangsaliert eine seufzende oder ächzende Mutter- bzw. Vaterfigur die als undankbar oder unsensibel etikettierten Kinderakteure und versucht sie dazu zu bringen, ihnen Elternfunktion zu leisten. »Management by Leid« nannte dies unlängst eine Klientin. »Terrorismus des Leidens« lautet die von Sándor Ferenczi geprägte Bezeichnung in der Fachsprache der Psychoanalyse.

»Das musst Du doch spüren!«, fordern oft Männer von Frauen, wenn sie – unbewusst – der Frau Schuldgefühle machen wollen. Meist ist das dann, wenn ihnen etwas unangenehm ist und sie sich den Stress, sich erklären zu müssen, ersparen wollen. Sie erheben Anspruch auf die »Privilegien des Babys«[3]: ohne reden zu müssen verstanden und versorgt zu werden. Und natürlich versteht frau genau, was man(n) will – nur: Sie möchte symmetrisch und daher in einer Sprache des Respekts gefragt, gebeten, informiert, was auch immer werden. Was sie nicht will, ist »zwangsvermuttert« zu werden. Wenn sie sich aber wehrt, mutiert das vormals Möchtegernbaby urplötzlich zum Nörgelvater und kritisiert mangelnde Mutterqualitäten.

So erinnere ich mich an eine derart misslungene Kommunikation mit einem dazumals als Gestalter und Präsentator von Wissenschaftssendungen medial hoch geschätzten Hochschullehrer. Amüsiert überrascht, mich als Objekt seiner temperamentvollen Balz zu entdecken, hatte ich diese Ebene verlassen, als ich ihn während einer seiner Filmpräsentationen um einen Beitrag für eine Fachzeitschrift ersucht hatte, deren Herausgeberin ich war. Zur Unzeit, wie ich wohl merkte, denn er war intensiv damit beschäftigt, seine gesellschaftlichen Kontakte zu pflegen. Ich hingegen war in Zeitdruck wegen einer weiteren Veranstaltung, zu der ich noch musste, und wollte ein klares Ja oder Nein. Er hingegen war mit »Küss die Hand, gnädige Frau« und »Meine Verehrung, Herr Hofrat« sowie dem Spähen nach weiteren Honoratioren so ausgelastet, dass er mir zwar eine – unerwünschte – Umarmung zuTEIL werden lassen konnte, nicht aber eine sachliche Antwort. Mein höfliches Ersuchen überforderte offensichtlich seine Rollenflexibilität: Er fühlte sich sichtlich belästigt. Mein Insistieren auf respektvollen symmetrischen Umgangston rief den aus den Paartherapien so wohlvertrauten Nörgelsatz »Du musst doch merken, dass ich jetzt nicht kann – oh, Kompliment, Herr Professor!« hervor. Korrekt wäre gewesen zu sagen: »Ich will jetzt nicht« und die Information, wann sonst er ehebaldigst Ja oder Nein sagen könne. Seit damals weicht er mir aus, wenn er meiner gewahr wird. Offenbar kann er meine Weigerung, mich seinen Spielregeln beanspruchter Dominanz zu unterwerfen, nur mit Kommunikationsverweigerung beantworten. Denn Menschen in der Haltung des alles bestimmenden Eltern-Ichs wollen auch die »einzig richtige« Interpretation des Verhaltens anderer Menschen bestimmen, und TEILen in »richtig« oder »falsch« statt ehrlicherweise in »angenehm« oder »unangenehm«!

Ich war mir schon mit Anbeginn dieses Buchprojekts sicher, dass ich es Dir widmen will – lange bevor auch Du den Anspruch erhoben hast, ich müsse doch spüren, was Du willst bzw. nicht willst. Hab ich ja auch – nur hat mich Deine Widersprüchlichkeit, der unerwartete Wechsel in Deinen Handlungen und dann wieder Worten verwirrt. Deswegen ist mir ja auch das Gespräch mit Dir so wichtig – weil ich Dich wirklich verstehen will und mit Dir gemEINsam verEINbaren möchte, wie wir mitEINander umgehen wollen – so, dass es eine EINigung ist. (Es ist für mich nicht akzeptabel, dass Du mich anfauchst, »Ich kann mit Dir nicht umgehen!« und dann flüchtest … das ist für mich keine Kultur des TEILens, sondern reine Unkultur: Eine/r erzwingt sich das Recht der AllEINbestimmung über andere.)
Ich will es deswegen Dir widmen, weil gerade Du für mich die Herausforderung repräsentierst, zu lernen, Brücken in Liebe oder zumindest Interesse zu überwinden und nicht in Hass oder auch nur Unverständnis abzubrechen. Dass es uns in den langen Jahren unserer intensiveren Bekanntschaft zumindest einige Male gelungen ist, auf einen »Nenner« zu kommen, macht mir Mut.
Ich sehe Dich als Bruder; einerseits verstehe ich mich so gleich mit

Dir und glaube ich Dich daher so gut zu verstehen – andererseits trennen uns Welten. Du bist zwar auch Angehöriger eines Heilerberufes wie ich und damit Nachfahre der weisen Priester-Heiler-Lehrer-Richter-Sänger vergangener Kulturen. Zu dieser Funktion gehört auch die Aufgabe, Halt zu geben, Ordnung zu ermöglichen, Wahrheit zu sagen und damit Menschen zu helfen, ihre Herzen zu öffnen und zu wagen, sich auszudrücken. Ich erlebe Dich dabei »von oben herab«. Das verstehe ich auch: Du bist in Deinem Beruf zum Herrschen erzogen worden, zum »Oben Stehen«, zum »Drüber(!) Stehen«. Ich sehe darin die permanente Gefahr der Überheblichkeit.
Ich habe Dich in Deinen VorurTEILen und VerurTEILungen erlebt und damit alles andere als fördernd oder gar heilsam. Wenn Du Dich zum Mahner machst, kann ich Dich gut annehmen und überhaupt finde ich es wichtig und richtig, zu sagen, was man nicht will, daher auch, was Du nicht willst. Aber ich halte es auch für wichtig, dass andere sich dabei beTEILigen können. Für mich ist es wichtig, dass ich meinen TEIL übernehmen und mitarbeiten kann, damit eine Zukunft entsteht, die für uns beide – für uns alle – passt. Wenn Du Dich aber zum Nörgler machst, zum Ankläger, zum Richter, dann will ich nicht zulassen, dass Du Dir das Recht herausnimmst, zu urTEILen, ohne dass Du Dich mit anderen Sichtweisen ernsthaft, daher wohlwollend, ausEINander gesetzt hast. »Audiatur et altera pars« lautet ein Grundsatz aus dem Römischen Recht: »Es soll auch der andere TEIL gehört werden.« Mir ist dieses Prinzip wichtig, daher bin ich bereit, dafür Zeit aufzuwenden.
Du kommst aus einem Lebensbereich, der so ganz anders ist als meiner – und doch nicht. Bei Euch sind Frauen ausgeschlossen – aber in unseren Frauennetzwerken habt Ihr Männer auch keinen Zutritt. Wen man nicht kennt, den pflegt man zu idealisieren oder zu verachten. Das ist die Schattenseite der Geschlechtertrennung. Die Schattenseite der Koedukation hingegen ist der Verlust der erotischen Spannung: Man kennt EINander so gut und ist EINander so gewohnt, dass es kaum noch Reibungsmöglichkeiten gibt – außer man inszeniert sie bewusst.
Wie Du letzthin gesagt hast, Du kannst mit mir nicht umgehen, habe ich geantwortet: »Dann lern es!« Wenn Du – und alle anderen, die sich im Umgang mit dem »Anderen« schwer tun – dieses Buch liest, wirst Du vielleicht glauben, ich wollte jetzt »eine Lektion er-

TEILen«. Das will ich nicht. Ich will nur Position beziehen – meine Position. Ob Du sie übernehmen magst oder ablehnen, ist Deine Entscheidung, und die will ich respektieren. Aber ich mag Dich einladen, meine Perspektive mit mir zu TEILen – falls Du Dich traust, Deinen konservativen Blickwinkel zu verlassen und so nahe an meine Seite zu treten – zumindest einen Atemzug lang. Dann magst Du Dich wieder entfernen, wann und wie weit es für Deine Sicherheit notwendig ist.

Ich biete TEILhabe an.

Das ist eine »Doppelmühle«, ich weiß: Egal, wie Du reagierst – Du reagierst. Von Paul Watzlawick stammt die Formulierung: »Man kann nicht nicht kommunizieren.«[4] Auch wenn manche Menschen glauben, sie handelten korrekt, wenn sie andere einfach ignorieren, schädigen sie diese und laden dadurch Schuld auf sich. Nicht nur, weil sie ihnen Respekt verweigern und damit ihre Menschenwürde nehmen, sondern weil sie verhindern, dass jemand »ankommen« kann.

Aber über das Ankommen schreibe ich Dir das nächste Mal. Ob Du mir antworten magst, liegt bei Dir. Mein Ziel ist nicht eine Antwort von Dir, sondern die Präzision meiner Überlegungen.

In AnTEILnahme

Deine – wie Du so treffend bemerkt hast –
Engelsgeduldige

ZuTEILen

Von der Sehnsucht, anzukommen, und der Angst, nicht annehmbar zu sein

Lieber Dušan!

In meinem letzten Schreiben habe ich beim Ankommen aufgehört – und dort will ich jetzt fortsetzen. Immerhin geht es ja auch darum, wie ich bei Dir und Du bei mir ankommst.

Zuerst möchte ich einmal ausEINander halten, von welchem Ankommen ich rede: Das Wort Ankommen hat ja vielerlei Bedeutung:

- man kann bei jemand oder etwas ankommen im Sinne von unabsichtlich berühren,
- man kann aber auch bei jemand ankommen im Sinne von gut aufgenommen werden,
- und man kann an einem Zielpunkt ankommen.

Kannst Du Dich erinnern, wie ich Dich seinerzeit gefragt habe, wie meine ersten Geschenke bei Dir angekommen sind? Du hast damals gesagt: Sie sind gut angekommen. Und ich habe nicht gewusst: Meinst Du mit diesen Worten, es ist nichts kaputt gegangen – oder meinst Du, sie haben Dein Herz erfreut? Ich habe letzteres wissen wollen, aber nachgefragt habe ich nicht. Ich wollte nicht an Dich ankommen – Dir nicht zu nahe kommen.

Wie der so genannte Zu-fall so spielt, hatte ich gestern eine Klientin, ich nenne sie Leona, die wie so viele genau diese Problematik angesprochen hat: Sie befindet sich nach längerem Single-Dasein wieder in einer Beziehung zu einem Mann; der erste Monat der GemEINsamkeit war problemlos, aber im zweiten Monat ihrer näheren Bekanntschaft wird sie von Sorgen – sie sprach von Ängsten – geplagt: »Mache ich alles richtig? Verstehe ich ihn richtig? Interpretiere ich etwas hinein?« und fühlt sich ohnmächtig, wenn er sich nicht meldet, verlassen – »wie ein kleines Kind, das diesen Anhaltspunkt

braucht«. (Ich definiere diese Phase gern als Lernaufgabe, als »Zeit der Abstimmung der Lebensrhythmen« – und beobachte immer wieder, dass sie im zweiten Monat eines Paarungsgeschehens beginnt und dauert … nach meiner Erfahrung sieben Jahre!)
Sie sucht einen Anhaltspunkt. Da taucht es auf: Das Bedürfnis anzukommen. Immer wieder anzukommen. »An«-zu-kommen. Den anderen zu spüren – oder zu sehen, zu hören, zu riechen und vielleicht auch zu schmecken.
Leona weiß genau, dass ihre Besorgnis unbegründet ist. Christopher meldet sich schon – aber damit sie sich in der Beziehung sicher sein kann, glaubt sie, den täglichen Anruf zu »brauchen«. Nachgefragt, ob es unbedingt ein Anruf sein müsste, lacht sie: Nein – es fehlt ihr einfach ein Signal für Kontinuität. Und ich frage nach: Spricht etwas dagegen, Christopher darum zu bitten?
Dann habe ich noch eine Klientin mit ähnlicher Problematik, Iris, eine international anerkannte Künstlerin. Auch sie findet sich sofort unverständlicherweise tief verunsichert, wenn Walter, mit dem sie nunmehr seit drei Jahren leidenschaftliche Stunden genießt, wann immer sie ihre Termine koordinieren können, drei, vier Tage nichts von sich hören – oder dank Short Messages auf dem Display ihres Handys: sehen – lässt. Sie pflegt in solchen Fällen gezielt verunsichernd mysteriöse SMS mit sadomasochistischen Anspielungen loszulassen; darauf reagiert Walter immer sofort »gereizt«. Aber auch sie weiß, dass diese Art von »Spielen« auf Dauer beide nerven. Nur: Es hält den Kontakt aufrecht.

> Der italienische Soziologieprofessor und Zeitungskolumnist Francesco Alberoni[1] behauptet, Frauen sehnten sich nach Kontinuität, Männer hingegen nach Diskontinuität: »Wenn Frauen behaupten, sie mögen gern Zärtlichkeit und Liebkosungen, ja sogar lieber als den Geschlechtsakt selbst, dann meinen sie damit nicht nur die Berührungen und das gesamte körperliche Wohlbefinden. Sie drücken vielmehr ihr Bedürfnis nach kontinuierlicher liebevoller Aufmerksamkeit und kontinuierlich auf ihre Person gerichtetem Interesse aus. Die Vorliebe dafür, berührt zu werden, ist nur eine Form dieser ausgeprägten Vorliebe für Kontinuität.«

Ich bin kein Fan von Alberoni. Auch wenn mir manche seiner Formulierungen (bzw. des Übersetzers und fairerweise sei er – oder sie? – genannt: Pieke Biermann) gefallen. Mir ist zwar mit der Zeit klar geworden ist, dass fast alle Männer seiner Generation (er ist Jahrgang 1929) noch voll im patriarchalen Dominierzwang verhaftet sind und daher kaum offen für andere Sichtweisen als ihre eigenen – außer sie stammen von jemand, den sie als Autorität anerkennen, und da gibt es meist niemand. (Sag jetzt bitte nicht, ich wollte damit nur diskriminieren, wer sich nicht meiner Ansicht anschließt. Darum geht es mir nicht – es geht mir um den Prozess des Austausches von Denkweisen, nicht um das Ergebnis des Vorgangs!) Was mich stört, ist die wissenschaftliche Unredlichkeit: wenn ein Soziologieprofessor Thesen aufstellt, kann/muss er damit rechnen, dass sie als Autoritätswissen aufgenommen werden – und nicht als persönliche Philosophie eines Mannes, der sich eben seine Gedanken zu Gott und der Welt – oder besser: den Frauen und der Sexualität – macht. So wie viele andere Männer auch. (Frauen natürlich nicht, denn man(n) weiß ja, dass Frauen sich wenig Gedanken machen … Zitat Alberoni: »Die wahre Aufgabe der Frau besteht darin, sich so schön zu machen, dass der Märchenprinz sie ansieht und dann so schön findet, dass er nie wieder geht.«[2]) Und wenn er seine Kenntnisse außer durch Selbsterfahrung – die ich sehr wohl respektiere, nur soll sie als solche ausgewiesen sein – allein aus Literaturstudien begründet, dann finde ich das EINseitig. Denn gerade von einem Soziologieprofessor könnte man doch erwarten, dass ihm Felder für Feldforschung zugänglich sind, egal, ob er seine Versuchspersonen an der Universität findet oder in einer Klinik.

Der Ethnopsychoanalytiker Georges Devereux hat darauf hingewiesen, dass die Analyse der Gegenübertragung[3] des Forschers oft mehr Daten über die Natur des Menschen erbringe, daher solle man sich die Illusion aus dem Kopf schlagen, man könne jegliche Subjektivität ausschalten und die Angst gänzlich neutralisieren.[4] Denn die wissenschaftliche Erforschung des Menschen werde unter anderem durch die angsterregende Überschneidung von Objekt und Beobachter behindert, was eine Analyse von Art und Ort der Trennung zwischen beiden erfordert. Diese Aussage möchte ich gerne unterstützen:

denn so wie in Jerome Klapka Jeromes witzigem Roman »Drei Mann in einem Boot« der eine während des Medizinstudiums alle Krankheiten am eigenen Leibe durchleidet und erst beim Kindbettfieber draufkommt, dass da etwas nicht mit rechten Dingen zugehen kann, kenne ich von mir selbst wie von meinen Student/innen das ängstliche Nachforschen in der eigenen Psyche, ob nicht das eine oder andere Symptom auch bei einem selbst vorhanden, ja vielleicht bereits ein ausgewachsenes Syndrom sein könnte ...

»Ist der Ruf erst ruiniert, lebt sich's gänzlich ungeniert« dichtete Wilhelm Busch, und so meine ich auch: man lebt viel angstfreier, wenn man keine Energie aufs Verheimlichen von vermutlich dunklen Flecken auf der blütenweißen Weste verschwendet. Warum also unnötigen Energieaufwand betreiben? Man beschäftigt sich ja ohnedies nur mit Themen, die mit einem selbst etwas zu tun haben. Mit Erotik beispielsweise beschäftigen sich bevorzugt alternde Männer. Ich beziehe mich da auf den jungianischen Psychoanalytiker James Hillman, der schreibt: »Wenn ... die männliche Erektion schrumpft, nimmt die Potenzangst zu und damit auch das Versagen beim Akt, was wiederum die Potenzangst steigert, ad infinitum. Die komische Tragödie des alten Körpers, der versucht, immer weiterzumachen ... Während der sexuelle Akt seltener wird, wächst das Spektrum an erotischen Fantasien und wird lebendiger ...«[5] Und mein jungianische Lehranalytiker sagte einmal, es wird niemand Arzt oder Psychotherapeut, der nicht mindestens einen leidenden ElternTEIL hat(te). Hinsichtlich Klerikern fragt der Priester und Psychoanalytiker Eugen Drewermann, »wie gelangt jemand dahin, wesentlich nicht seine eigene Person leben zu wollen, sondern ein allgemeines Vorbild seiner Selbst an die Stelle des eigenen Ichs zu rücken?«[6] und was Lehrer anbelangt, meint die Mittelschulprofessorin und Psychotherapeutin Sylvia Zwettler: »Lehrer als Repetenten zu bezeichnen, scheint zunächst eine negative Kritik: Repetenten sind diejenigen Schüler, die »sitzen bleiben« müssen, weil sie etwas nicht zusammengebracht haben. Es stimmt, dass Lehrer an eine Kindheitssituation gebunden bleiben; aber es wäre falsch anzunehmen, dass in erster Linie sie selbst etwas nicht zusammengebracht haben, sondern es wurde ihnen in der Kindheit etwas nicht gegeben, was sie wie jedes Kind für eine gesunde Entwicklung gebraucht hätten: genügend Zuwendung, Aufmerksamkeit, Anerkennung der eigenen autonomen Bestrebungen …«[7]

Und dass ich mich mit Außenseiterproblemen beschäftige, hat sicherlich wesentlich damit zu tun, dass ich so oft diesen PART im Gruppengeschehen hatte (und habe): schon in der Volksschule das einzige Kind, das vom Religionsunterricht abgemeldet war, im Gymnasium mit Dispens das einzige Mädchen unter lauter Knaben, noch dazu in einem altsprachlichen (»Wos braucht a Madel Oatgriechisch kennan?«), dazu der Vater ein revolutionärer Quergeist in Klein- und Kleinststädten, die Mutter exaltierte Hobby-Künstlerin, war ich immer Eliteschülerin, später die jüngste Bezirksrätin Wiens, die erste, die in Österreich (weit vor der Zeit öffentlicher Aufnahmebereitschaft) zur sexuellen Ausbeutung von Kindern publiziert hat, die dann von »Sexualpapst« Borneman zuerst öffentlich bloßzustellen versucht und schließlich geklagt wurde, weil er in meinem Buch[8] Beleidigungen seiner Person herauslas, wohingegen ich aber nur seine eigenen Texte analysiert hatte! Die Presse hat damals ausführlich seine Pamphlete gegen mich abgedruckt, aber dass ich in allen Instanzen freigesprochen wurde, hat nur eine Frau – Burgl Czeitschner – im »profil« notiert. Alle anderen haben mich nicht rehabilitiert. Hat wehgetan. Ich war halt immer schon zwei bis drei Jahre der Zeit voraus (Meine Mutter auch. Ein Fehler! Heute schreibe ich meine Ideen auf und lasse sie ein, zwei Jahre liegen … so bin ich schon fast synchron! Bei uns beiden ist es ja auch immer so: entweder ich bin Dir zu schnell – oder ich fühle mich Dir hinten nach.) und immer in einer Öffentlichkeit, die ich eigentlich fürchte, und immer quergeistig, immer hobbykünstlerisch … Das »Skript«[9] der Eltern ist voll aufgegangen.

Damit Du nicht sexualphobisch fantasierst, worin mein Avantgardismus bestand, ein bisschen »Aufklärung«: In der 4. Klasse Volksschule beispielsweise las ich den Roman »Desirée« von Annemarie Selinko (später mit Marlon Brando als Napoleon verfilmt) und erzählte am Heimweg den Schulkamerad/innen ausführlich, wie Napoleon Desirée küsst. Für uns vorpubertäre Zwerge eine Sensation (in den prüden 1950er-Jahren) – für die Eltern der anderen der Gipfel der Unmoral. Die Kolleg/innen wollten natürlich das Buch auch lesen und haben das zu Hause zur Sprache gebracht. Ich habe damals für meinen »Versuch, die unschuldigen Kinder zu verderben« Strafe ausgefasst. Zehn Sätze abschreiben aus einem Märchen. Unser Professor in der Übungsschule der Lehrerbildungsanstalt hatte da ein Spezialmärchen, ich weiß nicht mehr wie es hieß, aber jeweils ein Satz ging über circa zehn Zeilen!

Jetzt weißt Du, warum ich immer betone: Sexualität ist NICHT »mein Thema«. Mein Thema sind Machtungleichgewichte, und die haben natürlich auch sehr viel mit Sexualität zu tun. Als Forschungsgegenstand haben mich aber immer die traumatisch Belasteten und analog die Belästiger interessiert, ihre Biografien des Leidens und wie man diese unwirksam machen kann. Deswegen ärgere ich mich ja auch, wenn Autoren ihre persönliche Philosophie weder mit empirischen noch hermeneutischen Forschungsergebnissen ergänzen oder zumindest ihre Gedankengänge nachvollziehbar darlegen.

Das gehört für mich nämlich auch zu einer »Kultur des TEILens«: dass andere kritisch nachvollziehen können, auf welche Bausteine von Wissen, Erfahrung, Vermutung etc. sich die Aussagen der jeweilig anderen stützen. Nicht: einer hat alles Wissen und die anderen müssen ihm nach dem Motto »Friss, Vogel, oder stirb!« glauben. Und das meine ich jetzt nicht nur hinsichtlich Fachwissen, sondern auch auf den Alltag bezogen. Und ich weiß, dass das mit meiner Familie zu tun hat, wo der Vater im Goethe-Wahn nicht nur die Rolle »edel, hilfreich und gut« gespielt hat, sondern auch permanent »Aus meinem Leben – Dichtung und Wahrheit« von sich gab, und ich weiß bei manchen seiner Lebensberichte bis heute nicht, war das nun die Wahrheit oder hat er gedichtet! Virginia Satir nennt diesen Kommunikationsstil »Ablenken«[10].

> Satir unterscheidet fünf Reaktionsformen, die Menschen anwenden, um die Gefahr drohender Ablehnung zu vermeiden. Vier davon sind nicht geeignet, Beziehungen zu verbessern:
> - Beschwichtigen (placate), so dass die andere Person nicht ärgerlich werden soll,
> - Anklagen (blame), »so dass die andere Person ihn als stark ansieht (wenn sie weggeht, ist es ihre Schuld, nicht seine)«,
> - Rationalisieren (compute), was bedeutet, dass die Bedrohung mit vernünftigen Worten als harmlos definiert wird (»er

versucht, seinen Selbstwert durch den Gebrauch großer Worte zu festigen«),
- Ablenken (distract), was bedeutet, dass die Bedrohung ignoriert wird – als sei sie gar nicht da (»vielleicht verschwindet sie wirklich, wenn er das lange genug macht«).
- Die fünfte Möglichkeit nennt Satir kongruent oder fließend: »Bei dieser Reaktionsmöglichkeit zielen alle TEILe der Botschaft in die gleiche Richtung – die Stimme spricht Worte, die mit dem Gesichtsausdruck, der Körperhaltung und dem Ton der Stimme zusammenpassen. Die Beziehungen sind leicht, frei und ehrlich. Es gibt kaum eine Bedrohung für das Selbstwertgefühl. Aus dieser Verhaltensweise entsteht keine Notwendigkeit zu beschuldigen, sich in eine rationalisierende Position zurückzuziehen oder in dauernder Bewegung zu sein.«[11]

Ich nehme ja nicht an, dass Du viel anderes liest außer Deiner berufsspezifischen Fachliteratur, Dušan. (Tu ich Dir jetzt Unrecht? Dann verzeih. Aber nachdem ich Dir alle meine Bücher geschenkt habe – und sehr wohl bemerkt habe, dass Du Dich darüber gefreut hast! –, aber nie eine Rückmeldung auf den Inhalt bekommen habe, schwingt jetzt sicher ein bisschen meine beleidigte Enttäuschung mit ...) Ich fühle mich verpflichtet, so ziemlich alles auch zu lesen, wovon mir meine Klient/innen erzählen. Deshalb war es für mich sehr überraschend, als ich diese Satir-Kategorien vor einigen Jahren in dem damaligen Bestseller »Die Prophezeiungen von Celestine«[12] wieder gefunden habe. Dort allerdings heißt der »Beschwichtiger« »Das arme Ich«, der »Ankläger« »Einschüchterer« oder, gemildert, »Vernehmungsbeamter«, und der »Rationalisierer« (»Computer«) heißt »Unnahbarer«. Der »Ablenker« fehlt. Ich weiß natürlich nicht, ob der Autor Anleihen bei Virginia Satir gemacht hat oder selbst auf diese »archetypischen« Verhaltensweisen draufgekommen ist. Ich vermute aber ersteres – immerhin ist Satir als quasi »Mutter« der systemischen Familientherapie in Psychokreisen weltbekannt.

Satir geht es um dysfunktionale Kommunikationsmuster, die andere Personen in ihrem Selbstwertgefühl schädigen. Ich formuliere jetzt absichtlich nicht »schädigen können«, und zwar deshalb: ich weiß schon, dass es Menschen gibt, denen es

nichts ausmacht, wenn sie ungerechtfertigt beschuldigt, angeklagt oder niedergestreichelt werden. Wenn sie nicht »ankommen«, egal, weil der/die andere »die Mauer macht« (Computer) oder »die Nebelwand« (Ablenker). Meiner Beobachtung nach haben sich solche Menschen als Verteidigungsstrategie entweder angewöhnt, sozusagen homöopathisch, Gleiches mit Gleichem zu vergelten und brüllen bzw. säuseln zurück (das ist die gesündere Form), oder sie spannen ihre Muskulatur an (bevorzugt Hals-/Nackenmuskeln oder die Bauchmuskeln im Bereich des Sonnengeflechts), verhärten sie also, oder sie werden überaktiv: bewegen sich in alle Richtungen, laufen beispielsweise im Zimmer umher oder hinaus und wieder hinein (oder gleich ins Wirtshaus), schwatzen drauflos (mein Vater!) oder zünden sich eine Zigarette nach der anderen an (meine Mutter!). Das sind die gesundheitsschädigenderen Formen, denn im ersten Fall wird der Organismus durch die Muskelverspannungen übersäuert, und im zweiten Fall landet man ziemlich wahrscheinlich früher oder später in irgendeiner Sucht.
Redfield geht es in diesem Buch um Energieraub. Sein Buch ist ja sehr geschickt als eine Art Tagebuch aufgebaut, in dem auf die Berichte von der Jagd nach den geheimnisvollen Dokumenten mit den Prophezeiungen immer wieder direkte Wechselreden folgen, in denen die Belehrungen verpackt sind. So wird der Erzähler gefragt, wie sein Vater war, und als er nach ein paar positiven Sätzen zögert, fragt sein Gesprächspartner in bester Therapeutenmanier nach:
»›Allerdings was?‹, fragte Sanchez.
›Er war immer überaus kritisch. Nie habe ich ihm etwas recht machen können.‹
›Auf welche Weise hat er dich kritisiert?‹, fragte Sanchez.
Vor meinem inneren Auge entstand das Bild meines Vaters als junger und starker Mann. ›Er stellte Fragen und hatte dann an meinen Antworten immer etwas auszusetzen.‹
›Was passierte dabei mit deiner Energie?‹
›Ich fühlte mich energielos und versuchte, ihm nichts mehr zu erzählen.‹
›Du meinst, du wurdest so unverbindlich und nichts sagend, dass du zwar seine Aufmerksamkeit auf dich ziehen, aber

nicht mehr von ihm kritisiert werden konntest. Er hat dich verhört, und du hast deine Unnahbarkeit entwickelt, um ihm aus dem Weg zu gehen.‹«
Und dann folgt die Erklärung der »Kontroll-Dramen« (entspricht dem »Skript« der Transaktionsanalyse): »Jeder Mensch bemüht sich um Energie, entweder aggressiv, das heißt, er zwingt Leute mit direkter Gewalt, ihre Energie an ihn abzugeben, oder passiv, indem jemand mit dem Mitleid oder der Neugierde anderer Menschen spielt, um auf diese Weise Aufmerksamkeit zu erregen. Bedroht dich zum Beispiel jemand körperlich oder verbal, so bist du aus Angst davor, dass dir etwas Schreckliches widerfahren könnte, gezwungen, ihm deine Beachtung zu schenken und damit auch deine Energie. Der dich Bedrohende zieht dich in das aggressivste aller Dramen, ein Typus, der in der Sechsten Erkenntnis als Einschüchterer bezeichnet wird.«
Bei Unnahbaren kann man nicht ankommen. Bei Einschüchterern oder Vernehmungsbeamten wird man sich hüten – Kakteen umarmt man ja auch nicht. Und dass man im Umgang mit Vertreter/innen des »armen Ichs« viel Geduld und gute Nerven braucht, weiß jeder, der mit schwer depressiven Menschen arbeitet – oder zusammenlebt. Ich möchte aber noch einige andere Typen von Energieräubern dazuzählen: unnachgiebige Besserwisser, Spontanterroristen, Zwangsbeglücker und – Anbeter. Alle leiden unter Dominierzwang. Der Volksmund liefert wieder einmal die Enttarnung, indem er ätzt: »Das Gegenteil von gut ist: gut gemeint.«

Dominierzwang heißt für mich auch: beeindrucken wollen, und darin steckt Druck ausüben. Den scheuen manche Menschen – Du ja auch. Ich ebenso. (Man drückt auf die Seele anderer Menschen wie auf eine Senftube, damit Bewunderungsenergie oder Gehorsamsenergie etc. herauskommt.) Allein wenn jemand das Wörtchen »muss« gebraucht, sehe ich mich oft schon veranlasst, stattdessen die Formulierung einer Bitte zu erbeten. (Statt »Das musst Du doch verstehen« – »Bitte versteh mich!«) Und wenn Du fair sein magst, wirst Du wissen, wie sehr ich mich selbst darum bemühe, nach meinen eigenen Prinzipien zu leben, also immer direkt zu sagen, was ich

möchte. Erinnerst Du Dich, wie Du neben mir gesessen bist und ich mich für einen Kollegen stark gemacht habe, damit er eine bestimmte Anerkennung bekommt, und ich glaube, ich war nicht nur erfolgreich, sondern auch wirklich brillant, und dann habe ich zu Dir gesagt: Jetzt möchte ich gelobt werden!
Allerdings: in der Erotik bzw. Antierotik zwischenmenschlicher Beziehungen geht dieses freundschaftliche EINander Energie schenken halt schwer, solange die Grenzen (des Wachstums, nämlich des Energiewachstums!) nicht ausgehandelt sind – und Erotik ist immer da. Frei nach Watzlawick habe ich das Wort geprägt: Man kann nicht nicht sexuell sein[13]. Wenn man jemand beeindrucken will, heißt das ja, man will aus der Gesamtheit der Tageseindrücke einen bleibenden Eindruck erwecken: der oder die andere soll mit bestimmten – und womöglich allerangenehmsten – Gefühlen an einen zurückdenken.
Mir persönlich ist es eher unangenehm, wenn ich merke, dass sich jemand besonders um mich bemüht. (Geheimtipp: wenn ich Dir zu nahe kommen sollte, brauchst Du mich nur intensiv bedrängen, dann flüchte ich sicher! Ich habe nämlich eine eher »schizoide« Charakterstruktur!)

> Mit »schizoid« bezeichnet der Psychoanalytiker Fritz Riemann eine der von ihm so bezeichneten vier »Grundformen der Angst«[14]:
> »Schizoid« nennt er Menschen, die gut allEIN sein können und bei denen zu große Nähe Angst auslöst, im Gegensatz zu »depressiv« ausgerichteten Menschen, die Nähe (Energie anderer) suchen und schwer allEIN sein können.
> Das andere Gegensatzpaar nennt er »Zwanghafte«, denen Unordnung (Chaos) Angst macht, und »Hysterische«, die sich durch Ordnung (Strukturen, Normen) eingeengt fühlen und beispielsweise unter Berufung auf Spontaneität Freiheit total genießen wollen.

Diese Nomenklatur klingt wahrscheinlich fürchterlich nach Psychiatrie, aber dorthin gehören nur die Extremfälle, wo jemand nicht mehr arbeits- und liebesfähig ist wegen seiner Angst. Im Normalfall tendieren wir alle in die eine oder andere Richtung. Also ich bin si-

cherlich nicht nur eine Eigenbrötlerin, sondern auch leicht zwänglich. Dich halte ich auch für schizoid ausgerichtet, aber ob Du eher anankastisch oder hysteriform bist, kann ich nicht beurTEILen, weil ich ja noch nie bei Dir privat war. Nach Deinem Büro zu urTEILen, bist Du aber auch eher zwanghaft.
Üblicherweise ziehen sich diese Gegensätze an und dann paaren sich Menschen mit dem anderen, der das verkörpert, was man sich selbst nicht traut oder zutraut, was man unbewusst gerne haben möchte und bewusst nicht haben darf, und dann wird gestritten »Warum bist Du nicht so wie ich?«. Meist genügt es, PARTnern die Information zu geben, dass sie eben mitEINander reden müssen: »Ich möchte jetzt wieder allEIN sein, so in drei Stunden bin ich wieder ansprechbar ...« oder »Ich hab zu wenig von Dir, wann kannst Du Dir für mich wieder ein, zwei Stunden Zeit nehmen?« und deswegen schreibe ich das immer wieder, weil ich hoffe, damit dienlich zu sein.
Angst vor Nähe heißt aber auch Angst vor körperlicher Nähe: man könnte berührt, gerührt werden (im Doppelsinn des Wortes), angegriffen (dieses Wort hat sogar Dreifachsinn!). Da sagen sich diejenigen, die da schmerzliche Erfahrungen haben: Dann schon lieber EINsamkeit.

Meine Erfahrung aus mittlerweile mehr als 35 Jahren beratender bzw. therapeutischer Arbeit mit Menschen von Angesicht zu Angesicht, und zwar Menschen aller Altersstufen, also auch Kindern und Jugendlichen und sehr alten Männern und Frauen, zeigt mir immer wieder, dass hinter der Flucht vor der Zwangsumarmung meist emotionaler oder auch – aber nicht immer – sexueller Missbrauch kindlicher Liebesgefühle steckt. Transaktionsanalytisch entschlüsselt heißt das, ein »bedürftiger« ElternTEIL macht sich zum Kind und schiebt dem realen Kind die Elternrolle zu: »Kümmere Dich um mich!« »Mach, dass es mir gut geht!« »Gib mir Deine Energie!«
Nachdem es in den vergangenen zehn Jahren im deutschsprachigen Raum ziemlich viel Forschung und auch entsprechende Veröffentlichungen zur sexuellen Ausbeutung von Mädchen gegeben hat, haben Ende des vorigen Jahrhunderts einige Männer begonnen, sich mit sexuellen Übergriffen auf Buben

zu beschäftigen. Diese Forschungsvorhaben scheinen derzeit zu ruhen. Das finde ich schade. Denn wenn ich die Fälle von Verletzungen des sexuellen Selbstbestimmungsrechts, die Männer als Knaben erlebt haben und mit denen ich in meiner Praxis konfrontiert war, in meinem Gedächtnis vorüberziehen lasse, dann hält sich die Anzahl mit denen von Frauen bzw. Mädchen durchaus die Waage. Darüber hinaus hatte ich den Eindruck, dass sie wesentlich öfter in sadistische »Spiele« hineingezwungen wurden als Mädchen. Und: es sind nicht nur Männer, die sich an Buben heranmachen, sondern oft weibliche Verwandte, Nachbarinnen, oft auch Lehrerinnen. Ich erinnere mich beispielsweise an eine Frau, die auf dem Dachboden einen Koffer ihres Lebensgefährten fand, in dem Fotos verborgen waren, die ihn als Knaben als Objekt sadistischer Inszenierungen einer ihr ebenfalls bekannten, circa 30 Jahre älteren Tante dieses Mannes zeigten. Total überfordert, ob sie ihm von ihrem Fund erzählen sollte und wie sie die entsetzlichen Bilder aus ihrer Erinnerung verbannen könnte und wie sie der Tante, nunmehr eine alte Dame, begegnen solle, kam sie damals zu mir. Ich kann mich noch gut entsinnen, wie wir dann jede dieser Frage als einen TEIL einer Gesamtentscheidung, wie sie selbst mit Intimbereichen umgehen wolle – nicht solle! – abTEILten, um letztlich die zu den jeweiligen Fragen gehörenden Gefühle in EINe GANZheit von Selbstsicherheit zusammenzufügen. Denn: die Gefühle, die er in seiner Biografie erlebt hat, sind sein Bereich, und wenn er kein Bedürfnis empfindet, sich damit erneut zu konfrontieren, ist das zu respektieren – und ihre Fantasien und welche Gefühle sie sich bzw. ihm zuTEILT, sind ihr Bereich, und wenn sie sich darüber aus-reden möchte, ist sie besser bei einem Professionisten aufgehoben als bei einem LebensPARTner, der fürs Lieben und den Beistand in Alltagssituationen kompetent ist, aber sicher nicht für die Auflösung innerseelischer Konflikte. Denn auch Psychotherapeut/innen dürfen nicht mit ihren allernächsten LebensPARTnern (Verwandten) therapeutisch arbeiten, weil sie ja diesen nie ohne eigene Interessen entgegentreten können.

Ich meine also, dass es nur davon abhängt, wann Männer endlich aufhören, die schweigsamen Helden zu spielen, denen

> erstens nichts passiert, denen aber zweitens das, wenn aber doch, nichts ausmacht, und die drittens alles, was einen nicht umbringt, sondern härter macht – härter gegen sich selbst, aber auch gegen andere –, ganz normal finden. Und: es hängt weiters wohl auch davon ab, wann endlich Männer aufhören, sich vorzulügen, alle Männer wären wohlmeinende Kumpels und alle Frauen entweder anbetungswürdige (asexuelle) Mutterfiguren, bei denen man(n) glaublich immer ankommen darf – oder verachtenswerte (sexuelle) Sklavinnen, bei denen man besser nicht ankommen sollte, tatsächlich aber immer ankommen kann, und von denen man(n) nicht zugibt, dass sie bei einem ankommen.

Ankommen. In diesem Begriff wird die TEILung in Angenehmes, Ersehntes, Begehrtes und Unangenehmes, Befürchtetes, Verabscheutes sehr deutlich. Nur nicht dort ankommen, wo man sich wehtun könnte. Und darauf zu kommen, dass man seinem eigenen Ich-Ideal nicht entspricht, tut ja auch weh – oder? Und da denke ich jetzt nicht an die so genannten narzisstischen Kränkungen. Diese Bezeichnung mag ich nicht sehr. Das hängt damit zusammen, dass ich sie so oft von Psychotherapeuten wie Laien »von oben herab« gebraucht erlebt habe, um anzudeuten, dass jemandem die Verwirklichung seiner »überzogenen« Größenvorstellungen verhindert wurde. Das hat dann so etwas abschätzig Diagnostizierendes an sich. Und ich meine: warum soll jemand nicht Vorstellungen haben, was in ihm/ihr noch an Entwicklungsmöglichkeiten drinnen ist? Und warum soll jemand nicht Anerkennung für seine/ihre Leistungen einfordern? (Ich habe jetzt bewusst die weibliche Form mit ausgewiesen, weil Frauen so oft veraschenputtelt werden: erst die Linsen auslesen, dann die Bohnen, dann noch die Erbsen, und dann immer noch lange nicht auf den Ball gehen dürfen!) Warum darf jemand in seinem/ihrem Bedürfnis, positiv bestätigt zu werden, nicht ankommen? Und warum darf er/sie nicht Unterstützung einfordern, wenn ihm/ihr Unrecht geschehen ist und das schmerzt?
»GeTEILtes Leid ist halbes Leid, geTEILte Freud ist doppelt Freud« weiß der Volksmund. Ich weiß aus meiner therapeutischen Arbeit: das, was für Menschen am unerträglichsten ist, ist soziale Isolation. Egal, was jemand »passiert« ist oder was jemand »ange-

stellt« hat – was er/sie braucht, sind Menschen, ist zumindest EIN Mensch, der beisteht. Bei steht. Der muss nichts »tun« oder gar sagen, der muss nur da sein und vermitteln: Du bist nicht verlassen, ich verstehe, wie es Dir geht, ich bin bei Dir, nah bei Dir – und Du darfst bei mir ankommen.
Darum versuchen ja so viele Menschen, zu verstecken, zum Verschwinden zu bringen, wovon sie fürchten, dass es zur Isolation führen könnte. So treffend hat das Johann Nepomuk Nestroy in »Der Talisman« demonstriert: da sind es seine roten Haare, die Titus Feuerfuchs verbergen will, aber es gelingt ihm nicht, egal, welche Perücke er sich auch aufsetzt. Erst in der VerEINigung mit der ebenfalls rothaarigen Salome Pockerl findet er die Akzeptanz, die ihm bislang vorenthalten wurde – und die er sich selbst nicht geben konnte. Der Interpret der »österreichischen Seele«, der Psychiater Erwin Ringel, hat immer wieder Friedrich Rückert zitiert, der gedichtet hat: »Dass Du mich liebst, macht mich mir wert«[15]. Wir müssen ankommen können – wir müssen Grenzen spüren können, aber die Grenze sollte meiner Ansicht nach nicht eine Mauer sein und nicht eine »gläserne Decke«, auch kein Gesetz, sondern ein liebevoller Mensch, bei dem man ankommt und der einem rückmeldet, wie er/sie auf einen reagiert. So bildet sich Identität: dass ich weiß, das bist Du – und das bin ich, und ich bin gut so, wie ich bin. (Was nicht heißt, dass ich mein Verhalten nicht ändern sollte, könnte oder wollte.) Aber nicht: damit ich ankommen darf, muss ich mich verleugnen.
Die Wiener Lyrikerin Traude Zehentner[16] dichtet:

weil du mich
so wie ich bin
nicht aushältst
soll ich es aushalten
nicht so zu sein
wie ich bin?

Wer kein Vertrauen – mehr – hat, ankommen zu dürfen, wird das, von dem man vermutet, das man es nicht wünscht, vom vermutlich Erwünschten abTEILen, abspalten, in den »Schatten« verdrängen, ignorieren – oder als das ganz Andere bekämpfen. Das Frauenschicksal in der Männerwelt: idealisiert oder verteufelt – je nachdem, ob der konkrete Mann die Frau als frei von seinen niederen Trieben (Sexualität, Ehrgeiz, Egozentrik etc.) wähnt – oder fantasiert, nur sie wäre Opfer von Triebhaftigkeit, er doch nicht.

> Damit sind wir wieder bei Alberonis den Frauen zugeschriebener Kontinuität und männlicher Diskontinuität. Was er nämlich nicht andenkt – weil es der männlichen Allmachtsfantasie widerspricht – ist, dass Kontinuität in der erotischen Begegnung für den Mann die Gefahr des Festgehaltenwerdens beinhaltet. Vaginal – emotional – sozial.
> Aber wer sein Buch liest, merkt gleich, dass er überhaupt ein ziemlich altertümlich-bourgeoises Frauenbild pflegt und von dem, was berufstätige Frauen bewegt, ziemlich wenig bei ihm »ankommt«. Ein Beispiel gleich zu Beginn seiner »Erotik«: »Das Interesse von Frauen an Crémes und Parfums, an Seide und Pelzen hat vor allem eine erotische Bedeutung und dann erst eine soziale. Sir Francis Galton, ein Cousin Darwins, hatte bereits im letzten Jahrhundert nachgewiesen, dass Frauen eine sehr viel differenziertere Sensibilität für Berührungen besitzen.«[17] Meine Erfahrung aus der beraterischen Arbeit vor allem auch mit Paaren hingegen zeigt, dass das Interesse, das er anführt, vor allem bei pubertierenden wenig gebildeten Mädchen mit viel Freizeit sichtbar wird, die noch mit ihrem Frausein experimentieren und voll auf die Produktwerbung »abfahren«, denn später hat die durchschnittliche erwerbstätige Frau andere Probleme, weniger Zeit und eine andere Budgetplanung – nachzulesen etwa im Weltbevölkerungsbericht 2000![18] Außerdem habe ich in all den vielen Paarberatungen gestaunt, dass Männer viel berührungsempfindlicher sind als Frauen, kitzliger; ich vermute, dass das auch damit zu tun hat, dass ihnen zärtliche Berührungen oft fremd sind, vor allem vom Vater, der meist nur zupackt oder zuschlägt, und von der Mutter sind sie ab Adoleszenz meist tabu – unerwünscht: nur nicht ankommen – man(n) könnte sich erregen.

Seitdem Frauen dank der »Freigabe« empfängnisverhütender Mittel bequem ihre Fortpflanzungsfreudigkeit bestimmen können, ist meiner Beobachtung nach ihre »Diskontinuität« deutlich angewachsen. Das zeigt beispielsweise ihre zunehmende Verweigerung der nachfolgenden Eheschließung, wenn sie Kinder bekommen, das zeigt auch die gestiegene Anzahl der von Frauen eingereichten Scheidungsklagen. Das zeigt ihre Bereitschaft zu wechselnden PARTnerbeziehungen, und zwar nicht nur in »serieller Monogamie« (einen nach dem anderen), sondern durchaus auch gleichzeitig und ohne Seelenqualen einer fälligen Entscheidung zwischen den Rivalen. »Ich habe ihm gesagt, es ist eben keine EINfache Beziehung«, zwinkerte mir einmal eine Freundin zu, die ohne deren Wissen parallel Generaldirektor und Marketingchef ein und derselben Firma beglückte, »er ist ja auch verheiratet ... warum soll ich nicht auch andere Männer daneben haben?«

So konservative Männer wie Du sind jetzt wohl entsetzt. Ja, Du wirst Dich auch von Deinem idealisierten Frauenbild verabschieden müssen und damit von dem Bild der geTEILten Welt, frei nach Friedrich Schiller: » ...der Mann muss hinaus ins feindliche Leben« und » ...drinnen waltet die züchtige Hausfrau ...« Frauen wollen heute aktiv TEILen, nicht mehr nur einTEILen wie die mächtige Hausfrauenmutter mit ihrer »Schlüsselgewalt«[19] und nicht nur sich zuTEILen zu lassen von einem Herrn und Gebieter.

Die Paradoxie liegt wohl darin, dass die Männer meiner Generation – und da gehörst Du »junger« ja auch noch knapp dazu – vielfach von ihren Müttern gehört haben: Lass Dich nur nicht einfangen! Und Filme à la »Wie angelt man sich einen Millionär?« haben dieses Frauenimage verstärkt. Dann sieht man(n) Frauen als gleichsam gierige Spinnen, die im Netz auf ein Männchen warten, das sie mit Haut und Haar verspeisen können. Psychoanalytisch werden Spinnenträume übrigens gerne als Angst vor der »verschlingenden« – ich interpretiere: emotional ausgehungerten – Mutter gedeutet. Ich habe Spinnenträume aber auch in der Symbolik des sexuell übergriffigen Vaters gefunden. In beiden Fällen geht es also um Gier. Es wäre interessant herauszuarbeiten, ob und wie hinter der emotionalen Bedürftigkeit nicht auch sexuelle Begierden lauern, wie auch hinter den sexuellen Übergriffen nach emotionaler Zuwendung gehascht wird.

Historisch sind es doch die Männer, die auf Frauenfang gehen: daran erinnert der alpenländische Brauch des Brautraubs ebenso wie das Wort »Schürzenjäger«. Eine analoge »Hosentürlamazone« fehlt. Dabei gibt es sie. Erst gestern war wieder eine bei mir im Erstgespräch, von Zweifeln zerrissen, ob sie nicht »zu viel verspräche, was sie dann nicht halten könne«, wenn sie sich an sexuell attraktive Männer heranmache, die ja »von Frauen umlagert« seien und von denen sie vermutete, dass sie das Interesse an ihr verlören, wenn sie merkten, dass sie nicht zum Orgasmus käme. Eine »Turandot«, die sich nach dem starken Mann sehnt, dem, der stärker ist als sie. Die jeden »hinrichtet«, der ihr Rätsel nicht löst. Berührend, wenn in der Oper von Puccini dann der Held, nachdem er ihr Rätsel gelöst hat, die Rollen tauscht: sie soll – und kann auch – erraten, wie er heißt, nämlich Kalaf – »Gemahl«.

Und ich habe ihr demonstriert: wenn frau erotische Fantasien »fühldenkt«, verändert sich ihr Gesichtsausdruck, die Bewegungen bekommen einen anderen Duktus, die Stimme wird gutturaler und ihre Ausstrahlung – bioelektrisch-chemische Aufladung der Atmosphäre rund um sie – sagt mehr als tausend Worte, und das merkt jedermann. Jeder Mann – nicht nur der, für den dies bestimmt ist – und früher noch jede Frau. Sie muss gar nichts tun außer »echt« sein. Wenn sie aber den bestimmten Mann nicht wirklich will, sondern nur einen als Ersatz für die Wärmflasche, dann wird auch diese Botschaft ankommen; sie als potenzielle Geliebte wird aber wahrscheinlich nicht ankommen.

Die Kärntner Lyrikerin Barbara Stromberger singt in der Mitte von in ihrem »Single Song«[20]:

> … Fußbad, Rotwein, Fernsehpause,
> Seligkeit mit einem Buch.
> Keine Pflichterfüllungsjause.
> Abgewehrt, eingekehrt,
> droht mit so kein Friedensbruch.
> Single, Single, Single sein:
> Unterwegs und doch allein.
> Single, Single, Single Los:
> Wärmeflasche für den Schoß …

Zum Ankommen gehört auch, sich jemand zuTEILen – sich zu trauen, sich jemand zuzuTEILen. Johannes Wahala, einer meiner Stell-

vertreter als Vorsitzende der Österreichischen Gesellschaft für Sexualforschung[21], hat mir einmal erzählt, er habe seinem Freund gesagt: »Du darfst Dich mir zumuten!« Dieser Satz hat mich unendlich berührt – er ist bei mir gut angekommen. Ich sage ihn jetzt Dir, Dušan: Du darfst Dich mir zumuten und ich möchte mich auch Dir zumuten dürfen.
Damit schließe ich für heute

Deine
Mut-Willige

AbTEILen

Von der Angst vor dem Fremden

Lieber Dušan!

Ich habe in der Zwischenzeit nachgedacht, was der Grund ist, dass Du Dich oft so abschottest. Ich weiß natürlich, dass Du das nicht nur bei mir so machst, sondern auch bei anderen, die sich zu Deinen oder Dich zu ihren Freunden zählen. Und Du hast Dir ja bei unserem ersten Zerwürfnis, als wir uns noch nicht so nahe waren wie jetzt, auch herausgequält: »Ich weiß nicht, was Sie wollen – ich bin doch ganz unproblematisch: alle meine Freunde wissen, dass ich mich zeitweise nicht melde …«
Du empfindest Dich als unproblematisch – Du hast ja auch kein Problem mit Dir selbst. Du bist, wie Du bist. Dir selbst vertraut. Aber für andere bist Du das nicht, und diejenigen, denen EINigung ein hoher Wert ist, werden daher versuchen, Dich zu verstehen, damit sie sich anpassen können, und diejenigen, denen es schon als »nachlaufen« erscheint, wenn sie jemand freundlich »entgegenkommen«, werden wie ein Panzer einherrollen, und wer nicht ausweicht, wird überrollt. Oder sie werden selbst jeder Begegnung ausweichen. Gehörst Du dazu?
Erinnerst Du Dich: An dem Abend – fast hätte ich frei nach Lehár zitiert »in einer Mondnacht im April« –, an dem wir uns so gut verstanden haben, habe ich, während ich Deine Blumen eingewässert habe, gesagt: »Jetzt gebe ich eine Bedienungsanleitung für mich«, und dann habe ich demonstrativ aufgezählt, wie manche meiner typischen Verhaltensweisen zu interpretieren sind. Vielleicht hätte ich das öfter machen sollen. Für jeden Videorekorder gibt es Anweisungen, wie man mit ihm umgeht, ohne ihn kaputt zu machen, und Du hast ja einige Male gestöhnt, Du könntest mit mir nicht umgehen.
Also: Wenn ich anrufe und nicht sage »Bitte ruf mich zurück« oder »Gib mir Antwort« oder »Melde Dich«, heißt das, ich will Dir nur

eine Information geben oder meine Sympathie ausdrücken oder mir war halt danach, Dir beispielsweise eine Melodie zu senden, die ich gerade höre – dann erwarte ich keinerlei Reaktion von Dir. Aber es ist anzunehmen, dass ich mich über eine freue. Wenn ich aber so einen Schlusssatz beifüge, dann heißt das, ich brauche irgendetwas von Dir, und Du kannst sicher sein, dass ich nicht tratschen will – dazu habe ich gar nicht die Zeit oder besser: die Muße. So was liegt mir nicht. Das ist nicht mein Stil.

Gestern Nachmittag hat mich eine Frau aus Düsseldorf angerufen, die mich gestern in einer deutschen Fernsehsendung gesehen hat – einer Aufzeichnung. Das Thema lautete »Familiengeheimnisse« und ich war als Expertin eingeladen worden, weil man in der Redaktion auf mein Buch »Darüber spricht man nicht – Tabus in der Familie: Das Schweigen durchbrechen« aufmerksam geworden war.

Zuerst hat mich der Anruf irritiert. Nicht nur, weil es ja samstags war, sondern auch, weil ich die Sendung nicht habe sehen können – den Sender bekomme ich nicht über Kabel – und noch keine Kassette von der Redaktion bekommen hatte, daher wusste ich natürlich auch nicht, welche Akzente von der Regie, vor allem der Bildregie, besonders hervorgehoben worden waren und was nun herausgeschnitten wurde. Ich achte nämlich immer sehr darauf, auf wem das Kameraauge ruht – auf Sprechenden oder Zuhörenden – und finde es immer sehr schade, wenn nicht gezeigt wird, was Menschen mit ihrer Sprache, aber natürlich auch mit ihrer Mimik und Gestik, bei anderen aus- und anrichten können.

Die Frau stellte sich mir als Krebspatientin vor und bat mich um einen Rat, wie sie aus einer für sie unerträglichen Situation herauskommen könnte. Sie hätte zwar in Deutschland eine Psychotherapeutin, von der sie seit zwei Jahren betreut werde, aber ich scheine ihr auf Grund meiner Art des Sprechens auch kompetent für »Außenkonflikte«, nicht nur für »innerseelische«. Auf meine Bitte, mir doch kurz zu umreißen, was es wäre, wobei sie meine Hilfe zu brauchen vermeine, begann sie, mir von dem Arzt zu erzählen, der sie operiert hatte. Wie einfühlsam er gewesen wäre, wie gut er sie betreut habe, wie er sie immer um die Schulter genommen hätte und wie gut aufgehoben sie sich dabei gefühlt hätte, und welche Aufmerksamkeiten und kleine Geschenke sie ihm gemacht habe, dass er sie zu sich nach Hause eingeladen habe, dass auch seine Frau

sehr nett zu ihr gewesen wäre – und plötzlich habe er auf ihre Anrufe nicht mehr reagiert.
Mir ist schon bald in unserem Gespräch aufgefallen, dass sie regelmäßig vom Thema abzuschweifen begann. Da ich vermeiden wollte, dass sie mich bloß als »Mistkübel« für ihren Seelenmüll verwende, sondern schon den Anspruch in mir verspürte, eine »beraterische Leistung« zu erbringen, bat ich sie um Verständnis, dass ich ihren Redefluss strukturieren wolle, weil ich mir sonst die Fülle der Details nicht merken könne – und mitschreiben wolle ich nicht.
Sagt Dir der Name Michael Balint etwas? Dieser hungaro-britische Psychoanalytiker hat wiederholt darauf hingewiesen, dass das klassische psychiatrische Denken das Mitgefühl behindert und damit auch das tiefere Verständnis des Leidens von Patienten. Bei den Juristen gibt es übrigens einen Spruch, der etwas Ähnliches besagt: »Zu viel Wissen stört den Schwung des Plädoyers«.

Balint erinnert: »Im Gegensatz zu dieser Art des Denkens versuchten wir, unsere Forschung auf die therapeutischen Prozesse zu konzentrieren. Wir mussten bald einsehen, dass das Denken in psychopathologischen oder psychodynamischen Begriffen zum Verständnis dieser Vorgänge nicht viel beitrug. Da jede Therapie auf einem Wechselspiel zwischen Patient und Arzt beruht, kann man die Vorgänge nicht wirklich verstehen, wenn man die Beobachtung auf nur einen von beiden beschränkt: Therapie ereignet sich weder im Arzt noch im Patienten, sondern zwischen beiden. Daraus folgt, dass man die Interaktion zwischen Arzt und Patient beobachten und registrieren muss …«[1] Und der Allgemeinmediziner J. S. Norell schreibt in seinem Gefolge: »Der Arzt, der dem Patienten mit vorgefassten Theorien gegenübertritt, ist in Gefahr, unauffällige, aber signifikante Ereignisse in der Konsultation zu übersehen, nicht im Gedächtnis zu behalten oder nicht für die Therapie zu benutzen. Stattdessen stellt er nebensächliche Fragen, die das eigentliche, den Patienten zu diesem Zeitpunkt beschäftigende Problem gar nicht berühren, die aber in die eigenen Konstrukte des Arztes besser hineinpassen …«[2]
Diese Überlegungen haben mich in meiner beraterischen und psychotherapeutischen Arbeit immer sehr bestimmt: Als ich

1988 bis 1992 die Gelegenheit hatte, im ORF an einer Live-Beratungssendung mitzuwirken und im vierköpfigen Team die einzige Psychotherapeutin war, musste ich mir ja eine Beratungsform überlegen, wie ich mich in – vorerst nicht absehbarer – beschränkter Zeit eines Telefonats schnell auf die Anrufer/innen einstimmen konnte. Ich entschied mich

- für die so genannte gleichschwebende Aufmerksamkeit
- das spontane Reagieren auf Aussagen, bei denen ich sowohl bei den Anrufenden als auch bei mir eine hervortretende Gefühlsreaktion verspürte und
- die größtmögliche Übernahme der Sprachformen meiner GesprächsPARTner/innen.

Habe ich Dir eigentlich je erzählt, wie ich zu dieser Live-Beratungssendung gekommen bin?
Es war vor Pfingsten 1988 in der Sexualberatungsstelle 1 in der – viel belächelten – Adresse Lustkandlgasse 50 im 9. Wiener Gemeindebezirk, als während unserer Beratungszeiten ein Mann anrief und sich vorstellte als Walter Gröbchen vom Ö3-Nachtradio. Sie hätten eine neue Sendung, die hieße Sexhotline, und sie bräuchten jemand als Studiogast, der sich mit Sexualität auskennt. Das Team der Beratungsstelle hielt den Anruf zuerst für einen Jux – niemand wusste davon, weder vom Nachtradio noch von dem »angeblichen« Journalisten, und weil ich ja mit einem ehemaligen ORF-Redakteur verheiratet bin, baten mich die anderen Team-Mitglieder, bei ihm nachzufragen. Er wusste natürlich alles und bestätigte uns den Wahrheitsgehalt und die Seriosität. Also sagten wir zu, dass schon jemand aus dem Team zum angegebenen Zeitpunkt kurz vor Mitternacht im Funkhaus sein würde. (Damals war die Ö3-Redaktion noch in der Argentinierstraße.) Dann begannen wir im Team zu verhandeln, wer hingehen sollte, und die Wahl fiel auf mich – weil ich am nächsten zum Funkhaus wohnte und daher nicht quer durch Wien oder gar Niederösterreich anreisen musste wie die anderen. Später erst erfuhr ich, dass das ursprünglich als »Experten« für die Sendung vorgesehene Duo (die Journalist/innen Ernest Borneman und Gerti Senger, die damals gerade erst ihr Pädagogikstudium begonnen hatte) beide auf Pfingsturlaub weilten. Ich war – wie so oft – »nur« als Ersatz gekommen und hatte so viel Erfolg mit meiner ganz anderen Art mit

Menschen umzugehen, dass ich fix ins Team aufgenommen wurde. Später stieß dann noch Dieter Schmutzer, damals noch bei der Österreichischen AIDS-Hilfe, dazu. Ich habe diese Tätigkeit dazu genutzt, mich kritisch mit Theorie und Praxis der Telefonberatung auseinander zu setzen, ein Buch darüber verfasst[3] und in weiterer Folge Mitarbeiter/innen der Telefonseelsorge oder auch der Ö3-Kummernummer diesbezüglich aus- und fortgebildet.
Auch bei der Anruferin am Samstag habe ich also versucht, mich vorsichtig an das »Unaussprechliche« heranzutasten – habe sie gefragt, ob sie das Gefühl gehabt hätte, dass sie dieser Arzt gegenüber anderen Patientinnen besonders bevorzugt habe, was sie verneinte, oder ob sie ihm vielleicht durch zu euphorische Dankbarkeit »bedrängt« hätte, ihm ihre Aufwartungen einfach zu viel oder lästig geworden wären, aber auch das entsprach nicht ihrem Gefühl. Ich habe sie dann auch sehr liebevoll gefragt, ob sie vielleicht in den Arzt verliebt sei, aber auch das konnte sie in einer Weise in Abrede stellen, die mich überzeugte, dass dies wirklich nicht der Fall sei. Dann fragte ich, ob es vielleicht sein könnte, dass es ihn irritiert hätte, dass sie als »Gleiche zu Gleichem« mit ihm Umgang habe pflegen wollen, und da hörte ich, wie sie tief durchatmete – Eugene Gendlin spricht diesbezüglich vom »body shift«[4] – und diese Sichtweise bejahte.

> Eugene Gendlin (ein emigrierter Wiener!) beschreibt präzise, wie Menschen vom »felt sense« einer ungelösten Situation geplagt werden, »von etwas, das unerledigt blieb, zurückgelassen wurde.« Dafür gibt es keine äußeren Hinweise, »sondern einfach eine innere Empfindung.«[5]
> Der Psychotherapeut erklärt weiter: »Vielleicht versuchen Sie, diesem Gefühl mit sachlichen Argumenten beizukommen, es intellektuell zu zergliedern, oder es zu verdrängen bzw. zu bagatellisieren … Sie seufzen und stöbern wieder in Ihrem Gedächtnis umher. Sie finden eine mögliche Lösung … Aber diese Antwort befriedigt Ihr Gefühl nicht … Ihr Körper weiß, dass es nicht das ist, was Sie … beschäftigt … Zeitweise wird der »felt sense« so vage, dass er fast verschwindet, dann wird er wieder so stark, dass Sie es fast zu wissen meinen. Dann, plötzlich bricht es durch … Sie haben es getroffen, und im sel-

ben Moment empfinden Sie eine plötzliche, physisch spürbare Erleichterung. Irgendwo in Ihrem Körper löst sich etwas, kommt etwas in Bewegung. Dieses Gefühl durchdringt Ihren ganzen Körper ... Das ist eine der charakteristischen Eigenschaften einer Bewegung in einem »felt sense«: immer löst sie dieses wohl tuende und manchmal geradezu schöne Gefühl körperlicher Erleichterung aus. Es ist wie beim Ausatmen nach längerem Anhalten der Luft. Sie können fühlen, wie die Spannung aus Ihrem Körper weicht.« Das Gefühl dieser inneren Entkrampfung nennt Gendlin »body shift«. Andere können ihn sehen und hören, selber kann man ihn deutlich spüren. Oft ist er mit einem Aufrichten des Körpers verbunden, oft auch mit Lachen oder dem, was in der Psychologie »Aha-Erlebnis« genannt wird – einer Veränderung des Gesichtsausdrucks, weil plötzlich »ein Licht aufgegangen« ist.

Die amerikanische Linguistikprofessorin Deborah Tannen hat aufgezeigt: »Wenn Frauen eine Bindungs- und Intimitätssprache, Männer aber eine Status- und Unabhängigkeitssprache sprechen und verstehen, dann kann die Kommunikation von Männern und Frauen zur interkulturellen Kommunikation werden, die oft am unterschiedlichen Gesprächsstil scheitert.«[6]
Barbara Stromberger hat ein Lied[7] verfasst, in dem diese Problematik klar zum Ausdruck kommt. Es beginnt mit:

Du schaust mich an,
als wäre ich dir fremd,
als spräche ich chinesisch,
und das im Dialekt.
Du schaust mich an,
als wäre ich ein Schneemensch,
der gierig und bedrohlich
seine Pranken nach dir streckt.

Du schaust mich an,
als wollte ich was Böses,
was vollkommen Absurdes
und tierisch Gemeines.

Mein Gott, wie ist es schwierig,
dir einfach zu vermitteln,
was ich brauche, was ich möchte,
ist einzig nur eines:

Reden will ich mit dir können,
reden, reden, reden, reden!
Reden will ich mit dir können,
einfach wieder mit dir reden!

Die Anruferin aus Düsseldorf hatte womöglich dieses Problem: sie wollte die GemEINsamkeit gleichberechtigten sozialen Umgangs, der Arzt die klassische Arzt-Patienten-Hierarchie. Ihr Anspruch war, kein »soziales Almosen« an Freundlichkeit oder Pflichtübungen als »Gegengeschäft« für Geschenke zu erhalten, auch nicht als Angehörige der »Muttergeneration« mit ver-söhn-lichen Aufmerksamkeiten beschwichtigt zu werden, sondern auf einen gesellschaftlichen Kommunikationsstil vertrauen zu können, in dem sie eben nicht Kranke, Hilflose, Bedürftige sein müsse und er der Heiler, Helfer, Herrscher.

In dem Buch »Das Prinzip Bosheit« zitieren die Autoren Seemann und Meier diese Gefahr der »bedrohlichen Symmetrie« mit einem Text von Alfred Polgar[8]:
»Dem Bettler, der demütig-zerflossenen Gesichts, Klagen murmelnd, trauerweidig hängend und bebend, an den Tisch tritt, gibt fast jeder. Dem ebenso armen Teufel, der noch einen Funken Stolz in seines Lebens Asche hütet, der deine Gabe nicht umsonst haben will, der einen Gegenwert bietet: Schuhriemen oder Zündhölzer oder Ansichtskarten oder Notizbücher oder Englischpflaster – den schickt jeder weg. Danke, ich brauche nichts. Aber er braucht, das siehst du doch.«
Polgar erklärt sich diesen Widerstand gegen den »nötigen Verkäufer, der seiner Bettelei die Larve des Kommerz umhängt« damit, dass der »Kerl mit den Schuhbändern«, weil er als Geschäftsmann auftritt, gewissermaßen auf gleicher Ebene agiert. »Er tritt in den Kreis bürgerlicher Konvention. Er ist Nebenmensch. Aber der Bettler, der fordert, ohne zu bieten,

> ist ein Subjekt außerhalb deiner Welt. Ein Untermensch.« Und diese Unterwelt kommt durch die Konfrontation mit dem Menschen aus der Tiefe bedrohlich nahe!
> Polgar resümiert: »Mein Lieber, aus Angst gibst du ihm. Aus blanker Furcht. Du kaufst dich los, zahlst Lösegeld, du entrichtest Tribut. Du bestichst die Unterwelt. Wie du den Himmel bestechen willst, wenn du deinen lausigen Tausender in die Sammelbüchse tust.«

Ich kann mich noch gut an ein Gespräch aus meiner Zeit als Kommunalpolitikerin erinnern: ich weiß zwar nur noch undeutlich, worum es konkret inhaltlich ging, ich weiß nur mehr, dass ich mich für eine Bürgerinitiative eingesetzt hatte und Verbündete suchte. Also ersuchte ich – nebst anderen – auch die Frauenvorsitzende »meines« Bezirks um Unterstützung. Wir waren beide Mitglieder im selben »Klub der Mandatare«, sie Gemeinderätin, ich Bezirksrätin (und auf noch nicht wählbarer Stelle auf der Gemeinderatsliste). Heute würde ich sagen: ich betrieb Lobbying. Damals war mein Bewusstseinsstand: ich mache ein Kooperationsangebot – aber das war offensichtlich zu symmetrisch! Denn ich bekam die gedehnte Antwort: »Ja weißt Du – wir im Gemeinderat können uns nicht um jede Bürgerinitiative kümmern ...« Der Tonfall, in dem dieser Satz gesprochen war, klingt noch immer in meinem Ohr. Er war herablassend, und er transportierte eine »Beziehungsbotschaft«, nämlich: wer bist denn Du, dass Du es wagst, an uns Götter im Olymp des Rathauses heranzutreten? Und: Wir da oben sind wichtig, Du da unten bist nicht wichtig.
Wer seine Position nicht in Frage stellen lässt, fürchtet wohl, allein dadurch bereits an Autorität zu verlieren und enthüllt damit schon wieder versteckte Dominanzansprüche. Bei Politiker/innen verständlich – wer übernimmt schon freudig Führungsaufgaben, bei denen man andauernd mit dem Rücken zur Wand stehen muss, weil man sonst sofort »ein Hackl ins Kreuz« bekommt?

> Thomas Kornbichler betont, »Mehr noch als im politischen Leben können hier (im Wirtschaftsleben, Anm. RAP) sadomasochistische Machtmenschen ihre Sucht austoben, andere Menschen zu beherrschen.«[9] Und: »Der Machtmensch will Selbst-

> betonung und Selbstdurchsetzung.« Denn der sadomasochistische Politiker »nimmt die anderen als sein Eigentum und ist deswegen nicht Inhaber einer sozial fundierten Macht, sondern Inhaber einer auf Herrschaft begründeten Macht.«

Dušan, kannst Du Dich daran erinnern, wie ich Dir zu erklären versucht habe, dass und weshalb Du so wichtig für mich bist, und ich gesagt habe: Ich weiß, dass ich Dir viel zu viel Macht über mich gebe. Da hast Du gelächelt und gemeint: »Das müssen wir schnellstens demokratisieren!« Das hat mir gut gefallen – besonders das »wir« – und ich habe Dich für diesen Satz sehr geliebt. Nur: Meine Demokratisierungsversuche hast Du in der weiteren Folge weder unterstützt noch toleriert, sondern hast Dich hinter Schweigemauern verschanzt – so wie der Gynäkologe der Frau aus Düsseldorf. Das ist keine Kultur des TEILens, das ist Unkultur.

> Unter Kultur verstehe ich den Einsatz unserer Fähigkeit, bewusste Entscheidung für EINe von mehreren Verhaltensmöglichkeiten zu treffen – und nicht unbewusst einem unreflektierten Impuls zu folgen. Meist ist das der Impuls, nur auf sich und das eigene Wohlbefinden und die Vermeidung von allem, was dieses Wohlbefinden gefährden könnte – Stressgespräche beispielsweise – zu achten.
> Daher nenne ich Konfliktkultur, wenn man es schafft, die Trennung der gedanklichen oder emotionalen Differenz UND die GemEINsamkeit im dialogischen Gespräch zu verEINen. Das bedeutet auch Verzicht auf Dominanz.

Kannst Du Dich erinnern, Dušan, wie ich zu Dir gesagt habe: Keine/r soll den anderen dominieren – Du mich nicht und ich Dich nicht? Das ist mir wirklich ein Herzensanliegen, nicht nur Dir gegenüber, sondern auch bei allen anderen Menschen, und ich bin mit mir gar nicht zufrieden, wenn ich merke, dass ich mich zwar selten aber doch gelegentlich im Diskurs zu »massiv« äußere. Das ist mir nämlich schon vorgehalten worden, in einem Seminar einmal und einmal nach einem Vortrag: Beide Male war ich schon müde, überanstrengt; das erste Mal wollte eine Frau, das zweite Mal ein Mann weiter und weiter diskutieren und ihre Positionen gegen mei-

ne stellen und zeigen, dass sie auch gescheit sind und dass sie auch das Seminar bzw. den Vortrag hätten halten können – also klassische Konkurrenzsituationen – und statt dass ich gesagt hätte: »Ich bin jetzt müde und grantig und ich will nicht mehr und kann nicht mehr und ich brauche eine Erholungspause!«, habe ich beide Male mehr Kraft (die letzten Reste!) in meine Stimme gelegt und – intellektualisiert: mich auf irgendwelche »übergeordneten Autoritäten« bezogen, die eben gerade gepasst haben, und wo ich gewusst habe, dass darauf nur Respektschweigen folgen wird. Ich war also nicht symmetrisch, sondern von oben herab, zwar kurzfristig Siegerin, aber nachträglich von mir selbst enttäuscht.
Möglicherweise habe ich mich deshalb auch so gut auf meine Düsseldorfer Anruferin einstimmen können – weil ich nicht nur ihre Not, sondern auch die des Arztes in mir anklingen gespürt habe …
Mit der Erkenntnis der abgewehrten Symmetrie war aber das Problem der Anruferin noch nicht gelöst. Daher haben wir dann gemEINsam überlegt, wie Sie dem Arzt bei der fälligen Konsultation gegenübertreten könne – nicht beleidigt, nicht rechthaberisch, nicht rechtfertigend, nicht schuldbewusst, sondern »souverän«. Dieses Wort habe ich ihr mitgegeben und es hat sich als »rhema« – als »heilsames« Wort – herausgestellt: Sie hatte nämlich wieder einen deutlich hörbaren »body shift«, hat verhalten gekichert und gesagt: »Ja, das ist gut! So mach ich es!« Mehr brauchte ich nicht mehr zu sagen, denn was konkret sie sich unter souverän vorstellt, entstammt ihrem geistigen Repertoire an Vor-Bildern und sie wird schon wissen, was für sie passt. Anderenfalls hätte sie ja nicht losgelassen, sondern mich weiter befragt. Gleich oder auch später.
Ich denke, ihr »felt sense« hatte sie gewarnt: »Nur nicht ankommen – denn ich werde in dem Stil, wie ich es anlegen will, sicher nicht ankommen.« Das Problem lag also nicht darin, dass sie eine »unmögliche« Person war oder der Arzt, sondern dass beide in eine Situation geraten waren, in der keiner eine »mögliche« Umgangsform zusammengebracht hat, sondern nur eine »unmögliche«, und die hat – zumindest ihr – Sorgen gemacht, daher gehört sie ent-sorgt.

Dieses »Nur nicht ankommen« kenne ich in zweierlei Form: als Warnung und als Tabu.

- Tabus schützen Kraftquellen – heilige Orte, heilige (oder heilende) Menschen, auch heilige Institutionen. Sie sollen nicht durch Profanes verunreinigt werden, daher gibt es Vorschriften, dass man sich ihnen nur auf bestimmte Distanz oder unter Einhaltung bestimmter Rituale nähern darf oder überhaupt warten muss, dass man eingeladen wird, oder man darf sie nicht ansehen, nicht angreifen, nicht ansprechen. Vor allem: nicht kritisieren.[10] Wenn man aber Störungen nicht ansprechen darf, wird damit die Reinigung der Kraftquelle verhindert, wenn sie in ihrer Qualität, Energie zu spenden, geschädigt wurde. Das Gleiche gilt für ein Heiligtum, eine Heilerpersönlichkeit – egal, um welchen TEILberuf des ursprünglichen Priester-Arzt-Psychotherapeut-Lehrer-Sänger-Richter-Königs es sich handelt – ebenso wie für die Familie, die ja eigentlich Geborgenheit und Unterstützung bieten sollte und gleichermaßen für eine möglichst beglückende Paarbeziehung.

- Die Warnung »Nur nicht ankommen!« hingegen drückt Angst aus: nicht nur reale Angst vor Verletzungen – ich denke dabei an Quallen im Mittelmeer oder heiße Herdplatten –, sondern auch Angst vor Peinlichkeiten. Angst sich lächerlich zu machen. Kurz: Angst vor Statusverlust. Man könnte »blöd« dastehen. Übrigens: Mir ist aufgefallen, dass das Wort »blöd« anderen meist dann an den Kopf geworfen wird, wenn der Schimpfer den Beschimpften nicht versteht. »Red nicht so blöd« heißt korrekt formuliert: »Bitte rede so, dass ich Dich verstehe!« Aber dazu muss man wieder den TEIL Unverständnis selbst tragen und nicht dem anderen zuTEILen!

So erinnere ich mich an viele Stunden Unterricht oder Supervision bei Krankenpflegepersonen. (Ich mag die – meiner Meinung nach sprachlich inkorrekte – TEILung in Krankenschwestern und Krankenpfleger nicht, deshalb vermeide ich sie.) Immer wieder kam irgendwann, verschämt, die Sprache auf die Peinlichkeit der Intimwäsche. Meist von Frauen, die nicht wussten, wie sie den anzüglichen Blicken, Sprüchen, Handgreiflichkeiten älterer Männer entgehen sollten, die sich an der Verlegenheit junger Frauen weideten, die ihr Genital reinigen sollte. Einmal gestand aber auch ein Mann, wie unangenehm es ihm gewesen sei, von einer Wöchnerin immer wieder aufgefordert zu werden, ihren Genitalbereich neuerlich zu spülen. Ich rate

> dann immer, die Initiative zur Gesprächsführung an sich zu ziehen und selbst die kommende Situation zu definieren, ernsthaft und korrekt: »Möglicherweise wird es jetzt ein bisschen peinlich – aber ich werde jetzt Ihren Intimbereich waschen« oder »Sie helfen mir, wenn sie ganz still halten, dann besteht wenig Gefahr, dass ich Ihnen wehtue, wenn ich Ihren Intimbereich reinige« etc. Voraussetzung ist, dass man sich selbst klar darüber ist, welche Gefühle man hat oder befürchtet und was schlimmstenfalls passieren könnte. Dann kann man nämlich bitten, dass das jedenfalls vermieden werden soll. Scherze beispielsweise.

Derartige Sätze habe ich dann mit der Anruferin aus Düsseldorf erfunden und das hat sie sehr erleichtert. Solche Sätze könnten wir für unsere Dialogschwierigkeiten auch erfinden, Dušan. Einmal ist es uns ja schon geglückt. Warum tun wir es also nicht wieder? Wir können beide davon nur profitieren: Wir lernen EINander besser kennen, wir üben unsere rhetorischen Fähigkeiten, was echte Kommunikation anbelangt, und wir können die Grenzen zwischen uns so ziehen, dass es für uns beide passt – und nicht nur für eine/n.

> Weiters gibt es noch die Angst vor Verbindlichkeiten. Wenn man ankommt, könnte man kleben bleiben. So wie im Märchen »Schwan kleb an«. Da sind wir wieder bei den Suggestionen, mensch könne sich nicht wehren, wenn ihm etwas oktroyiert wird. Dahinter verbirgt sich die Angst des kleinen Kindes vor den übermächtigen Eltern: weil man nicht weiß, wie mächtig der/die andere tatsächlich ist, stellt man sich sicherheitshalber auf die größtmögliche Macht ein. Wie viele Eltern predigen irgendwann einmal »Wer A sagt, muss auch B sagen!« und manipulieren ihre Kinder zur Widerstandsunfähigkeit. Vor allem Frauen kennen diesen Satz, mit dem ihnen gleichsam verboten wird, auf der Zeitlinie einer sexuellen Begegnung dann einen Punkt zu machen, wenn sie nicht mehr weitergehen wollen. Aber so wie es klar sein sollte, dass jeder Mensch, und sei er noch so klein, mit Essen aufhören darf – dürfen soll! –, wenn er keinen Hunger bzw. Appetit mehr hat, gilt das für jede andere »Einverleibung« auch!

Die Angst, der andere könnte etwas in das eigene Verhalten hineindichten, was nicht drinnen ist oder besser: sein soll, lässt viele Menschen von vornherein Kontakt scheuen. Aber: die Reaktionen der anderen Person liegen außerhalb der eigenen Macht! Dafür sind sie oft Projektionen[11] der eigenen Triebimpulse. Also: wenn jemand beispielsweise Angst hat, jemand anderen zu beleidigen, dann ist in ihm der Keim zur Beleidigung schon aktiv – denn wenn jemand gar kein TEILchen Absicht in sich trägt, jemand anderen zu kränken, kommt ihm gar nicht der Gedanke, dass er es tun könnte …

Diese Angst entdeckt man auch, wenn man Fremdenfeindlichkeit untersucht: man projiziert auf wen anderen, was man bei sich selbst nicht wahrhaben will – oder was wer anderer hat und man selbst auch gerne hätte. Besonders deutlich wird das bei Frauen – bekanntlich den ersten »Fremden« in der Männerwelt. Ihnen wird auch in Arbeitsbeziehungen noch immer oft unterstellt, sie wären nur auf Männerfang aus, würden zu wenig leisten, wären nicht belastbar und überdies nicht solidarisch.
Meine Erfahrung aus über 35 Jahren in unterschiedlichsten Berufsfeldern, aber auch in Coaching, Supervision und Trainings hingegen zeigt: Viele Männer behindern Frauen mit sexuellen Anspielungen und schwerwiegenderen Belästigungen an ungestörter Arbeitsausführung; Männer schieben Frauen ihre eigene Arbeit zu – so klagten beispielsweise viele Turnusärztinnen unterschiedlicher Spitäler, die ich supervidierte, immer wieder, wie ihre dienstzuständige männliche Kollegenschaft trotz »Gefahr im Verzug« oft keinen Finger rührte, sondern, die Beine hochgelagert, gedehnt meinte, jetzt freue es sie einfach nicht, die Kollegin werde sich wohl »bequemen« müssen … und sie tat es dann auch, weil ihr die Unversehrtheit der Patient/innen gegenüber eigener Bequemlichkeit das höherwertige Gut war.
Und ich kenne noch andere »LastverTEILungsspiele«: In der SPÖ der 1960er- bis 1980er-Jahre war es üblich, dass Männer die Basisfunktionen bekleideten und dabei eifrig kumulierten, den von Spöttern so genannten »sozialistischen Dreikampf« – Flugzetteln verTEILen, Zeitung austragen (damals gab es noch »Die Frau« und die »Arbeiter-Zeitung«) und Mitgliedsbeiträge einkassieren –, diesen

»Kampf« »gewannen« aber ihre Frauen. Sie taten dies ohne zu murren, aus solidarischer Bereitschaft, diese »gewachsenen Strukturen« nicht in Frage zu stellen. Belohnt wurde ihre Kooperationsbereitschaft nicht – ganz im GegenTEIL: Es hieß dann oft »die ist ja nur zum ZettelverTEILen gut!« – weil man(n) sie nicht anders kannte.
Vermutungen oder Unterstellungen sind wohl unvermeidlich. Aber wenn sie nicht als solche angesprochen werden, entsteht das, was ich »toxische« Beziehungen – solche, die vergiften – nenne. Dann steht nämlich entweder eine unwahre »Wahr-Nehmung« im Raum und vergiftet das Klima – besonders, wenn man sich nicht dagegen wehren kann –, oder es wird eine »Wahr-Nehmung« öffentlich gemacht und als unwahr bezeichnet, das heißt, es wird eine Lüge aufgebaut, und die vergiftet auch: den Geist, die Seele – denn die meisten Menschen sind nicht so abgestumpft, dass sie nicht merken, wenn jemand nicht die Wahrheit spricht: Man fühlt die Stresshormonausschüttung beim anderen und unlängst stand in der Zeitung, Forscher hätten festgestellt, dass dabei die Nasenspitze stärker durchblutet wird und anschwillt (Pinocchios Nasenwachstum!) und man sich beim Lügen daher die Nase zu reiben beginnt! Und sich selbst schließlich damit »auf-reibt«.
Ich bin überhaupt der Meinung, dass das, was Menschen psychisch krank macht, die Lüge ist, und dass gelungene Psychotherapie immer die Herstellung von Wahrheit bedeutet; dass nämlich die »innere Wahrheit«, das, was man spürt und daher »weiß« – meine Interpretation von »glauben« – mit der »äußeren Wahrheit« überEINstimmt, mit dem, was als wahr anerkannt wird, primär von einem selbst, aber auch von mindestens einem unbestechlichen anderen.
Menschen wissen gar nicht, was sie sich selbst – und natürlich auch den anderen – vorenthalten, wenn sie sich in Fremdenfeindlichkeit verlieren: Sie verzichten darauf, sich ihr eigenes Wahrheitserleben aus persönlicher Wahrnehmung zu erarbeiten, sondern »glauben« – im anderen Sinn von »gehorchen«, und das hängt ja mit »horchen« zusammen! – einer Angst, die ihnen eingeredet wird/wurde.

Wir verdanken René Spitz die Beschreibung der von ihm so genannten Achtmonatsangst.[12] Er beschreibt, dass Kinder zwischen dem sechsten und achten Lebensmonat nicht mehr mit Lächeln reagieren, wenn jemand Unbekannter an ihr Bettchen

tritt, sondern unterschiedlich – »schüchtern« den Blick senkend, die Augen mit den Händen zuhaltend, das Gesicht verdeckend, sich im Bett auf den Bauch werfend oder unter der Bettdecke versteckend, weinend oder schreiend: »Das Kind unterscheidet jetzt deutlich zwischen ›Freund‹ und ›fremd‹. Nähert sich dem Kind ein Fremder, löst dies ein unverkennbares, charakteristisches und typisches Verhalten in ihm aus; es zeigt individuell verschiedene Grade der Ängstlichkeit, ja sogar Angst und lehnt den Fremden ab ...« Und er summiert: »Der gemeinsame Nenner ist eine Kontaktverweigerung, ein Sich-Abwenden, mehr oder weniger von Angst getönt. Dürfen wir annehmen, dass die Unterschiede des individuellen Verhaltens irgendwie mit dem affektiven Klima zusammenhängen, in dem das Kind aufgewachsen ist?«
Spitz unterscheidet auf Grund seiner Beobachtungen drei Stadien in der Entstehung von Angst:

- zuallererst kommt die Reaktion des Säuglings auf seine Entbindung. Unlustäußerungen in der ersten Lebenswoche sieht er aber nicht als Ausdruck von Angst: »Sie tragen zwar alle Merkmale physiologischer Spannungszustände mit diffusen körperlichen Abfuhrerscheinungen, aber sie haben keinen psychischen Inhalt.« Erst später würden sie zu Reaktionen auf immer spezifischere Unlustsituationen.
- Zwischen dem vierten und sechsten Lebensmonat beobachtete er, dass das Wiederauftauchen unlustvoller Situationen einen »spezifischen Unlustaffekt« in Form eines Fluchtverhaltens auslöst. Diese Furchtreaktion stelle den zweiten Schritt zur Entwicklung von Angst – Realangst – im eigentlichen Sinn dar.
- Wenn das Kind in weiterer Folge die so genannte Achtmonatsangst ausdrücke, »wendet es sich gegen etwas oder jemand, mit dem es nie ein Unlusterlebnis gehabt hat«. Es sei die Enttäuschung, dass das Gesicht, das sich annähert, nicht das Gesicht der Mutter ist: »Es erweist sich als anders und wird daher abgelehnt.«

Erinnerst Du Dich noch? Im Wiener Landtagswahlkampf 1996 wurde der Spitzenkandidat des Liberalen Forums, der Meinungsforscher Wolfgang Bachmayer, vom politischen Gegner zum Rücktritt bewegt, nachdem veröffentlicht wurde, dass er irgendwann zuvor in einem Vortrag vor freiheitlichen Funktionären sich auf ein Zitat vom unabdingbaren Zusammenhang zwischen nationaler Fremdenfeindlichkeit und der angeblichen Ablehnung dunkelhäutiger Menschen durch Babys berufen hatte. Damals wurde bei mir mehrfach angerufen und nach der Quelle dieses Zitats geforscht. Es fand sich später – René Spitz war jedenfalls nicht der Urheber. Denn er beobachtete nur die Ablehnung von Gesichtern, die nicht der Erinnerungsspur »Mutter« entsprachen. Da es damals keine partnerschaftlich mitpflegenden Väter gab, wissen wir nichts über die mögliche Gleichreaktion des Kleinkindes auf »Nicht-Vater«. Und schon gar fehlen Aussagen über Differenzierungen z. B. unterschiedlicher Hautfarben, Glatzen, Bärte, Alkoholfahnen oder Knoblauchduft. Zu denen wäre ein so kleines Kind ohne »Training« ja noch gar nicht fähig; die Achtmonatsangst wird schließlich als Beweis dafür angesehen, dass das kleine Kind, das sich bis dahin – wie noch im Mutterleib – EINs mit seiner Mutter gefühlt hat, jetzt eben seine Mutter von allem, was Nicht-Mutter ist, unterscheiden kann.

Es liegt wohl wieder an der primären Bezugsperson, dem Kleinkind liebevoll zu erklären, wer der/die »Fremde« ist – nicht etwa, damit das Kind anhand der Worte »weiß«, dass es vor dem »Gast« keine Angst zu haben »braucht« – sondern damit das Kind anhand der liebevollen Zuwendung, die sich in Tonfall und Rhythmik der Sprache »verkörpert«, hören kann, dass jemand Fürsorglicher bei ihm ist und es beschützt – sodass es in Geborgenheit schauen und sich das Geschaute einprägen kann.

Fremdenangst – egal ob sie sich auf Angehörige anderer Nationen, Kulturen bezieht, die anders aussehen, oder auf »die ersten Fremden«[13] in »a mans world«, nämlich die Frauen – Fremdenangst entsteht meiner Ansicht nach aus Mangel an Zeit und Raum und Beistand, sich in der Langsamkeit an das jeweils konkrete Fremde anzunähern, die man braucht, um es in Sicherheit erforschen zu können. In »Der kleine Prinz«[14] beschreibt der Autor die »Bedienungsanleitung«, die der scheue Fuchs dem Titelhelden für seine Zähmung anbietet: »Man kennt nur die Dinge, die man zähmt … Die Menschen haben keine Zeit mehr, irgendetwas kennen zu lernen. Sie kaufen alles fertig in den Geschäften. Aber da es keine Kaufläden für Freunde gibt, haben die Leute keine Freunde mehr. Wenn

Du einen Freund willst, so zähme mich!« Jeden Tag müsse der kleine Prinz zur selben Zeit erscheinen, belehrt ihn der Fuchs – dann könne er, der Fuchs, lernen, sich auf ihn zu freuen, und jeden Tag würde er dann auch ein wenig näher kommen, um sich vertraut zu machen …
Zähmen. Zahm werden – wissen, dass man nicht wild sein wird, nicht wild sein muss. Dass man nicht kämpfen muss. Verstehst Du jetzt, Dušan, weshalb ich immer darauf dränge, »terminisiert« zu sein? Dann habe ich nämlich eine »Zukunftsperspektive« – irgendwo am Zeithorizont einen Zeit-Punkt, auf den ich vertrauen kann, beruflich wie privat, dass ich dann die »unverdaulichen Brocken« in so große bzw. kleine Portionen aufTEILen kann, dass sie genießbar werden. In die Zukunft blicken können, bedeutet ja auch, dass das, was weiter weg liegt, kleiner erscheint als wenn es direkt vor einem riesengroß erscheint. Scheint. Es kommt ja immer auf den Blickwinkel an, ob man beispielsweise von oben drauf sieht oder aus der Froschperspektive von unten hinauf … Du weißt ja, dass ich in meinem Buch »Lust Macht Mut« durchgängig empfehle, die Vogelperspektive einzunehmen, um sich mehr Überblick, mehr Souveränität zu verschaffen. Und Du erinnerst Dich sicher, dass ich einmal gemeint habe, ich hätte Dich Falken eingeladen, mit mir Falkin Höhenflüge zu wagen – aber Du hättest es vorgezogen, als Truthahn auf dem Hühnerhof zu bleiben. Sicher am Boden bleiben. Keine Experimente. Ist das Deine Form von Fremdenangst?
Ich vermute, dass die alltägliche Fremdenangst meist von Warnungen überängstlicher Erziehungspersonen stammt; sie vermeiden damit wohl ihre eigene Unfähigkeit oder Unwilligkeit zu Kontaktaufnahme, wie ich annehme wegen des Risikos der »Blamage«, sich nicht souverän – d. h. überlegen – benehmen zu können. Da ist er wieder, der Dominanzanspruch. »Den Letzten beißen die Hunde« weiß aufs Neue der Volksmund, und der Letzte ist der, der als Letzter zu den anderen dazukommt. Eine Erfahrung aus der Geschwisterreihe der frühen Kindheit? Mir fällt spontan eine Szene ein, als ich meinen älteren und sehr frühreifen Sohn, damals knapp über zwei Jahre alt, im Gitterbett bei seinem jüngeren Bruder, damals etwa ein halbes Jahr alt, ertappte, und er mich auf meine Frage »Was machst Du denn da?« anstrahlte: »Ich hau mein Brüderlein!«
Für den Mann sind die ersten Fremden die Frauen, für die Frauen

die Männer. Je getrennter die Geschlechter vonEINander erzogen werden, desto geheimnisvoller, spannungsgeladener und – feindseliger scheinen die Begegnungen der Geschlechter auszufallen. Koedukation bringt dagegen eher Kenntnis, Vertrautheit und – Routine. Und: Weniger Idealisierungen, weniger Verteufelungen. Weniger Madonna-Hure-Spaltungen. Weniger AufTEILung der Frauen in anständige und unanständige[15].

> Der Priester und Musikwissenschafter Peter Paul Kaspar beschreibt diesen Verteufelungsmechanismus anschaulich in seinem autobiografischen Buch »Knabenseminar«[16]: »Die im Seminarleben abwesenden oder nur verschleiert auftretenden Frauen wurden durch eine überlebensgroße Mutter reichlich ersetzt … Neben der einzigen und wahren – der himmlischen – Mutter sollte ein guter Priester nur zwei irdische Mütter dulden: seine leibliche und seine institutionelle Mutter – die Kirche. Beide Mütter wachten darüber, dass keine Frau dem Priester zu nahe kommen möge …« Und er resümiert die suggestive Dauerberieselung: »Wichtig ist, der realen Weiblichkeit zu widerstehen. In ihr verbirgt sich die List des Satans, dich deiner Berufung untreu werden zu lassen … Das real Weibliche droht dich zwar in Sünde und Schmutz herabzuziehen. Das himmlisch Weibliche der Mutter Gottes wird dich jedoch hinaufziehen in die ewige Glückseligkeit …«

In der Terminologie der Psychoanalyse heißt diese Geisteshaltung und Kommunikationstaktik »Abwehr«. Die eigenen Triebimpulse werden aus dem Bewusstsein abgespalten und auf das – konkret individuelle oder unspezifisch kollektive – »Objekt der Begierde« projiziert. Als »Objektspaltung« werden dann andere Menschen, aber auch Tiere, Gegenstände, nur mehr »gut« (= löst keine Abwehrreaktion aus) oder »böse« (= löst Abwehrreaktion aus) bewertet. Dass dieses Wahrnehmungsrezept nicht geeignet ist, den jeweils »fremden« Menschen in seiner Ganzheit wahrzunehmen – was ohnedies Zeit und kommunikative Fähigkeiten braucht – merken viele Menschen nicht einmal dann, wenn sie immer wieder in ihrem Streben, andere »einschätzen« zu können, scheitern.

»Einschätzen« sehe ich als eine Form von »abschätzigem« Umgang.

Mit Wertschätzung hat das meiner Meinung nach wenig zu tun. Denn wenn ich jemand wertschätze, ist er/sie mir die Zeit wert, herauszufinden, wie es ihm/ihr »gerade jetzt« geht. Wandlung im nächsten Augenblick inbegriffen.

> Immer wieder erlebe ich in meiner therapeutischen Arbeit, wie hilfreich es ist, wenn ich darauf hinweise, dass ein TEIL eines Paares sich gewandelt hat – nicht mehr der- oder dieselbe Person ist, der einstmals »das Herz geschenkt« wurde. Dann nämlich kann das Herz zurückgenommen werden! Es »verkommt« ja nun bei jemand Fremden ... Viele Menschen hängen an der Sichtweise von »dazumals« und wollen – und können – sich von dieser nicht trennen; dies meist deshalb, weil sie so über-rasch-t, so niederge-schlagen und daher so ohne Bewusstsein der eigenen Kraft sind, dass sie den aggressiven Akt der seelisch-geistigen AbTEILung des schmerzlichen TEILs der Paarvergangenheit von der Gegenwart nicht vollführen können. In dem Augenblick, in dem sie das beschönigte alte Vergangenheitsbild als bewahrenswerte Erinnerung abTEILen, von dem unschönen jungen Vergangenheitsbild separieren, wandeln sie sich selbst. Vor allem Männer, die Fraulichkeit als Mutterqualität schätzen, brauchen eine derartige »Erlaubnis« zur Realitätssicht auf ein Frauenbild ohne beglücktes – erwachsenes?! – Kindwesen am Busen.

Ja, auch Frauen sind diskontinuierlich, auch wenn es Francesco Alberoni nicht wahrhaben will, wenn er subtil für männliche Unverbindlichkeit plädiert. Dabei bräuchte er nur auf seinen Landsmann Giuseppe Verdi hören, der den Grafen in »Rigoletto« singen lässt: »La donna è mobile ...«[17] Auch Alberoni ist einer, der polarisiert, ausEINander TEILt und nicht aufEINander zu. Der für unvermeidbar hält, was von Vorbildern abgeschaut oder von Besserwissern – Erziehern, Pädagogen, Dichtern, aber auch Sozialforschern und Publizisten – suggeriert wurde. Deswegen bitte ich die Teilnehmer/innen in meinen Seminaren immer auch, mir nicht »blind« zu glauben, sondern auch meine Worte mit ihrer Lebenserfahrung kritisch zu überprüfen und im Zweifelsfall nachzufragen.
Wieder beobachte ich eine Geschlechterdifferenz – auch bei Dir,

Dušan: Männer scheuen sich, nachzufragen. Dahinter orte ich eine Art Zwang, Dr. Allwissend darzustellen. Das fängt bereits beim Autofahren an – bestätigen mir immer wieder zahllose eheliche wie außereheliche Beifahrerinnen –, wenn Männer lieber stundenlang ihr Vehikel in die Irre lenken, als eine andere Person als kompetenter im Wegweisen anzuerkennen. Mit ähnlicher Abenteuerlust näherten sie sich Videorekordern und anderem technischen Gerät, verweigerten sich dem Zweitbuch, oft auch dem Lesen überhaupt, und »sagen« ließen sie sich etwas nur im Rahmen hierarchischer Unterordnung ... Logisch, dass Parzival – der »tumbe Tor«, der als Gast in der Gralsburg nicht fragt, woran Amfortas, der siech darniederliegende Gralskönig, leidet, weil ihm seine Mutter eingeredet hat, man dürfe nur reden, wenn man selbst gefragt würde – logisch also, dass Parzival ein Mann ist. Eine Frau hätte sicher gefragt – allerdings wahrscheinlich nicht direkt den Betroffenen, sondern irgendjemand Untergeordneten, einen Diener vielleicht oder eine andere Frau (so vorhanden).
Fragen werden ja oft als Kritik missinterpretiert. »Was machst Du denn da schon wieder?« deuten viele Menschen – nämlich die, die mittels solcher Schwarzpädagogik erzogen wurden – als »Das, was Du da machst, ist nicht O.K., Strafe folgt sogleich.«

> Der Hamburger Psychologieprofessor Friedemann Schulz von Thun nennt diesen Kommunikationsfehler: Hören mit dem Beziehungsohr[18]. Er TEILt Botschaften in vier Inhaltsebenen:
>
> - den Sachinhalt – das, worum es geht,
> - den Beziehungsinhalt – ob von oben herab (aus dem Eltern-Ich), von unten hinauf (aus dem Kindheits-Ich) oder symmetrisch respektvoll (aus dem Erwachsenen-Ich) kommuniziert wird, d. h. also nicht nur in Sprache, sondern auch körpersprachlich, beispielsweise durch Mimik und Gestik, durch Blickausdruck oder Körperhaltung,
> - den Selbstoffenbarungsinhalt (meine »Hintergedanken« wie Motive, Absichten, Ziele, aber auch Grundprinzipien) und
> - den Appell – das, weswegen man die andere Person überhaupt anspricht.

Der »Dr. Allwissend« wäre demnach ein vorgetäuschter Selbstoffenbarungsinhalt im Sinne von: Ich möchte, dass Du mich so siehst wie

ich sein möchte. Auf solche »falsche Federn« mag ich beispielsweise gerne verzichten. Ich möchte »wahr« sein dürfen – und nicht abgewertet werden, wenn ich meinen unwissenden oder meinen unsicheren TEIL offenbare. Habe ich Dich damit verschreckt, Dušan? Ich wollte Dir eher Mut machen, auch zu Deinem lebendigen – beweglichen, e-motion-alen – TEIL zu stehen. Aber wenn ich mich in meiner Menschlichkeit und damit Unvollkommenheit zeige – glaubst Du mir dann auch, dass das wirklich mein Selbst ist? Und: Magst Du dann Deinen jeweiligen SeelenanTEIL, mit dem Du spontan reagierst? Und – hast Du ihn unter Kontrolle?
Aus meiner Sicht dienen Berührungs- oder Redetabus auch der Stützung instabiler Identität. Es soll nur EINe Lebensform geben, nur EINe Geisteshaltung, nur EINe Form von Gesundheit, nur EINe Geschlechtsrolle, nur EINe Form, Beruf oder Partnerschaft zu leben, und das setzt sich dann fort in nur EINe Religion, nur EINe Nation, nur EINe Rasse … und zwar die eigene. Peter Sloterdijk spricht vom »Holismus als Selbstbeschwörung« mit dem Ziel »Zusammengehören im Großen«[19]. Die Formulierung gefällt mir: Sie enttarnt die »Verschiebung« frühkindlicher Geborgenheitswünsche auf Welterklärer und Politiker an Stelle der mühseligen – aber seligen! – Arbeit, einander in einer PAARbeziehung zumindest augenblicklich Geborgenheit zu (er)schaffen.
Da tun sich Menschen wie Du – ich weniger – schwer, die auf Grund ihres Autoritätsberufs Stabilität bewahren und demonstrieren müssen, wenn andere verZWEIfeln … Aber wie sollen wir Nachfahren des archetypischen Sacerdos[20] verZWEIfelten Menschen Vor-Bild sein, wenn wir selbst rigid vermeiden, je ins Schleudern oder aus der Bahn zu geraten? Gerade da braucht man ja krisenerfahrene und krisenerprobte Menschen, die einem – auch als Modell! – helfen, die zersplitterte Persönlichkeit, die ausEINander gefallenen Gefühle und Gedanken wieder zu EINem zusammenzufügen!

Je weniger sich jemand in Krisen bewähren konnte, desto größer ist wohl seine Angst vor Identitätsverlust. Ich denke da etwa an Krisen wie unfreiwillige Wechsel des Lebensraumes, und dazu zähle ich auch Beruf und Partnerschaftsleben. Beginnen möchte ich aber mit dem – ebenso unfreiwilligen – Wechsel des Körperbildes. Tritt nicht schon in der Pubertät eine Art Fremdenfeindlichkeit auf? Da trifft es die Erwachsenen und insbesondere die Eltern, von deren Kultur man sich abgrenzen will, denen man nicht mehr nahe sein möchte – sonst würde ja auch die Entwicklung einer eigenen Identität gefährdet sein. Und: es trifft das Gegengeschlecht. Denn der Weg zum Du führt über ein starkes Ich und das muss erst entwickelt werden dürfen. Oder mit den Worten des jungianischen Psychoanalytikers Peter Schellenbaum: »Sich auf die Frau einlassen zu können, setzt die Wahrnehmung der eigenen Selbst-Persönlichkeit voraus.«[21]

Wenn kleine Kinder aus der Phase der »EINheitswirklichkeit«[22] – die der Urbeziehung zur Mutter gleicht – heraustreten, sollten Kinder in ihrer »Ganzheit« von ihren Eltern »gespiegelt« – als getrennte Persönlichkeit liebevoll bestätigt – werden, weiß Peter Schellenbaum[23], sonst kann sich zumindest der Sohn nicht ganz von dieser EINheitswirklichkeit lösen, vor allem auch, wenn ihm der Vater kein Leitbild zur männlichen Selbst-Werdung anbietet, und das geht dann zu Lasten seiner individuellen Männlichkeit. Jede neue Stufe der Selbst-Werdung mache einen »Gott-Mord« notwendig, bezieht sich Schellenbaum auf Erich Neumann[24]. Schellenbaum meint: »Dem fixierten[25] Homosexuellen misslingt … der ›Gott-Mord‹ des hermaphroditischen Archetyps«. Er weist aber auch darauf hin, dass das Gleiche für den fixiert zwanghaften Heterosexuellen gilt. Ich meine aber: wenn es um die Herausbildung der Geschlechtsidentität geht, ist dieser vernichtete Gott ein Eltern-TEIL. Der, der jetzt nichts mehr wert ist, und das ist zumeist die Mutter. Der kleine Bub steht ja unter Druck, sich der Männergesellschaft als Mann EINzugliedern, muss daher anders werden als die Mutter, während kleine Mädchen in ihrem Vertrauen auf die Welt erschüttert werden, wenn sie erleben, wie ihre Mütter und Frauen überhaupt diskriminiert oder übel behandelt werden.
So vertritt die französische Psychoanalytikerin Christiane Olivier die Auffassung, dass das Geschlecht des Säuglings für die Liebe im Blick des erwachsenen Erziehers in keinem Augen-

blick gleichgültig ist.[26] Sie schreibt: »Lobpreisen nicht all die italienischen ›Madonnen mit Sohn‹ dies Mutterweib, das Glück und Vollständigkeit finden kann ohne den Umweg über den Vater, der in einen Mythos verwandelt wird. Gott der ›Vater‹ … Eine Männer-Religion, verordnet von Männern, die an der Frau nur den Bauch anerkennen, der sie getragen hat … Mutterschaft: sie ist das verlorene Paradies des Mannes, sie verfolgt ihn so sehr, dass er Meister sein und über sie bestimmen will.« Und eben weil sie als Mutter eines Sohnes so viel Aufmerksamkeit bekommt, hat die Frau »Schwierigkeiten, auf das einzige männliche Wesen zu verzichten, das sie je bei sich gehabt hat; denn der Vater war nicht für sie da, und ihr Mann ist meistens abwesend.« Und kurz darauf vermutet sie deshalb: »Das vorrangige Ziel des männlichen Kampfes wird es sein, die Frau weit von sich wegzuhalten, sie festzuhalten an den einzig und allein für sie vorgesehenen Orten (Familie, Erziehung, Haus).«
Würde man aber glauben, das kleine Mädchen könne sich ungestörter entwickeln, weil es dem »fatalen« Aufeinandertreffen der Geschlechter entgehe, irre man, sagt Olivier, da es zwar als Kind geliebt würde, nicht aber als Mädchenkörper: »Es ist sexuell kein ›genügendes‹ Objekt für seine Mutter, es könnte es nur für seinen Vater sein, und nur für ihn.« Und das darf nicht sein. Daher wird sich das Mädchen später »als ungenügend empfinden: das Mädchen, später die Frau, ist nie zufrieden mit dem, was sie hat, mit dem, was sie ist; sie wünscht sich immer einen anderen Körper als den ihren; sie möchte ein anderes Gesicht, einen anderen Busen, andere Beine …« Die Mutter ist auch die erste, die weibliche Lust mit einem Schweigetabu belegt, erklärt Olivier: »Das ›Du bist ein kleines Klitoris-Mädchen‹ ist im mütterlichen Unbewussten ersetzt durch ›Du wirst eine Vaginafrau sein, die mit einem Mann Lust erleben wird, später‹. Diese im Namen einer erwarteten Zukunft verbotene Gegenwart wird allzu oft das Verhalten von Frauen bestimmen, die immer weiter auf den Orgasmus der erwachsenen Frau warten. Wie das kleine Mädchen meinen sie, dass es eine noch kommende Lust geben muss, die ihnen aber im Augenblick nicht zuTEIL wird …[27] Das Dra-

ma des kleinen Mädchens ist, dass sein Körper wie niemandes Körper ist. Es hat weder das Geschlecht des Vaters, noch die Formen der Mutter …«.[28]

Das Dilemma sieht die Psychoanalytikerin darin, dass die Identifikation (Sein-wie) die Identität (Selbst-Sein) in den Hintergrund drängt und in dem das »Tun-als-ob« den Platz des Authentischen einnimmt.

Genau das sehe ich auch als Gefahr bei den so genannten Integrationsbemühungen um Ausländer: dass Inländer von ihnen ein Tun-als-ob-sie-Inländer-wären erwarten und verlangen und ihnen damit nicht die Zeit für die Entwicklung einer neuen, nämlich ihrer neuen Identität, gestatten.

Siehst Du, Dušan, das ist auch das, was mich an unserer derzeitigen Form von Umgehen mit- oder besser: voneinander, stört: Du merkst nicht, dass Du mir mit genau der Fremdenfeindlichkeit begegnest, die Du bei den Österreichern kritisierst, und die ich auch nicht verteidige – aber ich fange bei mir selbst an und forsche, wo ich mit dem ganz Fremden konfrontiert bin und wie ich damit umgehe, welche Ängste bei mir hochkommen, und dann schlage ich vor: Reden wir miteinander! Allerdings ist meine Angst nur die Angst vor Ablehnung, vor andauerndem Kommunikationsabbruch, nicht aber Angst, meine angestammte – ideelle wie materielle – »Heimat« zu verlassen. Magst Du Deine »Heimat« nicht genug, um ihr treu zu sein, auch wenn Du Dir »Urlaub bei Freunden« erlauben würdest?

Es liegt wirklich an der Erziehung – an Geboten und Verboten, an Horrorvisionen und anderen Suggestionen, ob Männer und Frauen oder Inländer und Ausländer einander fremd sein »müssen« oder nicht. Ob VorurTEILe gezüchtet werden oder nicht. Ob Frauen- oder Männerhass gefördert, belobigt, toleriert wird oder nicht – die Erscheinungsbilder sind die gleichen wie bei jeder Fremdenfeindlichkeit: man TEILt einfach Menschen in »wir« und »andere«. Dahinter steckt aber immer die Absicht, sich über »die anderen« zu erhöhen.

Sehr anschaulich beschreibt diese Propaganda der Linzer Wirtschaftsprofessor und NLP-Experte Walter Ötsch in seinem Buch »Haider light«: Er schreibt: »Ein demagogisches Welt-Bild beschreibt die Welt als zweigeTEILt. Sie zerfällt in zwei vollständig getrennte Bereiche ... Demagogen aller Schattierungen unterTEILen die Menschen in zwei Gruppen: in eine In-Gruppe, das sind DIE WIR, und in eine Out-Gruppe, das sind DIE ANDEREN. Hutus gegen Tutsi, Kroaten gegen Serben, Russen gegen Tschetschenen, Weiße gegen Schwarze, Arier gegen Juden, Inländer gegen Ausländer – unzählige Beispiele für ein Denken, das weltweit Anerkennung genießt.«[29]

Diese EinTEILung wird aber in einer spezifischen Weise eingesetzt:

- »DIE WIR und DIE ANDEREN werden radikal getrennt. Es gibt (fast) keine verbindenden Merkmale. DIE ANDEREN sind völlig anders.
- DIE ANDEREN werden mit einer aggressiven und ausgrenzenden Sprache belegt.
- DIE WIR erscheinen nur als GUT, DIE ANDEREN ausschließlich als BÖSE.
- Die Beziehung zwischen DEN WIR und DEN ANDEREN ist ein Kampf zwischen FEINDEN.
- In der politischen Werbung überwiegen Negativ-Themen. Es geht gegen DIE ANDEREN ...«

Ötsch zeigt weiters, dass die Kern-Botschaft der Demagogie drei zentrale Aussagen enthält:

»DIE ANDEREN sind eine Gefahr für DIE WIR. SIE bedrohen UNS. DIE WIR haben Angst vor DEN ANDEREN. DIE WIR müssen sich gegen DIE ANDEREN wehren ...«

Am Beispiel der Agitation des freiheitlichen Spitzenpolitikers Jörg Haider demonstriert Ötsch, wie eine »innere Welt« »voll von FEINDEN« konstruiert wird: »Haider spricht Menschen an, die in einem Grundgefühl der Angst leben, die z. B. fürchten, ihren Arbeitsplatz oder ihren Status zu verlieren, oder Angst haben, Opfer eines Verbrechens zu werden. Haider aktiviert und verstärkt diese Ängste und lenkt sie auf die FEINDE um. Haiders Erfolg beruht auf der Umlenkung von Angst.«[30]

Jetzt frage ich Dich, Dušan: Wovor hast Du denn Angst bei mir? (Erinnerst Du Dich: ich habe Dich gefragt, »Hast Du Angst vor mir?« und Du hast geantwortet »Ein bisschen ...«) Betrifft es mich als Psychoanalytikerin? Oder als Frau? Oder als eine, die nicht nachlässt im Nachfragen und Wissenwollen und und und …? Daher ein neuerliches »und«: Woher stammt diese Angst? Wer hat Dir diese Angst eingeflüstert? Angst weist doch immer auf eine – ungewisse! – Zukunft. Sie hat Warncharakter, zeigt, wo wir Vorsorge treffen müssen, damit etwas Unerwünschtes nicht eintritt … Also: Was soll nicht eintreten? Interkulturelles, interdisziplinäres, ökumenisches Zusammenwirken von einem Mann und einer Frau? Die coincidentia oppositorum, das Zusammenfallen des Gegensätzlichen?

Ötsch schreibt hinsichtlich der Konstruktion der WIR: »Haider möchte bei seinen Zuhörern ein WIR-Gefühl schaffen, indem er ihre Ängste aktiviert und sie auf einen gemeinsamen FEIND lenkt.« Und er listet beliebig verlängerbar Beispiele auf:
Im Kampf gegen das Sozialversicherungssystem sind es die Patienten. Im Kampf gegen die Ärztekammer sind es die Ärzte. Im Kampf gegen die »falsche Geschichtsschreibung« ist es die ganze »Soldatengeneration« …
Hingegen sind DIE ANDEREN nur dadurch definiert, dass Haider gegen sie auftritt, weil sie die Verursacher der Ängste der WIR sind: »DIE ANDEREN sind die, unter denen DIE WIR zu leiden haben. DIE ANDEREN sind die Täter. DIE WIR sind die Opfer.« Und Ötsch schreibt: »DIE ANDEREN kann man in unterschiedliche Gruppen einTEILen, z. B. in: DIE DA OBEN, DIE DA DRAUSSEN, DIE DA UNTEN …«
Zu den DIE DA OBEN zählt Ötsch (immer samt Zitatennachweis) auf: Politiker schlechthin, »die Altparteien«, »das System«, »die Pfründewirtschaft gewissenloser Funktionäre«, »die Privilegienritter in den Interessenvertretungen« etc., zu den DIE DA DRAUSSEN: ausländische Geheimgesellschaften, »das Auslandskapital«, die EU etc., während DIE DA UNTEN als sozial verachtenswerte Leute ausgewiesen werden, die sich Rechte herausnehmen, die ihnen nicht zustehen: Minderheiten, »Ausländer«, »Sozialschmarotzer« und »Drückeberger«, »politische Opportunisten« etc.
Ötsch hat sich viel Arbeit gemacht, alle gesammelten Haider-Zitate korrekt belegen zu können. Er wäre aber auch bei Funktionären anderer Parteien fündig geworden, nur wären deren

Wortschöpfungen (z. B. »mieselsüchtige Koffer« für den politischen Gegner) keine so gefährlichen »Gehirnwäschen«, weil nicht so subtil nah zur korrekten Ausdrucksweise, gewesen.

Ich selber beschäftige mich ja schon lange – nämlich seitdem ich meine politischen Mandate[31] zurückgelegt habe – mit der Beobachtung dieser Kampfrhetorik und möglicher Gegenwehr. Ich habe festgestellt: wer als ein ANDERER verleumdet wird, hat mit empörtem Protest wenig Erfolgsaussichten. Dazu braucht man Helfer, die das für einen machen, und die sollten der Gegnergruppe wenn schon nicht angehören, so doch nahe stehen oder von ihr wertgeschätzt werden. Alternativen bieten sich im gemEINsamen Durchstehen von Krisensituationen – übrigens ein beliebtes Motiv in Heimatfilmen: angefeindete Landärztin rettet besoffenen Bürgermeister aus Wildwasser und gehört damit zu den WIR – oder in der absolut korrekten Reaktion aus dem Erwachsenen-Ich: sachlich, kühl, erklärend, nie rechtfertigend oder gar entschuldigend, unter Berücksichtigung der berechtigten Interessen der jeweils anderen Person.
Zu den möglichen Motiven erwarteter, ja geforderter Fremdenfeindlichkeit zähle ich aber auch die Angst vor Solidarität mit dem Gegner.
Kennst Du eigentlich den Film »The Crying Game«? Ich habe ihn auf Video aufgenommen und wollte ihn Dir immer schon einmal vorspielen: Da nehmen zu Beginn IRA-Terroristen einen farbigen Angehörigen der Einsatztruppe zur Bekämpfung von Terrorismus gefangen; sein Bewacher hat striktes Gebot, mit dem Mann, dessen Kopf unter einem Sack verborgen bleiben muss, nicht zu sprechen. Der erste TEIL des Films zeigt nun, wie es der Gefangene schafft, seinen Wächter dazu zu bringen, mit ihm zu reden und ihm schließlich den Sack abzunehmen: Er baut zuerst Kontakt von Mensch zu Mensch auf. Zuletzt wird sogar eine »Beziehung« daraus: der Bewacher »muss« seinen Gefangenen als gleichwertigen Menschen mit Gefühlen erkennen und respektieren – er kann gar nicht anders, weil ihn dieser mit seinen Gefühlen (seiner Sorge um seine Freundin) an seine eigenen erinnert. Sie TEILen dieselben Gefühle.

Menschen ihre Menschlichkeit nehmen – das enttarnt Walter Ötsch als eine Strategie, Hass aufzubauen: die Welt wird nicht

nur in DIE WIR und DIE ANDEREN geTEILt, und DIE WIR sind die Guten und DIE ANDEREN sind die Bösen, sondern DIE ANDEREN sind auch keine Menschen.[32] Dazu eignet sich ein Sprachgebrauch, den Ötsch als »Hass-Sprache« bezeichnet. Er listet auf: »DIE ANDEREN dürfen nicht als Menschen mit positiven und negativen Seiten, sondern nur als BÖSE dargestellt werden. DIE ANDEREN sollen wie Wesen von einem anderen Stern erscheinen …« und weiter gibt Ötsch Anleitung, wie konkret die Methode auszuführen sei: »Erfinden Sie neue Schimpfwörter für DIE ANDEREN.« und »Haben Sie keine Hemmung, ANDERE persönlich zu attackieren, sie als Menschen insgesamt (und nicht nur in ihrer Rolle, z. B. als Politiker) herabzusetzen.« und »Schmähen Sie den Namen Ihres FEINDES.« und »Verspotten Sie körperliche Merkmale Ihrer FEINDE.« Und zuletzt: »Bezeichnen Sie DIE ANDEREN als Tiere.«
Ötsch schreibt: »DIE ANDEREN sind nicht, wie Menschen sein sollten. Man kann sie als Tiere denken.« Es folgen Haider-Zitate: »Es geht um die Schweine, die wir aus ihren Ställen ausmisten wollen.« (Die Presse, 27. 9. 1990) Josef Cap, damals Zentralsekretär der SPÖ, ist ein »Hündchen (…) er pinkelt uns an. An sein Gekläffe haben wir uns schon gewöhnt. Die Frage ist nur, wann er hundesteuerpflichtig wird.« (Kleine Zeitung, 14. 1. 1991)
Die Wirkung dieser Hass-Sprache besteht darin, dass die inneren Bilder der Empfänger der Botschaften sich in zwei Gruppen TEILen: in Bilder, die Menschen »als naturgemäß menschlich« beschreiben und solche, die Menschen ihr eigentliches Menschsein absprechen.[33] In bester NLP-Manier[34] fragt Ötsch daher: »Durch welche Merkmale konstruieren wir ›innerlich‹ ›etwas‹ als Person, im Unterschied zu einem Tier oder einem Ding?« und er unterstreicht die Wichtigkeit dieser Frage, denn: »Das Überleben jeder Person auf diesem Planeten kann davon abhängen, ob andere Menschen ihr gegenüber diese Art von Konstruktions-Leistung erbringen oder nicht.«
Die Antwort auf diese Frage lautet: Wenn wir von anderen Menschen annehmen, dass sie uns in wesentlichen Eigenschaften »gleich«en. Ötsch spricht von »Ähnlichkeitskonstruktion«. Und er zeigt, wie alle »inneren« Bilder über Menschen

> nach dem Gegensatzpaar ähnlich – unähnlich in liebenswert – hassenswert bewertet werden. Menschen, die in Gegensatz-Bildern wahrnehmen, sehen »innerlich« keine Menschen mehr, wenn sie den suggerierten ANDEREN begegnen.[35] Und er schreibt: »Wer fähig ist, ›innere Gegensatz-Bilder‹ zu erschaffen, kann die größten Verbrechen ohne Gewissensbisse begehen. Man kann Wesen, die ›innerlich‹ wie Tiere oder wie Gegenstände ›gesehen‹ werden, alles antun. Tiere unfruchtbar zu machen, sie zu töten oder leblose Gegenstände in EinzelTEILe zu zerlegen, ruft keine Schuldgefühle wach … Die ›Täter‹ sind liebevolle Menschen, wenn es um die eigenen Kinder geht. Zugleich finden sie nichts dabei, die Kinder DER ANDEREN wie Insekten zu zerquetschen … Kollektiv kann langsam und schleichend eine Wahn-Welt entstehen, die die Verfolgung und Vernichtung ANDERER möglich macht.«

An dieser Text-Stelle habe ich bei meiner Erstlektüre dieses Buches von Walter Ötsch – das ich übrigens für das beste halte, das ich im Vorjahr gelesen habe, und vielleicht erinnerst Du Dich, ich habe Dir, nachdem wir uns im November so entzweit hatten, auf Deine Mailbox gesprochen, ich hätte ein ganz wichtiges Buch gelesen und würde es Dir gerne schenken, falls Du es nicht schon hast – eine Markierung angebracht: das Frauenzeichen, den Ring mit dem Kreuz darunter, und ein Rufzeichen. Denn die »Gegensatz-Bilder« über Frauen begegnen uns ja tagtäglich in den Medien und leider nicht nur in den öden Blondinenwitzen, sondern auch in all den unsäglichen Studien, in denen Frauen an Männerhemden schnüffeln oder Männerbilder nach Attraktivität aussortieren und die – männlichen! – Studienleiter dann feststellen, wonach Frauen lechzen, wenn sie sich in welcher Phase ihres Zyklus befinden. So werden Frauen dem Klischee von der männerverschlingenden Paarungsfanatikerin bzw. auf Befruchtung hoffenden Gebär-Mutter zugeTEILt und diese Sichtweise entspringt wohl eher den jeweiligen sexuellen Fantasien der Forschenden – und auch darüber Berichtenden – aber nicht dem Selbstverständnis der Frauen; die haben es nämlich ziemlich bald satt, im Sinne des »Gegensatz-Bildes« immer nur als »das andere Geschlecht« gegenüber dem dominanten männlichen definiert zu werden.

Deshalb meine ich – nicht nur als Frau, die diese Diskriminierung oft genug zu spüren bekommen hat, sondern auch als Angehörige von zwei der drei P-Berufe, die in Witzen so gerne verblödelt werden, weil sie so viel Angst auslösen, nämlich Psychiater, Professoren und Polizisten –, dass wir alle uns diese Mechanismen nicht oft genug in Erinnerung rufen können, um sie schon im Ansatz unmöglich zu machen: immer kritisch darauf zu achten, wo stereotyp verallgemeinert wird (beispielsweise bei Alberoni!) und gegensätzliche Lebensformen gleichwertig bestehen zu lassen (ausgenommen, sie beanspruchen Gewalt über andere).

> In ihrem Text »Eine person-zentrierte Gemeinschaft« zitiert Rachel L. Rosenberg[36] Hannah Arendt, die in einem Buchbeitrag über totale Herrschaft, wie sie in Vernichtungs- und Konzentrationslagern von totalitären Regimen angestrebt wird, die These aufstellte, dass »der Zusammenbruch des Menschen als Individuum« notwendig ist, um totale Herrschaft zu errichten. Das geschähe durch drei Formen der »Enteignung«:
>
> • Menschen wird ihre juristische Identität (Rechte, Titel, ich ergänze: Namen) entzogen,
>
> • die moralische Instanz im Menschen wird zerstört, »so dass er unfähig wird zu Solidarität, Heroismus oder Widerstand; keine dieser Haltungen kann ihn befriedigen, da keine Wahl zwischen Gut und Böse möglich ist, sondern nur zwischen zwei Formen des Bösen« (Anmerkung von mir: das gleiche passiert mit Kindern, die sexuell ausgebeutet werden!), und als fürchterlichste:
>
> • die Vernichtung der Individualität. »Die Individualität zerstören heißt, die Spontaneität zerstören, die Kraft des Menschen, auf Grund seiner Fähigkeit etwas Neues zu beginnen, etwas, was sich nicht als Reaktion auf die Umgebung oder auf Ereignisse erklären lässt.« So hören Menschen zu existieren auf, »weil ihr eigenes Sein jede Bedeutung verloren hat«.

Das ist es auch, was ich an dem Film »The Crying Game« so bedeutsam finde: Es wird demonstriert, wie Nicht-reden einen Menschen demoralisieren kann/könnte – und Widerstand dagegen erfolgreich sein kann. Man muss die Gefahr der Demoralisierung erkennen.

Deswegen setze ich mich so für den kontinuierlichen Dialog ein. Vor allem dort, wo die Gegensätze aufeinander prallen, und das geschieht einerseits in der Arbeitswelt, wo wir zunehmend mit Angehörigen anderer Kulturen zusammenarbeiten (werden/sollen/müssen), und andererseits in Partnerschaft und Familie – wenn nämlich nicht mehr hierarchische Unterordnung gefordert ist (in Österreich seit dem partnerschaftlichen Familienrecht 1978!).

> Rachel Rosenberg meint dazu (und ihr Text wurde 1977 erstpubliziert!): »Wir können in unseren heutigen Kulturen Phänomene ausmachen, die zum TEIL dem nahe kommen, was die von H. Arendt beschriebene extreme Situation kennzeichnet. Der moderne zivilisierte Mensch gehört zu einer sozialen Gruppe und einer Familie, die ihm keinen wirklichen Halt mehr geben können, da seine Rechte und Pflichten nicht mehr genau definiert sind; die zunehmende Instabilität der sozialen und geografischen Grenzen schafft häufig Leere und damit das Gefühl von Vergänglichkeit. Das religiöse Bekenntnis verliert seine Unanfechtbarkeit, die Achtung vor den Vorfahren schwindet, die persönliche und gesellschaftliche Freiheit wird ständig reduziert – welche Grundlage bleibt da noch? Der Mensch stellt sich die Frage, welche Bedeutung ihm selbst, der Welt, Gott zukommt ... Jeder von uns wird in einer hochbürokratischen Welt zunehmend verwaltet, von Vorschriften und Datenkarteien bestimmt. Wir werden stärker mit dem identifiziert, was wir produzieren, als mit dem, was wir sind. Ist dies schließlich nicht auch ein langsamer Identitätsverlust in allen drei Formen – der juristischen, moralischen und individuellen, ein Verlust, den Hannah Arendt gleichsetzt mit der Zerstörung des Menschseins?«

Für mich ist jeder Ärger, jedes Gefühl des Unverständnisses, jede Empfindung von Ungerechtigkeit Anlass, mich mit den Personen, die das in mir auslösen, »in Beziehung« zu setzen – nicht ausEINander! Ich habe den Anspruch, sie als »Individuum« – im Wortsinn: als »UngeTEILtes« – zu verstehen, also auch in ihrer Widersprüchlichkeit und nicht nur in den TEILen, die für mich akzeptabel sind – oder unannehmbar. Daher entsetzen mich die Aussagen des deutschen Bundeskanzlers Schröder, wenn er härtere Vorgangsweisen gegen »arbeitslose Jugendliche ..., wenn sie Beschäftigungsangebote ablehnen«[37] befürwortet – nicht wegen der Überlegung von zielführenden Maßnahmen, sondern wegen der Unbedachtheit, welche »Gegensatz-Bilder« er damit auslöst. Man muss doch immer den Einzelfall ansehen: So schnell wird einem depressiven Menschen das Etikett »faul« angehängt! Solche »Gegensatz-Bilder« treffen auch alle, die nicht dem Ideal des vitalen, jungen, schlanken, hellhäutigen, männlichen Erwerbstätigen entsprechen – und sie dienen denjenigen, die Dienstleistungen oder Produkte zur Herstellung dieses Zustands anzubieten haben (Psychotherapeut/innen mitgemeint).

Nach dem Hamburger Udo Sierck, einem Aktivisten der autonomen Behindertenbewegung, versteckt sich die Ablehnung der »Anderen« gut getarnt im übergeordneten Ziel einer möglichst homogenen Gesellschaft. Diese »rassistische Vorstellung von einer konfliktarmen Gemeinschaft« richte sich nicht nur gegen alle Interessenkonflikte zwischen Parteien und Verbänden oder Gewerkschaft und Industrien, sondern ebenso gegen andere gesellschaftliche Minderheiten, sobald sie sich nicht einfügen können oder wollen. »Die Führung des Staates orientiert sich an den Prinzipien der Ordnung und des Gehorsams, bestimmt und überwacht von der Elite einer akademischen Gemeinschaft«[38] und nicht an einem Gesellschaftsvertrag. Jede »wissenschaftliche« Erkenntnis (z. B. der Genetik), derzufolge Mängel, Makel oder Minderwertigkeiten »technisch« behoben werden können, schafft die Vorstellung dieser so bewerteten Erscheinungsformen menschlichen Lebens und fördert damit dieses Elitedenken.

Das meine auch ich. Deshalb betone ich ja auch immer: Der wesentliche TEIL ist der Beziehungsstil im jeweiligen Prozess der Konfliktbearbeitung, nicht das Ergebnis. Das ist austauschbar. Aber ob Kritiker/innen die reale Chance haben, das Ergebnis in ihrem eigenständigen Sinn zu beeinflussen, das ist wesentlich.

»Die ›Neue Rechte‹ verfolgt eine am biologistischen Menschenbild ausgerichtete Politik«, warnt Sierck, »denn die

> Durchsetzung dieser Biopolitik sei eine ›Waffe in der Hand des Europäischen Nationalismus‹, um den Glauben an die prinzipielle Gleichheit des Menschen, wie er im Christentum, im Liberalismus und Marxismus existiere, zu bekämpfen. Die Behauptung der genetisch bedingten Ungleichheit des Menschen ist der Dreh- und Angelpunkt biopolitischer Vorstellungen der ›Neuen Rechten‹ und prägend für deren innen- und außenpolitische Ordnungsvorstellungen.«

Sich den »neuen Technologien« mit kritischem Blick zu nähern, scheint heute, wo bestimmte Wissenschaftszweige – nämlich die, mit denen sich vortrefflich Geld machen lässt – mit professioneller Öffentlichkeitsarbeit »beworben« werden, tabu – so wie früher die »Heiligtümer« Kirche oder Familie. Man soll den Glauben an sie nicht verlieren …

> So erinnere ich mich an die Sitzungen des »Info-Forums Menopause«, einer gemEINschaftlichen Gründung aller Pharmafirmen Ende der 1990er-Jahre, die Hormonersatzprodukte für klimakterielle Frauen im Produktangebot hatten. Der zugehörige »Wissenschaftsbeirat« – überwiegend Hochschullehrer/innen aus dem Bereich der Gynäkologie – war eingeladen, mitzuhelfen, die Ängste der Zielgruppe – Frauen rund um den Wechsel – vor Hormonsubstitution zu zerstreuen. Beispielsweise als »Zeug/innen« in Inseraten oder in Rundfunk-»Sprechstunden«. Ich Querdenkerin[39] durfte natürlich nicht öffentlich »zu Wort« kommen. Aber ich durfte wenigstens meine Bedenken »intern« äußern – und damit Anhaltspunkte für mögliche Gegenstrategien liefern.

Egal, welche Ängste sich hinter den Annäherungs- und Anredetabus verbergen oder ob diese Ängste selbst »gemacht« sind – in der Erwartung von Negativfolgen – oder von anderen beispielsweise durch Androhungen suggeriert: Ich vermute, die Grundangst ist in jedem Fall die Furcht vor der Enttarnung der mehr oder weniger gelungenen Versuche des unfairen TEILens (also der versuchten Dominanz) bzw. der Versuche, sich dagegen zu wehren.
So sehe ich auch unsere derzeitige Situation, in der Du Dich dem

Gespräch entziehst. Du hast mir in unserem letzten Zusammensein all Deine VorurTEILe über mich »an den Kopf geschmissen« – oder über Psychoanalytiker/innen? (Das vermute ich, weil Du gezischt hast: »Analysier mich nicht!«) Oder über Frauen insgesamt? Nur Du hast geredet oder besser gefaucht, und ich verstehe bis heute nichts von alledem, außer, dass Du in einem Ausnahmezustand warst. Du hast auf keine meiner Nachfrageversuche Antwort gegeben, Du hast meine Proteste gegen Deine Unterstellungen nicht angehört, TEILweise nicht einmal zugelassen, Du hast 95 Prozent geredet und ich vielleicht knappe 5 Prozent versucht, auch zu Wort zu kommen. Ich denke, Du weißt ganz genau, dass Du unfair warst – inhaltlich wie formal.

Nun unterstelle ich Dir, dass Du in Dir ein »Gegensatz-Bild« trägst, das mich in Deinen Augen gefährlich macht. (Da fällt mir ein: Der Vorarlberger ORF-Journalist Franz Köb hat einmal als Moderator einer Podiumsdiskussion bei den Goldegger Dialogen, an der auch ich TEILnahm, formuliert: »Jeder Mensch ist eine gefährliche Gelegenheit – und eine gelegentliche Gefahr«) Aber ich vermute auch – zu Deiner Entschuldigung –, dass Dir nicht bewusst ist, was Deine stillschweigende Verweigerung eines »vernünftigen« klärenden Gesprächs bei Menschen wie mir auslöst, die tagtäglich mit den Folgen von Kommunikationsfehlern für die psychosoziale Gesundheit von empfindsamen – im Gegensatz zu »gepanzerten« – Menschen konfrontiert sind und daher auch den Anspruch auf gesundheitsfördernde Zwiegespräche erheben.

Auch wenn Du Dir letzthin am Telefon – endlich! – die Worte abgerungen hast »Wir müssen reden« – Deine Vertrauenswürdigkeit schwindet mit jedem Tag, an dem Du Dich nicht meldest.

Leider schwindet nicht mein Interesse an Dir und auch nicht meine Sympathie – daher »studiere« ich weiter Dein Kommunikationsverhalten

Deine
Allwissbegierige

VerurTEILen

Von der Gewalttätigkeit des Schweigens

Lieber Dušan!

Gestern Abend war ich fast die ganze Nacht bei einer meiner liebsten Freundinnen und vielleicht der klügsten Frau, die ich kenne, Gerti Pertiller, der Chefin vom Hotel Orient. Manchmal habe auch ich das Bedürfnis, mich ganz unprofessionell auszuweinen, und Gerti besitzt diese unnachahmliche Kombination von Einfühlsamkeit und grobem Charme, den man so selten, aber wenn, dann nur bei Frauen findet, die viele Jahre hinter der Bar Nähe und Distanz, Verständnis und Beleidigung, Anerkennung und Demütigung zu scharf brennenden, aber Seelen desinfizierenden Cocktails mixen. Ich liebe sie.

Wir haben natürlich auch über Männer wie Dich gequatscht, die mit einem regelmäßig wiederkehrenden Slalom zwischen nonverbalem Blockadeverhalten und verbalem Sadismus ihre Frauen nerven. Derzeit habe ich so viele Klientinnen, die unter Männern – Chefs wie auch Geliebten – leiden, deren »Sprachschatz« offenbar nur Schweigen oder Nörgelei bis Beschimpfungen beinhaltet. Sie suchen bei mir einen Ausweg aus dem Leiden am sinnlosen Warten auf ein klärendes Gespräch. Bei Männern mit Schweigefrauen ist meine Erfahrung hingegen, dass sie therapeutische Unterstützung nicht primär wegen der Kommunikationsverweigerung und darauf folgenden Gefühlsreaktionen aufsuchen, sondern um sich doch noch die ersehnte, aber ausbleibende liebevolle Betreuung zu organisieren, die sie erwarten (und wenn es über die Therapeutin sein muss!). Oft scheint es fast, als würde ihnen das Schweigen weniger ausmachen, wäre nur ein »mit Liebe gekochtes« Essen auf dem Tisch und genügend Bier eingekühlt. Wenn ich aber hinter diese Genügsamkeitsfassade luge, taucht meist ein unendlich einsamer Eremit auf, der mit Verzichts- und Durchhalteparolen seinen Wahn kultiviert, auch ohne liebevollen Austausch mit anderen leibseelischgeistig gesund bleiben zu können.

> Ein Buch, das ich sehr schätze, hat den doppelsinnigen Titel »Betretenes Schweigen« und thematisiert den Zusammenhang von Männlichkeit und Gewalt. Die Autoren Uwe Heilmann-Geideck und Hans Schmidt positionieren sich gleich zu Beginn ihres Buches: »Nein zu dem wilden, dem neuen Mann, dem Entdecker unbekannter Kontinente und Kontingente. Kein Aufbruch zu neuen Ufern, sondern Bearbeitung des Bekannten, des Erlebten, des Verschwiegenen.«

Ich nehme ja nicht an, dass Du Dich mit dieser Art von »Männerliteratur« beschäftigt hast, Dušan, die einige Jahre – mehr durch die Verlagskataloge als über die Verkaufstische des Buchhandels – gegeistert ist; begonnen hat das mit »Eisenhans« von Robert Bly, einem amerikanischen Lyriker, und ich konnte mich beim Lesen des Buches nicht des Eindrucks erwehren, es diente primär als Transportmittel für seine Gedichte. Versteh mich bitte richtig: Ich finde es ganz in Ordnung, dass er rund um seine Gedichte eine Rahmenhandlung seiner Gedanken spinnt – es gibt ja leider viel zu wenig Publikationsmöglichkeiten für Dichter, und ich meine, viele Menschen wären gesünder (und würden sich viele Psychotherapiestunden ersparen), wenn sie mehr künstlerischen Gefühlsausdruck wagen würden. Ich schreibe mir ja auch meine Seelenqualen in Verszeilen vom Leibe, und wenn ich einmal echt gestorben bin und sich jemand die Mühe macht, herauszufinden, wer die Männer waren, denen ich mein Herz (und einiges darunter) geschenkt habe, dann wird er oder sie sich noch wundern, in wessen Armen ich Akkorde meiner Seelenmusik geTEILt habe. Und ich zeichne und male sie auch, weil irgendwohin muss ich ja diese unendliche Liebe hin kanalisieren, die mir mein brennendes Herz zerreißt – ich kann ja nicht den ganzen Tag singen und tanzen. Ich habe einmal zu meinem Supervisor gesagt, am liebsten würde ich mich auf den Stephansplatz stellen, die Arme ausbreiten, all meine Liebe verströmen und Liebe predigen und Frieden und Glückseligkeit, und er hat gesagt: »Dann tu's doch!« Und ich habe geantwortet: »Ich trau mich nicht – da gerate ich doch nur mit den ›Herrschaften‹ vom Stephansplatz in den Clinch!« Du weißt, dass mein Supervisor sowohl Psychotherapeut als auch Priester ist? Er hat dann jedenfalls sehr gelacht. In der Zwischenzeit habe ich aber wieder eine wöchentliche Rundfunksendung und kann dort – hoffentlich – mein Herz überfließen lassen (und mein Hirn dazu, das ist ganzheitlicher).

Besser als »Eisenhans« hat mir »Feuer im Bauch« von Sam Keen gefallen oder »Nicht Herrscher, aber kräftig« von Walter Hollstein. Ich habe diese beiden Bücher vielen Klienten empfohlen, aber gelesen haben sie mehr deren Frauen. Du solltest sie auch lesen – sie sind noch immer nicht überholt, allerdings TEILweise kopiert, z. B. durch Richard Rohr. Dann kannst Du Dir vorstellen, was in den so genannten Männerseminaren abläuft: die Kultivierung eines Freiraums, um Tarzan zu spielen, ohne vorgegebene Spielregeln aggressiv sein zu dürfen und so den SeelenanTEIL zu entdecken, der üblicherweise unterdrückt wird/werden muss, und der dann in Krisensituationen oft ungezügelt hervorbricht.

Die Berichte über Amokläufe scheidungsunwilliger Männer finden wir ja regelmäßig auf den Chronikseiten der Tagespresse. Bei diesen Verbrechen – die aber nie als solche bezeichnet werden! – sollte wohl die MännerabTEILung des Generationenministeriums (vormals aufgeTEILt in Sozialministerium und Gesundheitsministerium und Familienministerium und Frauenministerium) einhaken: mit breiten Aufklärungsprogrammen gegen das traditionelle Männerbild des »Siegers um jeden Preis«. Sage jetzt nicht, dafür wäre das Bildungsministerium zuständig! In den Schulen gibt es diese Modelle schon vereinzelt, die stammen noch aus Kooperationen mit dem ehemaligen Familienministerium. Ich meine die vernachlässigten Aspekte der EINbindung von Männern als TEILe einer Familie – spätestens ab der Geburt eines Kindes, besser bereits mit der Heirat. Aber der seinerzeitige Vorschlag von Maria Rauch-Kallat als Familienministerin, säkuläre Ehevorbereitungsseminare analog den kirchlichen vorzuschreiben, stieß auf heftigen emotionalen Widerstand – erinnerst Du Dich noch? Ich vermute, der Grund dafür war einerseits die Angst, sich in Augenblicken der rosigsten Zukunftshoffnungen mit der Möglichkeit des Scheiterns auseinanderzusetzen (so wie der Einführung der Gurtenanlegepflicht im Auto!), andererseits die Befürchtung, Frauen könnten zu viel über ihre Rechte in der Ehe und bei der Scheidung erfahren ... Und ich meine die ebenso vernachlässigten Aspekte der Gesundheitsschädigung durch den permanenten Stress, sich durchsetzen – siegen – zu müssen.

> Sam Keen hat in seinem Buch primär die Sexualkraft des Mannes im Visier, Hollstein hingegen ist Soziologe und konzentriert sich daher mehr auf den sozialhistorischen Überblick, was alles Mann-Sein bedeutet hat und bedeuten könnte. Er zeigt, wie die »Entmännlichung«[1] des Mannes dazu führt, dass er mit Pseudostärke überkompensieren will. So schreibt er: »Mit der Erfindung der Technik hat sich der Mann sukzessive selbst entmännlicht. Er hat Kraft, Stärke, Persönlichkeit, Autorität, Unverwechselbarkeit und Pioniergeist an immer effizientere Geräte und Instrumente delegiert.«[2] Ich ergänze noch deutlicher: und die ArbeitsTEILung zwischen den Geschlechtern unnötig gemacht. Hollstein weiter: »Die Entwicklung der Technologien hat die gesellschaftliche Ordnung differenziert, d. h. persönliche Beziehungen in anonyme Herrschaftsstrukturen, überschaubare Lebensbereiche in unpersönliche Organisationen verwandelt. Der unverwechselbare ›Persönlichkeitsmann‹ wurde austauschbarer ›Organisationsmann‹ … Früher konnte sich der Mann über seine Arbeitsleistung bestimmen und daraus auch wesentlich sein Selbstwertgefühl speisen. Heute verliert Arbeit immer mehr an Bedeutung … In wachsendem Maße sind Männer ohne Arbeit, Arbeitslose, Kurzarbeiter, TEILzeitarbeiter und ABM-Kräfte können allenfalls beschränkt auf ihre Tätigkeit verweisen, wenn sie ihre Identität definieren wollen.«

Wer sich eben nur über seine Berufsrolle definiert, ist kein ganzer, sondern nur ein halber Mann, finde ich. Es fehlt das Selbstverständnis als TEIL einer selbstbestimmten Beziehung. Damit meine ich die tagtägliche Arbeit, im lebendigen Austausch mit einer lebenden Person – einem WiderPART – EINigungen zu erzielen.
Jetzt wirst Du mir sicher widersprechen – wirst mich vielleicht daran erinnern, dass ich selbst einmal (als wir mitsammen so nah, auch seelisch ganz nah, auf dem Boden gesessen sind) gesagt habe: »Wie wir es drehen und wenden, letztlich sind wir doch immer allEIN.« Damals hast Du mir eifrig zugenickt. Das kennst Du gut. Ich auch.

Aber dieses Wissen um das körperliche Gefangensein in unserem eigenen EINen Körper sollte uns auch sensibel machen für die Bedeutsamkeit der Grenzüberschreitung zu einem anderen!
Damit meine ich: Auch wenn es üblich geworden ist, nur schnell und oberflächlich, dafür aber immer wieder in Körper, Seele oder Geist anderer einzudringen – wie beim Fangen-Spielen –, so findet in dieser Art von Penetration keine Entgrenzung statt, sondern nur ein Hinein- oder Herauspressen von Eigenem in den anderen. (Ich hoffe, Du verstehst, dass ich jetzt Formulierungen suche, die nicht nur die sexuellen Durchdringungen meinen, sondern auch Indoktrinationen oder das »Energiesaugen«, wie es depressive Menschen häufig praktizieren, wenn sie ihre »Nächsten« be- oder besser: anklagen. Ich habe dabei ein geistiges Bild von einer Bewegung vor mir, wie wenn ein Angler schnell und wiederholt seine Rute ins Wasser peitscht oder jemand ein Tee-Ei immer wieder in seine Tasse tunkt oder jemanden mit kurzen Sätzen gleichsam bombardiert.)
Du hast Dich einige Male als »Eremit« bezeichnet, weißt Du noch? Wie Du gesagt hast: »Ja wenn Du mich Eremiten wirklich willst?« und ich geantwortet habe: »Ich habe kein Problem mit Eremiten – ich bin ja selbst eine Eremitin«, und am letzten Abend, bevor Du Streit vom Zaun gebrochen hast, hast Du geseufzt: »Jetzt geh ich halt heim in meine Eremitage ...« und ich habe nicht gewusst, willst Du, dass ich Dich zurückhalte – oder war das nur ein Ausdruck Deiner miesen Stimmung, in der Du warst, oder von Resignation, dass ich Dich vielleicht nicht so aufgeheitert habe, wie Du – oder besser ich – es erwartet hatte. Ich finde es weniger schwer, sich zum schweigsamen Eremiten »hoch« zu stilisieren als mit jemand anderem – »anderem«! – Differenzen auszureden. »Aus« zu reden. Aber dazu muss man(n) »aus sich heraus« gehen.
Wenn Männer sich ihre Eigendefinition nicht über »Beziehung«, sondern höchstens über »Beziehungen« erarbeiten wollen – also über Andienen und Protektion und nicht über Aufmerksamkeit und Zuwendung –, dann heißt das für mich: Sie wählen lieber die Unterordnung unter einen Befehlsgeber als das Zwiegespräch mit einer Person, wo die Gefahr der Unterlegenheit außerhalb eines hierarchischen Systems droht. Deswegen sind ja die klassischen Old-Boys-Networks fast paramilitärisch organisiert: erst dienen, dann herrschen. Auf solche Strukturen verzichten die nunmehr entstehenden

Frauen-Netzwerke; sie beschränken sich auf die VerTEILung von Funktionen, die notwendig sind, und »besetzen« Funktionen nur, wenn es das Vereinsgesetz vorschreibt – oder wenn Rituale durchgeführt werden.

Wenn Männer ihre Identität nur über ihre Berufsrolle finden, wird verständlich, weshalb deren Verlust so oft verheimlicht wird oder zu psychosomatischen Erkrankungen, Depression (»Pensionsschock«), Depersonalisation (»Persönlichkeitsverlust«), ja sogar Selbsttötung führt. Derzeit habe ich gerade wieder einen Klienten, der täglich um halb acht außer Haus geht, damit seine Lebensgefährtin glaubt, er ginge ins Büro. Zu mir kommt er auch immer um acht Uhr. Dass er Erektionsprobleme hat, passt dazu: er »steht« nicht zu sich. Würde er sich behaupten »auch« oder »nur« als Mann, der wertvoll und liebenswert ist, egal, ob er einen Beruf hat oder eine Erektion, könnte er »manns« genug sein. So scheut er vor dieser Aggression – diesem Herangehen an seine PARTnerin ohne Angst vor Ablehnung, aber auch ohne Anspruch, »super« sein zu müssen – und nimmt sich damit seine Manneskraft.

Um eben nicht nur »Berufsmann« zu sein, ist es so wichtig, dass man jemand hat, von dem man auch als TEIL einer privaten Gemeinschaft, einer Familie, vor allem aber einer PAARbeziehung geliebt wird. Geliebt – nicht nur wohlgelitten! Es ist zu wenig, nur Sohn oder Tochter, Vater oder Mutter oder Bruder oder Schwester von jemand zu sein. Es ist auch zu wenig, sich zu versöhnen, verschwistern oder jemand zu bemuttern. (Bevatern sage ich nicht, denn das wäre für mich auch wieder nur bemuttern im Sinne von Nancy Chodorow[3], die exakt zwischen biologischer Mutterschaft und der sozialen Tätigkeit des Bemutterns, die auch von Männern ausgeübt werden kann, unterscheidet!). Man muss auch Mann sein (dürfen) – oder Frau, und das auch im hohen Alter (nicht nur im gebärfähigen).

So wie vielen Frauen die Vorbilder für bestimmte Berufsfunktionen fehlen und erst erarbeitet werden müssen, fehlen Männern Vorbilder für Emotionalität. Ein »Männerbuch«, das ich auch sehr schätze und das leider vergriffen ist, heißt »König, Krieger, Magier, Liebhaber«. Die beiden Autoren – jungianische Psychoanalytiker – zeigen darin, wie selten Männer die »Mitte« zwischen den jeweiligen Zerrbildern finden[4]: also

- König statt Schwächling oder Tyrann (als Junge: »der schwächliche Prinz« oder »der Hochstuhl-Tyrann«),
- Krieger statt Masochist oder Sadist (als Junge: Feigling oder Klassen-Tyrann),
- Magier statt »Ahnungsloser« oder Manipulant (als Junge: Trottel oder altkluger Schelm) und
- Liebhaber statt impotenter oder süchtiger Liebhaber (als Junge: Träumer oder Muttersöhnchen).

Moore und Gillette zeigen anhand dieser vier archetypischen Erscheinungsformen von Männlichkeit die Gefahr der TEILung in einen unterstarken und einen überstarken TEIL. Beide TEILe dieser Spaltung des Ganzen sind ungleich: einer hat zu viel, der andere zu wenig. Das zeigt das Bild, das ich der Unkultur des TEILens zuordne: Nur in starrer Verbindung können die beiden TEILe eine Balance bilden – wenn sie sich lockern oder gar trennen, geht der Ausgleich, die Balance verloren. Die beiden TEILe verfehlen die Mitte und damit EINander. Üblicherweise registrieren Beobachter dann eine instabile – »gespaltene« – Persönlichkeit.
Du, lieber Dušan, repräsentierst für mich alle vier Rollen: Du bist ein Chef und eine Kämpfernatur, bist ein Heiler und ein Menschenfreund. Aber die »erwachsene« Form hast Du in allen vier Fällen noch nicht, am ehesten noch in Deiner Herrscher- und Vorkämpferfunktion. Als Heiler bist Du ziemlich ahnungslos und als Liebhaber noch immer mutterorientiert. Ich vermute, dass Du auch an mir meine Mütterlichkeit schätzt (und Dich vor meiner Vollblutweiblichkeit fürchtest). Das ändert aber nichts an meiner Sympathie für Dich, ganz im GegenTEIL: ich trage ja auch diese vier TEILe in mir und nähere mich Dir meist sicherheitshalber kindlich-schwesterlich. Na gut, zugegeben, auch nicht immer.

Welche Bilder von Weiblichkeit und Männlichkeit in unseren Köpfen vorherrschen, bestimmt weitgehend, ob die Paardynamik eine »schiefe« Beziehung ergibt oder eine »gerade« – ob wir Opfer oder Täter (durchaus auch im strafrechtlichen Sinn) werden oder keines von beiden.
Heilmann-Geideck und Schmidt wollen in ihrer Arbeit über Männergewalt auf die Suche nach Schuldigen ebenso verzichten wie auf Vorwürfe, auf Entschuldigungen wie Berufung auf

> Schicksal oder Hilflosigkeit, »die als Ausrede rechtfertigt und die Aus-Rede verhindert« und auch auf »unthematisierte Manns-Bilder«, egal in wessen Kopf (auch dem von Therapeuten!).
> • Das unreflektierte Männerrollenbild – vor allem das medial vermittelte! – als geistiges Vorbild für eigenes Verhalten ist nämlich eine der drei Wurzeln, die die beiden Sozialpädagogen als ursächlich für die alltägliche Gewalttätigkeit von Männern ausmachen. Die beiden anderen sind
> • die Unfähigkeit oder Unwilligkeit, eigene wie fremde Gefühle wahr und ernst zu nehmen und
> • die fehlende Übung, Gefühle in Sprache auszudrücken.
> Sie sagen daher auch Nein »zur bisherigen Verschlossenheit der Männer – das Nein gegenüber der Öffentlichmachung, dem Zur-Sprache-Bringen ihrer Gewalt: Die Verschlossenheit, Gewalt als Gewalt zu benennen, die Verschlossenheit, Gewaltdiskurse zu öffnen, die Verschlossenheit, Männlichkeit zu thematisieren. Das Verschweigen der Männergewalt entspricht dem Nein: dafür nicht die private und öffentliche Verantwortung zu übernehmen.«

Ich erinnere mich noch genau, wie in einer der von mir geleiteten Ausbildungen in Sexualberatung ein katholischer Theologe – Krankenhausseelsorger und selbst ernsthaft auf der Suche nach einer neuen Männeridentität – sehr betroffen aus einer gemischtgeschlechtlichen Selbsterfahrungsgruppe zum Thema »Was erlebe ich als Gewalt?« ins Plenum zurückkehrte: Es war ihm bis dahin nicht bewusst geworden, bekannte er, wie sehr Frauen es als Gewalt erleben, wenn Männer sich nicht »rühren« – Fragen nicht beantworten, im Gespräch einfach verstummen, nicht anrufen, Informationen nicht weitergeben, Vereinbarungen nicht einhalten.
Vor einigen Tagen wurde die Buchhandlung im Nebenhaus meiner Praxis renoviert und die Besitzerin hat Bücher zur freien Entnahme vor die Tür gestellt. Da fand ich ein Bändchen mit »Gedichten, Fotos, Zeichnungen« von einem Mann namens Hansjörg Zauner, und darin einen Text, der mich sehr berührt hat:

der himmel
hat keine haende
die worte
worke
sinken blinken
in den himmel
meine haende
meine worte
meine worte

wegworten
mein herz
und deine seele
und weg sind sie

In der Studie des Familienministeriums über Gewalt in der Familie (1991) schreiben die Wiener Sozialwissenschaftlerinnen Benard und Schlaffer über Gewalt gegen Frauen: »Der soziale Sadismus, von vielen Frauen auch als Psychoterror bezeichnet, durchzieht den Alltag einer Gewaltbeziehung und bestimmt in sehr belastender Weise den Umgang der Partner miteinander. Körperliche oder sexuelle Gewalt z. B. sind zeitlich eher eingeschränkt und in gewisser Weise greifbar, während psychische und verbale Gewalt den offenen oder latenten Hintergrund für solche Gewaltakte liefert, ständig vorhanden ist und das Selbstwertgefühl unterminiert.«
Die Zielsetzung orten die Autorinnen in der Suggestion von Machtlosigkeit gegenüber männlicher Überlegenheit und »Kontrolle über das Dasein der Frau ..., über ihre Gefühle, ihr Verhalten und ihre Einstellungen ... Den Effekt, die Frau emotional noch abhängiger zu machen, hat auch der wiederholte Entzug von Liebe und Aufmerksamkeit, wenn der Mann tage- oder gar wochenlang nicht mit ihr und den Kindern spricht und jede AusEINandersetzung bzw. Annäherung unmöglich ist. Die emotionale Aushungerung bindet die Frau noch mehr an ihn ...«

Mit der erwähnten gemischtgeschlechtlichen Kleingruppenarbeit versuche ich den AusbildungsTEILnehmer/innen Gelegenheit zu geben,
• eigene Gewalterfahrungen zu erinnern,
• die anderen GruppenTEILnehmer/innen darin zu fördern, ihre damaligen Gefühle wieder zu spüren und neu – anders als die seinerzeitigen Bezugspersonen – zu bewerten und
• damit gleichzeitig Beratungspraxis zu erwerben,
• die Techniken auszuprobieren, die ich erarbeitet habe, um derartige Traumatisierungen durchzuarbeiten und zu bewältigen,
• aber auch die Erfahrungen mit den Reaktionen anderer Personen – z.B. auch den anderen GruppenTEILnehmer/innen – in einem geschützten Rahmen zu besprechen,
• dabei zu erkennen, dass es tatsächlich – und nicht nur theoretisch behauptet und empirisch nachgewiesen – eine Geschlechterdifferenz gibt und wie sehr diese in den Alltagsmythen der Bezugspersonen bzw. -medien wurzelt,
• damit mehr Verständnis für die Sichtweisen des jeweiligen Gegengeschlechts bzw. Blickwinkel jenseits der gängigen Geschlechtsrollenbilder zu erwerben, und
• Rückmeldungen zu erbitten und zu erhalten, was als hilfreich erlebt wurde und was nicht. (Welcher Berater/Therapeut fragt schon jedes Mal analog dem stereotypen Gastwirtspruch »Hat's geschmeckt?«, ob der Klient, die Klientin mit der Dienstleistung zufrieden war?)

Vor allem Männern wird immer wieder vorgeworfen, keinerlei Beratungswilligkeit an den Tag zu legen. In Österreich, dem Entstehungsland der Psychoanalyse, gilt es noch immer als Schande, in Lebenskrisen oder bei Beziehungsproblemen professionelle Hilfe in Anspruch zu nehmen – im Gegensatz beispielsweise zu den USA, wo es durchaus üblich ist, nicht nur mit, sondern auch von »seinem Therapeuten« zu sprechen.

Ich denke, diese Beratungsunwilligkeit hängt mit einer Art magischem Denken zusammen: Wer Beratung in Anspruch nimmt, gibt damit ja zu, dass er Rat braucht, daher ratlos ist. Im Umkehrschluss kann man sich dann suggerieren, wenn man Rat verweigert, brauche man ihn nicht, sei daher nicht ratlos; das ist die Logik von Vorschulkindern, die wähnen, es würde ihnen nichts passieren bzw. die große Beglückung eintreffen, wenn sie nur auf jeden dritten Pflasterstein träten … (Im Übrigen ärgere ich mich oft, dass zwar Wiener Walzer, Sachertorte, Lipizzaner oder auch die »steirische Eiche« Arnold Schwarzenegger als Nahrung für österreichischen Nationalstolz beliebt sind, unser international weit verbreitetes urösterreichisches Produkt Psychotherapie hingegen schamhaft totgeschwiegen statt liebevoll vermarktet wird. Dabei sind fast alle großen psychotherapeutischen Schulen von Österreichern – oder in Österreich – begründet worden! Beratung konsumieren heißt aus meiner Sicht, Mut zum Wachstum zu besitzen – und nicht: ich bin zu klein! Der der Liebe wegen in Wien hängen gebliebene Deutschamerikaner und Pädagogikpapst Frederick Mayer nennt es gerne »die österreichische Krankheit«, nämlich den neidvollen Dauerblick auf andere, die möglicherweise besser – stärker – sein könnten und daher schlechtgenörgelt werden müssen. Daher sind auch österreichische Leistungen erst dann etwas wert, wenn ihre Träger ins Ausland geflüchtet und dort erfolgreich geworden sind!)

> »Und dies ist die Grundaussage des ›Worüber‹ des Schweigens: ein nicht zur Sprache, nicht zum Sprechen gebrachtes Etwas« betonen Heilmann-Geideck/Schmidt. Und sie fragen weiter: »Was ist das Tun des Schweigens?« Die etymologischen Wurzeln des Wortes schweigen – wikhan, suik, suig – finden sie nahe bei »schwinden, nachlassen, schwach werden, verstummen«. Einem Kraftverlust also.

Vielleicht ist es die Angst, dieser Kraftverlust könnte sich im Versagen der Stimme »äußern« – hörbar werden –, der Männer immer dann verstummen lässt, wenn sie nicht wissen, wie sie sich »durchsetzen« könnten.
Durchsetzen geschieht ja auch durch den Ausstoß des Atems – wie ja überhaupt unser Kraftpotenzial in der Weitung des Brustkorbs zum Ausdruck kommt. Wenn wir Angst haben, halten wir demgegenüber den Atem an oder atmen flach, ziehen auch die Schultern nach vor und verkleinern so die Angriffsfläche unseres Körpers. Eine Gegenmaßnahme gegen ungerechtfertigte Angstgefühle besteht ja auch im tiefen Durchatmen, Herabsinkenlassen der meist hochgezogenen Schultern und Aufrichten.

Durchsetzen entspricht aber auch dem lateinischstämmigen »penetrieren«. Wer zu viel penetriert, wirkt penetrant. Er »löchert«. Mich wundert immer wieder, wie Männer sich bereits durch höfliche Anfragen bedrängt, »vergewaltigt«, eben gelöchert fühlen. So erinnere ich mich an eine Präsentation meines Buches »Zeit(t)räume« in einer Wiener Volkshochschule. Da saß ich also mit einigen meiner Koautor/innen oben auf einer Bühne und versuchte meine Thesen darzustellen, dass Beschleunigung der Über-raschung – und damit auch der Übervorteilung sprich Gewalt – diene: dem Anderen wird die Möglichkeit genommen, nachzudenken/fühlen, ob man zustimmen will oder nicht – und das hat meistens auch genau den Zweck. »Speed kills«. Mit diesem »Sager« wird ja auch der Klubobmann der Österreichischen Volkspartei, Andreas Khol, gerne zitiert: Wer nicht schnell genug ist, bleibt eben auf der Strecke. Die (sozialen) Leichen, die durch die seit der Regierungswende 2000 für viele überrasch(end) durchgezogene Verwaltungsreform – mit Umbau aller gewachsenen Strukturen und Neubesetzung aller Schlüsselpositionen mit Vertrauensleuten des eigenen Lagers – angefallen sind, sind ja auch – noch – deutlich sichtbar (da noch nicht ent- oder besser: versorgt).
Damals im Oktober 1993 meldete sich auf mein Beispiel von der Vergewaltigung einer Frau – ich formulierte vorsichtig: langsam durchgeführt wäre das Geschehen, durch beidseitiges Einvernehmen erarbeitet und nicht nur fantasiert, vielleicht eine lustvolle Liebesbegegnung – aus dem Halbdunkel des Theatersaals ein Mann zu Wort und merkte an, auch er fühle sich »vergewaltigt«, und zwar von Frauen, wenn sie ihn vor vollendete Tatsachen stellten. Ich bin daraufhin sehr ärgerlich geworden und habe ihn darauf hingewiesen, dass er einmal mit Vergewaltigungsopfern sprechen solle – vielleicht würde ihm dann nämlich klar, dass man körperliche Überwältigung, Verletzungs-, Entstellungs-, Todesangst, Demütigung und Horrorvision aller möglichen und unmöglichen Spätfolgen nicht mit dem Gefühl des Ausgeschlossenseins von Entscheidungsprozessen gleichsetzen dürfe – auch wenn das zugegebenermaßen kein wohl tuendes Gefühl ist (und ich fügte bei: Frauen erleben es in der Arbeitswelt tagtäglich!). Deswegen meine ich ja: wenn derartige Gefühle – »Da geschieht etwas, das will ich nicht!« – auftauchen, muss man die Interaktion verlangsamen und – reden! Sich EINander mit-

TEILen. Und nicht, wie leider häufig, sich selbst beschleunigen und damit zur Waffe machen, um die andere Person, den »Störenfried«, zu verNICHTen – zu Nichts machen.
Ist Penetration ein Männerproblem? Von wegen Penis? Und verbirgt sich hinter der Angst vor der penetrierenden Frau die frühkindliche Angst vor der Mutter der ersten Lebensjahre, die einen mit Einlauf oder Fieberzäpfchen traktiert? Oder die abgewehrte pubertäre Sehnsucht, anal gereizt zu werden? Oder ein rigides Männerrollenbild, nachdem man(n) unbedingt und immer Sieger sein muss?
Du hast mir ja auch einmal vorgeworfen, ich wäre gewalttätig – und wie ich Dich gefragt habe, wodurch denn, hast Du mir keine Antwort geben können … So weiß ich bis heute nicht, was Du gemeint hast, aber ich vermute, Du hast ein Problem mit »starken Frauen«: die wollen nämlich Zeit und Raum TEILen und nicht dulden, dass eine Person eine andere dominiert. Du bist aber in einer Kultur großgezogen worden, in der Frauen nur dienen dürfen. Dafür werden sie aber dann auch überidealisiert. Hast Du eigentlich mein Buch »Madonna UND Hure« gelesen? Darin versuche ich zu zeigen, dass gar nicht so viel Unterschied zwischen diesen beiden extremen TEILen möglicher Weiblichkeit besteht: »Der klassische Frauenmythos von der Madonna, die alles duldet und damit alle ›beschämt‹, die nicht diese allesgewährende, allesverzeihende Mutterhaltung einnehmen, entspricht so gesehen exakt auch dem Hurenmythos, denn auch die Hure gewährt und duldet alles. Allerdings wird sie beschämt. Der Unterschied liegt in der Bewertung des Konsumenten.«[5] Und weiters habe ich ausgeführt: »Ein weiterer Unterschied liegt im Blick des Konsumenten: Blick nach oben – Frau ohne, Blick nach unten – Frau mit Unterleib.« Und dann habe ich geschrieben: »Schwäche und Stärke, Dienen und Herrschen, Ohnmacht und Macht – auch sexuelle Ohnmacht und Macht – zu balancieren und ins Gleichgewicht zu bringen, ist eine Lebensaufgabe beider Geschlechter.«
Siehst Du, Dušan, deswegen gehe ich immer wieder auf Dich zu (und Du wahrscheinlich auch auf mich), weil ich weiß, dass Du gleich stark bist wie ich und ich daher nur mit Dir ganzheitlich – Körper, Seele und Geist in EINheit – dieses Gleichgewicht bilden kann. Ich kenne sonst nur Männer, die ganzheitlich stärker oder

schwächer sind als ich oder nicht den Mut haben, sich auch Grenzen zu nähern – auch meinen! Wahrscheinlich gibt es irgendwo auf der Welt schon noch etliche, die zu mir passen würden und wo genügend gegenseitige Anziehung vorherrscht, mitEINander in Beziehung zu treten, aber die kenne ich – noch – nicht, und ehrlich gesagt, spüre ich schon lange Zeit in mir nicht genug Interesse, meine karge Zeit auf einer Irrsuchfahrt zu vergeuden. Leben spielt sich in Phasen ab und meine Zeit der Paarbildung und des Nestbaus ist längst vorbei. Auch wenn ich »wie bei Hexen üblich« ohne jegliche kosmetische Nachhilfe alterslos scheine, gehöre ich doch schon der Großelterngeneration an, und sehe meine Lebensaufgabe darin, meine Erfahrungen, mein Wissen und Können an Jüngere weiterzugeben. Auch an Dich. Denn gib zu: von Frauen, von »ganzen« Frauen, hast Du wenig Ahnung …

Es ist ja noch nicht so lange her, dass Frauen »unmündig« gehalten wurden. Ich habe Dir, glaube ich, erzählt, dass ich in der Zeit, in der ich Politikerin war, an den großen Rechtsreformen Brodas mitgearbeitet habe – an der »großen« Strafrechtsreform (StGB 1974) mit der Fristenlösung und an der Familienrechtsreform 1978 und auch an der jahrelang dahindümpelnden Reform des Jugendstrafrechts. Für mich war diese Zeit diejenige, in der ich meine Sprache wieder gefunden habe. Als einziges Mädchen (natürlich mit Dispens) in einer Eliteschule für Knaben bin ich mit einer einzigen Ausnahme gleich behandelt worden; diese Ausnahme – die mich sehr verletzt hat – bestand darin, dass ich im Philosophieunterricht einmal aus der Klasse hinauskomplimentiert wurde, weil etwas »nicht für Mädchenohren bestimmt« war. Ich habe mich selbstverständlich sofort beim Klassenvorstand beschwert, dass mir etwas vorenthalten werde – und bekam die Information dann im Nachhinein und unter vier Augen: Der Philosophieprofessor hatte die Kollegen darauf hingewiesen, wie Produktwerbung auf sexuelle Aufmerksamkeit von Männern ziele. Als Beispiel hatte er auf ein Palmers-Plakat hingewiesen: Darauf sah man – gezeichnete – Damenbeine in Stöckelschuhen, die, in Sekretärinnen-Diktat-Schreibhaltung brav nebeneinandergestellt, in anatomisch unglaubwürdiger Länge aus einem kurzen Rock herauswuchsen. »So streng waren dort die Bräuche«, aber die Wäschefirma Palmers scheint schon Anfang der 1960er-Jahre auf Tabubrüche mittels Erotik gesetzt zu haben!

Im Gymnasium durften und sollten wir noch reden und diskutieren – selbstredend auch nicht alles, denn einmal bekam ich in Betragen eine Drei. Ich hatte am Wandertag die Formulierung »Verbrechen am Kind« in Zusammenhang mit dem überhitzten Autobus, in dem ich eingepfercht war, und dem Klassenvorstand hinausgeplärrt – und nicht bemerkt, dass er direkt unter dem halbgeöffneten Fenster stand. Seitdem habe ich viel Energie auf Perfektion im Spurenverwischen, Falsche-Fährten-Legen und Alibi-Basteln verwendet – eine der Motivationen, weshalb ich als Erstberuf die Juristerei erlernt habe. Wenn ich heute noch oft Verwunderung auslöse ob meiner kriminalistischen Spürnase, scherze ich immer: »Kriminologie ist auch ein Prüfungsfach«.
Die sprachliche Sicherheit, die ich heute besitze, habe ich aber nicht im Studium der Rechte erworben, ganz im Gegenteil, das war eher eine stumme Paukerei. Und bei Gericht hatten die »Rechthaber« das Sagen. Mein erster angestellter Job in der Wiener Städtischen Wechselseitigen Versicherung verschlug mich in die Autoschadenshaftpflichtabteilung. Dort konnte ich zwar erste Studien an Psychopathen machen (Tränen im Auge, Foto aus der Brieftasche: »Das war er – garagengepflegt …«), das ließ mich aber eher den Mund halten. Meine zweite Anstellung als Volkswirtschaftliche Referentin in der Oesterreichischen Nationalbank war Beobachtung und Berichterstattung ausländischer Wirtschafts- und Währungspolitik, daher überwiegend schriftlich und stumm. Als ich 1970 als einzige Frau (damals hieß das »Alibifrau«) in den Wiener Landesvorstand der Jungen Generation gewählt wurde, hatte ich gerade ein Jahr Zeit gehabt, wieder »mündig« zu werden.
In den vielen Schulungen, die wir Nachwuchspolitiker/innen absolvieren konnten und die ich alle, alle, alle mit Neugier, aber auch kritischem Misstrauen konsumiert habe, hatte ich bald schmerzlich bemerkt, dass ich meine brillante Mittelschulrhetorik verloren hatte. Mir wurde erst später bewusst, dass stumme Arbeit verstummen macht. Die anderen TEILnehmer/innen hatten rhetorische Fähigkeiten allerdings zum TEIL gar nie gehabt. Jetzt hatten sie endlich Gelegenheit, ihr verkümmertes Potenzial aus sich herauszuschälen. Damals Ende der 1960er-Jahre war der Gang in die Politik noch der einzige Zugang zu einem zweiten Bildungsweg und viele hochbegabte Menschen nutzten diesen auch, und zwar nicht, weil sie so billig

zu Wissen – und Wissen ist Macht –, sondern vor allem auch zu Persönlichkeitsbildung kamen. Ich erinnere mich noch an eine Schulung in Bad Tatzmannsdorf, bei der gut die Hälfte der TEILnehmer/innen in der Vorstellungsrunde als Hobby »Politik« angaben. Für mich war das völlig unverständlich: Für mich war Politik immer Interessenvertretung, Kampf gegen BenachTEILigung und Mühsal für gerechtere VerTEILung, daher etwas Anstrengendes, und Eustress gab es für mich dabei nur, wenn ich etwas erreicht hatte und »sah, dass es gut war«. Dass es Menschen gibt, denen es richtig Spaß macht, den politischen Gegner zu »jagen wie die Hasen« (Gerd Leitgeb, der in »Täglich Alles« aufforderte, mit Politikern derart umzugehen) und deren Selbstwert damit wächst, wenn sie Sieger sind über andere, habe ich erst ziemlich spät mitbekommen. Du erinnerst Dich – ich habe Dir oft gesagt, ich bin ein wenig begriffsstutzig, deshalb liebe ich ja meinen Beruf als Psychotherapeutin so sehr, denn da darf ich nachfragen und nachfragen und nachfragen …

Da saßen wir also im Sprachlabor und übten unverständliches Soziologendeutsch, um nur ja den politischen Gegner in Verwirrung zu bringen, memorierten Killerphrasen und trainierten verbale Untergriffe. Nach dem legendären Villacher Parteitag 1972, an dem abgestimmt wurde, ob die Partei die so genannte Fristenlösung einführen wolle und wo ich die einzige Delegierte war, die für völlige Straffreiheit plädiert hat – nicht, weil ich für Schwangerschaftsabbrüche wäre, sondern weil ich meine, dass das Strafrecht nicht geeignet ist, diese Problematik zu beseitigen, sondern nur frühzeitige Sexualaufklärung und angstfreie Beratung für Frauen (und Männer!) in dieser Krisensituation –, gab es dann Dialektikseminare für Funktionärinnen: Da mussten wir – Methode »Jesuitenschule« – mal die eine, mal die gegensätzliche Position argumentieren, eine Übung, die ich heute noch gerne durchführen lasse, wenn ich Kommunikationstrainings für Frauen abhalte.

Grundsätzlich finde ich aber, dass es bessere Kommunikationsformen gibt als den dialektischen Kampf der Kehlen. Bitte versteh mich nicht falsch: dialektisch denken befürworte ich, aber die Dialektik des verbalen Pingpong lehne ich ab, mag es auch noch so fair ablaufen. Ich vermute, Du kennst den Bestseller »Dialektik für Manager« des Frankfurter Wirtschaftsprofessors und Jesuiten Rupert Lay …

Lay unterscheidet faire und unfaire Dialektik[6]. Fair nennt er technische Dominanz durch

- exzellente Vorbereitung (Unterlagen lesen, prüfen, auswerten),
- Erarbeitung von Anschauungsmaterial und Belegen, die den eigenen Standpunkt untermauern,
- Vorformulierung der eigenen Ansichten unter Berücksichtigung der Argumente für und wider,
- Durchdenken nötiger Definitionen (damit nicht anEINander vorbeigeredet wird, weil klare Begriffsbestimmungen fehlen – etwas, das uns beiden, lieber Dušan, immer wieder passiert, weil Du mir keine Zeit lässt, Missverständnisse aufzuklären!),
- ausgiebige Information über den GesprächsPARTner (Frauen kommen bei ihm weder sprachlich noch gedanklich vor – das finde ich unfair! Denn gerade Manager (!) sollten die Unterschiede im weiblichen und insbesondere feministischen Denken wertschätzend kennen, nicht nur weil Frauen Mitarbeiterinnen sind, sondern weil Frauen auch als Kundinnen und vor allem PARTnerinnen von Mitarbeitern oft durch ihre Bewertungen missglückter Aktionen, Formulierungen, vor allem aber Werbemaßnahmen der Unternehmen, mehr Ablehnung auslösen, als sich so mancher »Macher« träumen lässt. Klassische Beispiele bieten die Österreichischen Bundesbahnen mit ihren sexistischen Werbeklischees, die nicht mehr Passagiere, dafür aber ein schlechtes Image zur Folge hatten, und – die katholische Kirche, von der ich meine, dass ihr »Produkt« schon ganz in Ordnung, dass aber die Marketing-Abteilung dringend verbesserungsbedürftig ist.[7]
- Seine weiteren Tipps wie »Tragen Sie geeignete Kleidung«, »Lassen Sie einen Ihnen genehmen Raum wählen« und »Entspannen Sie sich« reihe ich unter allgemeine Entstressungsratschläge ein.

Unfair nennt er zuallererst

- Scherze: »Man macht sich einen Scherz mit Ihnen. Weil Sie müde oder deprimiert oder aggressiv gestimmt sind, nehmen Sie den Scherz nicht wahr oder reagieren sauer auf ihn. Die Reaktion wird in beiden Fällen unangemessen sein.« Das wundert mich, denn ich lese aus seinen Worten heraus, dass er den Scherz durchaus gutheißt und nur die Täuschung unfair findet. Ich hingegen klassifiziere Scherze als aggressive Handlungen mit »unredlichen« Zielen. Schon Sigmund Freud hat darauf hingewiesen, dass der Satz »Die Lacher auf seine Seite ziehen« die TEILung in Freund und Feind beinhaltet.[8] Bestenfalls wird das Spiel »Was sich liebt, das neckt sich« gespielt – und dabei soll der unverbindliche Rückzug gewahrt bleiben. Meist geht es aber um verdeckte Konkurrenz, Rivalität, Neid, Aggression. Oder sexuelle Fantasien. Was redlich ist, so meine ich aber, kann auch ausgeredet werden. Und was unredlich ist, sollte man bewusst aus seinem Denken entfernen.

- Versuche, »Schuld-, Scham- und Angstgefühle auszulösen, um sie ausnutzbar zu machen«,
- das »Vernichtungsspiel«: Es wird jemand als Repräsentant eines Unternehmens, einer Partei, eines gesellschaftlichen Systems ... »fertig gemacht«.
- Angriffe, die in einem »destruktiven Konflikt« wurzeln. Lay schreibt: »Es ist hier zu unterscheiden, ob Sie selbst der genuine Konfliktpartner sind oder ob sie nur Stellvertreterfunktion haben. Auch ist zu unterscheiden, ob es sich um einen innerpsychischen Konflikt handelt (an dessen Entstehung Sie vielleicht mitgewirkt haben) oder um einen sozialen Konflikt, in dem die Beziehung der Partner selbst der Konfliktgrund ist ...«

In der weiteren Folge gibt Lay dann etliche Beispiele und gleich auch seine Abwehrvorschläge dazu:

- Attacken auf Lebenswandel, Lebensstil und sittliches Fehlverhalten anstelle von Kritik an sachlichen Aussagen. Als Abwehr schlägt er vor, die Fähigkeit des Angreifers zur sachlichen Argumentation zu bezweifeln, sich die Vorwürfe immer wieder wiederholen zu lassen bis hin zur Lächerlichkeit – diese beiden Tipps finde ich nicht gut, weil ich darin das gleiche Niveau der AusEINandersetzung erblicke, eben eine AusEINander-Setzung statt ein Zusammenfinden, seinen Vorschlag, Bundesgenossen suchen und sich von diesen verteidigen lassen finde ich hingegen gut, weil man da Zeit zum Nachdenken gewinnt, Emotionen abebben können und andere aus mehr Distanz oft besser wahrnehmen, und außerdem wird Verantwortung für sozialen Frieden geTEILt! Lays Rat, »Androhung von Rechtsmitteln ist tunlichst zu unterlassen«, finde ich hingegen wieder nicht gut, denn oft ernüchtert es, wenn man warnt, dass der andere soeben dabei ist, einen Straftatbestand zu setzen, und das finde ich sogar sehr fair. Allerdings macht der Ton die Musik – es darf keinerlei Drohung in Mimik, Gestik oder Tonfall eingebracht werden.

• Aber auch Kompetenz, guten Willen oder Wahrheitsliebe zu bestreiten, findet Lay unfair, und schlägt als Abwehr einige Varianten vor, mit denen auf die mangelnde Kompetenz des anderen hingewiesen werden kann. Das finde ich nicht gut. So entkommt man nicht dem Pingpong des Schlagabtausches, da TEILt man zwar aus und steckt sicherlich auch ein, aber Weiterentwicklung findet keine statt. Ich meine aber: Wenn man sich aus einer destruktiven Gesprächssituation entfernen will, muss man zuerst aus dem Clinch herauskommen. Im Boxring ist es der Ringrichter, der mit einem kurzen »Break« die Kämpfenden trennt. Im Alltag ist so ein Diplomat meist nicht vorhanden. Daher muss man selbst für diese Distanzierung sorgen: derjenige, der (die!) als erster erkennt, dass es nicht mehr um Sachinhalte, sondern nur mehr um Vernichtung der Achtung und Selbstachtung der anderen (der eigenen!) Person geht, soll Abstand schaffen[9]. Räumlich genügt oft schon, den Kopf ein wenig seitlich zu beugen, doch sollte diese archaische Geste des Halsschlagader-Anbietens durch einen nachdenklich-kritischen, daher selbstbehauptenden Blick in die Augen der angreifenden Person erGÄNZt werden: So bringt man nämlich die beiden TEILe Unterwerfung einerseits und Widerstand andererseits in Balance – in die Mitte. Oder es schafft auch mehr Raum, wenn man sich zurücklehnt. Eine andere Möglichkeit, mehr Abstand herzustellen, besteht auf der Zeitebene: man legt Pausen ein, Moratorien.

• Eine weitere Destruktion wird dadurch bewirkt, dass man Ansichten in die Nähe zu solchen rückt, die das Publikum ablehnt. Lay schlägt als Abwehr wiederum die Umkehr des Angriffs vor! »Verweisen Sie darauf, dass Etikettierungen immer dumm sind und die geistige Trägheit des Etikettierenden beweisen oder seine Unwissenheit über die Position, in deren Nähe man Sie gerückt hat.«

Lay fällt zur Abwehr unfairer Angriffe nur wieder Unfairness ein! Genau nach diesem Schema wurden wir damals in der Parteischule auch trainiert, aber das war Ende der 1960er-, Anfang der 1970er-Jahre! Seitdem ist viel passiert, nicht nur in der Kommunikationswissenschaft und in der Psychotherapie, sondern auch im Bewusstsein einfachster Menschen: noch nie hatten dank Fernsehen und Internet so viele Menschen so viel an Information und damit auch Bildung im weitesten Sinn zur Verfügung, noch nie waren so viele Menschen in der Lage, über ihr eigenes Leben selbst zu bestimmen und am Gemeinschaftsleben mitzugestalten – und noch nie waren in der Gesamtheit die Gegensätze zwischen Reich und Arm so groß wie heute. Denn zwischen die klassischen Sozialschichten der Vergangenheit – obere und untere Oberschicht, obere und untere Mittelschicht und obere und untere Unterschicht – haben sich einerseits je nach Bildung, Beruf und Einkommenslage viele kleine Untersektoren gebildet, andererseits haben sich diese Sektoren zu einer scheinbaren EINheit (ich habe vor meinem geistigen Auge das Bild einer Torte mit vielen schmalen Tortenstückchen) verschmolzen, sodass man meinen könnte, zwischen unterer Oberschicht, Mittelschicht und oberer Unterschicht gäbe es nur mehr Unterschiede im jeweiligen Dialekt. Meiner Ansicht nach liegt in dieser Pseudogleichheit eine riesige Selbsttäuschung: Man wähnt, man läge im Netz der sozialen Sicherheit und verschließt die Augen vor der zunehmenden Unfairness in Arbeit und Wirtschaft.

Fairness – ein Wort, für das es im Deutschen keine Entsprechung gibt! – bedeutet nämlich, auf den eigenen VorTEIL zu verzichten, wenn er jemand anderem zum NachTEIL gerät. Im Deutschen kennen wir zwar Worte wie »anständig«, »edel«, »treu« oder »gerecht«, »nobel« und »korrekt« borgen wir uns ja bereits aus dem Französischen bzw. Lateinischen aus. Fairness besteht darin, andere nicht zu übervorTEILen, und setzt Respekt, Achtung vor anderen voraus und Abwesenheit von Gier. Man darf nicht existentiellen Mangel leiden. Nicht einmal eingebildet. Dazu zählt auch Mangel an Respekt.

Noch immer finden sich diese unfairen Taktiken im gern eingesetzten Verhaltensrepertoire vieler Politiker und anderer Führungskräfte, und meist sind es Männer. Haben sich diese nicht weiter entwickelt? Nichts dazugelernt? Oder glauben Sie nur mittels Unfairness »ihr Gesicht wahren« zu können? Und: welches Gesicht ist damit gemeint? Die steinerne Miene des Siegers, der seine Truppenparade abnimmt? Das höhnische Lächeln desjenigen, der sich anderen überlegen wähnt?

Ich mag die vielen folgenden Beispiele aus Lays Buch gar nicht mehr weiter ausführen – sie wiederholen sich. Nur eine Gruppe möchte ich noch anführen, das Einwerfen »ungehöriger Fragen«, wie etwa »Warum können Sie nicht sozial denken?« oder »Wissen Sie, dass Ihre Frau mit Ihnen unglücklich ist?« oder »Wissen Sie, dass sie dumm (einfältig, faul, arrogant, asozial, unmoralisch ...) sind?« Diese unfaire Taktik hast Du nämlich angewendet, als Du mich anagitiert hast: »Merkst Du nicht, wie gewalttätig Du bist?« Noch immer beschäftigt mich dieser Vorwurf, obwohl ich ja in meiner Supervision draufgekommen bin, dass der Satz offensichtlich nur Dein Versuch war, Dir einen »KampfvorTEIL« zu sichern. Wie ich unser »Streitgespräch« meinem Supervisor erzählt habe, entfuhr ihm spontan: »Das war aber unfair! Da hat er Dich voll getroffen – so wichtig wie Dir Gewaltverzicht ist!« Ja, da hast Du mich voll getroffen, aber ich werde mich nicht im Schmerz zusammenkrümmen und »Ruhe geben«, sondern: Ich verlange den Beweis.
Lay empfiehlt in solchen Fällen, auf gegenteilige Fakten hinzuweisen. Das finde ich nicht richtig – denn dann verbeißt man sich wie ein Hund in den Stecken, der ihm hingehalten wird, damit er in der Distanz bleibt. Menschen sind aber keine Tiere, sondern der Sprache mächtig, daher kann man ihnen konkret sagen, was man von ihnen möchte – beispielsweise mehr Raum oder Zeit, um mehr Sicherheit gewinnen zu können.
Rupert Lay ordnet seine Ausführungen nach folgenden Aspekten:
- hermeneutisch (subjektive oder allgemeine Bedeutungen),
- linguistisch (verwendete »Sprachcodes« je nachdem, ob man offiziell, im Freundeskreis, in Intimsituationen etc. spricht),
- kommunikationstheoretisch (z. B. Unterscheidung von Wahrheitsanspruch, Vermutung, Meinung; Erfahrung, Erklärung, Begründung etc.),

- psychologisch (Einsatz von und Rücksicht auf Emotionen),
- soziologisch (Unterscheidung, ob man mit einer Person, einer Gruppe oder zu einer Masse spricht) und
- logisch (Kontrolle von Wahrheit, Definitionen, Theorien, Beweisen und Unterscheidungen).

Was er nicht berücksichtigt, sind die energetischen. Ich zähle sie bewusst nicht zu den psychologischen Aspekten, weil ich einen ganzheitlichen Energiebegriff besitze.

C. G. Jung unterscheidet vier Grundformen des Bewusstseins: Denken und polar dazu Fühlen sowie körperlich Empfinden und polar dazu Intuieren (»Erahnen«). Dass das kortikale Denken aussetzt, wenn man »blind vor Wut« oder »blindverliebt« ist, ist ja bekannt. Und dass Fühllosigkeit »wie ein Computer« zu den schweren Kommunikationsstörungen zählt, habe ich schon angeführt. Gefühle – ausgelöst durch Ausschüttungen chemischer Botenstoffe im Gehirn – haben wir immer, nur ihre Wahrnehmung blenden wir gerne so schnell aus, dass wir dann wähnen, wir hätte gar keine ... Umgekehrt wissen wir alle, dass Märtyrer oder Yogis in einem ekstatischen Zustand Schmerzempfindungen überwinden, und wer schon einmal einen argen Hexenschuss hatte, weiß auch, dass man sich dann nicht vorstellen kann, dass der je wieder weggeht – man verliert die Zukunftsperspektive, und die zählt zum Kompendium Ahnung-Glaube-Hoffnung-Vertrauen.

Wem es gelingt, alle vier Wahrnehmungsformen in EINklang zu bringen, der verliert keinerlei Energie in der Abwehr des jeweils unerwünschten Zustands: er/sie ist dann zentriert und ruht in sich. Wege zu dieser Ganzheit gibt es viele, egal ob über den Körper, die Seele oder den Geist, aber die meisten Menschen trainieren nur einen und halten den dann für den einzigen und alle anderen für Scharlatanerie. Dabei sind veränderte Bewusstseinszustände attraktive Forschungsgegenstände, wie man in dem erfreulich einfach geschriebenen Fachbuch des Neurologen Richard M. Restak nachlesen kann. Er weist besonders darauf hin, dass beispielsweise bei Zen-Meditierenden die Tiefe ihrer Meditation an der Änderung der Gehirnwellen-Muster nachgewiesen werden könne: »Erfahrene Meditierende können fast augenblicklich ins Meditationsstadium IV eintreten, das durch ein Verschwinden des normalen Alpha-Rhythmus und durch das Einsetzen langsamerer Theta-Aktivität gekennzeichnet ist.« Und weiter: »Zen-Meditation ist nicht nur ein Stadium zwischen geistiger Stabilität und Schlaf, sondern ein Zustand, in dem der Verstand am besten arbeitet.«[10]

Weißt Du eigentlich, dass ich, lange bevor ich mich nach Jahren des Freidenkertums wieder zum Christentum bekannt habe, Zen praktiziert habe? Dann bin ich durch Zufall darauf gekommen, dass ich den Zustand der EINheit mit allem auch anders als durch meditatives Sitzen erreichen kann und habe begonnen, bei jeder Tätigkeit zu versuchen, sie von allem Unnötigen zu »entstören« und gleichzeitig so zu verlangsamen, dass ich und meine Handlung und meine Umwelt EINs werden. Dabei ist mir aufgefallen, wie ich atmen muss und wie meine Körperhaltung sein muss, damit mir das gelingt. Von da an war es dann nur ein Schritt um zu erkennen, wie man beten muss, um Gott und das Göttliche in allem denkfühlen oder fühldenken[11] zu können. Deswegen behaupte ich ja immer wieder: Wir können jeden Menschen lieben, es kommt nur darauf an, wieviel Zeit wir zur Verfügung haben, um ihm unser Herz zu öffnen, und bei manchen Menschen geht das eben im Augen-Blick, und bei anderen reicht eine Lebenszeit dafür nicht aus …
Wenn man in diesem Zustand der Einheit mit sich selbst und der Umwelt ist, ist man im Einklang mit Gott: Dann läuft einem jede Arbeit flink von der Hand – weil man nämlich nur tut, was man tun soll, weil man spürt, was man nicht tun soll, und das vermeidet man eben. Dann hat man auch die Strahlkraft, andere zu nähren und zu erfreuen – man »steht in Gnade« und gibt sie weiter. Man kann gar nicht anders. Leider gibt es grübelsüchtige Menschen, die dann anfangen, das Schlechte im Wunderbaren zu suchen, und wenn das Schlechte auch nur ihre eigene Einstellung ist, frei nach Watzlawick »Es würde mir nicht im Traum einfallen, einem Klub beizutreten, der bereit wäre, jemanden wie mich als Mitglied aufzunehmen.«[12]
Deswegen habe ich Dich gebeten, respektvoll zu achten, dass uns ein Augenblick der Gnade zuTEIL geworden ist und nicht daran herumzunörgeln und nicht an mir (oder an Dir), weil Du Dich einmal weich und offen gezeigt hast und in Deiner Kultur die Männer

hart und zu sein sollen, heldisch und bereit zu Grausamkeit zur höheren Ehre ihres Gottes. Also: nur Denken, den Körper disziplinieren, Gefühle unterdrücken, Intuition verleugnen.

> Intuition – der vielgeschmähte »sechste Sinn« – ist heute übrigens Forschungsgegenstand: In der Pflegewissenschaft geht es darum, herauszufinden, was es ist, was die eine Krankenschwester ohne optisches oder akustisches Signal in ein Krankenzimmer treibt, in dem soeben etwas Gefährliches passiert, während die andere nicht einen Gedanken an Gefahr verschwendet. Könnte man das nämlich feststellen und antrainieren, würde man sich erstens viel Geld für Signalanlagen ersparen und zweitens könnte man den berechtigten Klagen (im Doppelsinn des Wortes) Geschädigter eine/n »Schuldige/n« anbieten.
> Intuition heißt aber auch das Zauberwort, das in der Verbrechensverhütung Menschen frühzeitiges Erkennen von Gefahren ermöglichen soll. Der amerikanische Sicherheitsberater Gavin de Becker hat dazu ein Buch verfasst, das ich meinen Student/innen immer sehr anempfehle und in dem er demonstriert, wie früh potenzielle Opfer von Gewalttaten (bereits hätten) erkennen können, dass sie als »geeignete« Opfer abgetestet werden.[13]

Ich persönlich vermute, dass das, was wir Intuition nennen, eine über das »Normalmaß« erweiterte Wahrnehmung mittels Geruch und/oder Gehör darstellt. Dass Hunde mehr riechen und hören, wissen wir. Ich scherze/warne oft im Zusammenhang mit Angst vor bellenden Hunden: »Ein Tröpfchen Angstschweiß und der Hund hat schon gewonnen!« In unserer Körpersekretion spiegelt sich unsere »Chemie« wider, unsere aktuellen Neurotransmitter-Ausschüttungen, und nachdem sich unser Großhirn aus dem Riechlappen entwickelt hat, kann ich mir gut vorstellen, dass uns die Gehirnforschung demnächst den Nachweis erbringt, dass es Menschen gibt, die »riechen«, wenn sich die Atmosphäre ändert. Der Volksmund sagt ja auch, jemand hat eine »Nase«. Wie Du wahrscheinlich weißt, leistet sich die Ludwig-Boltzmann-Gesellschaft sogar ein Institut, dessen Leiter unentwegt und immer wieder erforscht, wie Frauen vor, während und nach dem Eisprung auf den Achselschweiß von Männern reagieren bzw. umgekehrt. Biografische Prägungen (Neurosignaturen) lässt er nicht gelten, denn das passt ebenso wenig in sein biologistisches Weltbild wie Änderungen der Pheromone (endogene Sexualduftstoffe) infolge spezifischer Ernährung oder Medikationen. Ich selber beispielsweise arbeite nicht mit alkoholbelasteten Menschen, nicht nur, weil ich in meiner Familie zu viele davon erleben musste, sondern auch, weil ich die Erfahrung habe, dass ich mit innerer Unruhe reagiere – selbst wenn ich gar nicht weiß, dass die Person ein Alkoholproblem hat.

Ich kann mir aber auch vorstellen, dass die intuitiv begabte Krankenschwester mehr »hört« als andere. Beispielsweise eine Veränderung des Atemrhythmus. Hören verstehe ich in diesem Zusammenhang nicht wie üblich als Aufhorchen, Hinhören, Lauschen, sondern als unterschwellige unbewusste Reaktion auf akustische Frequenzen. Ich bin immer wieder erstaunt, wieviel Information über die Stimmungslage ihrer Angehörigen manche Menschen rein aus dem Klang ihrer Schritte beziehen. Es gibt ja auch Menschen, die aus einem Kuchen exakt alle Zutaten herausschmecken oder jedes einzelne Instrument aus einem Riesenorchester heraushören. Oder wie ich präzise die EinzelTEILe von Gefühlsäußerungen herausspüren. Das kannst Du ja auch, und das hat mich ja so überrascht bei Dir, denn das hatte ich Dir nicht zugetraut; nur in der Benennung tust Du Dir schwer – aber Du hast ja auch nicht so viel Routine wie ich.

Deswegen meine ich, wir sollten vor allem bei Menschen, die so genannt »überreagieren«, nachforschen, worauf konkret sie »antworten«. Wir sind unterschiedlich, wir reagieren jeweils auf andere Reize, und oft liegen diese in der Vergangenheit und werden einfach mitgeschleppt. Deswegen befürworte ich ja auch Psychotherapie von Straftätern: Sie liefert uns Informationen über ihr Denken und Fühlen, ihre Hoffnungen und ihre Ängste. Aber ich warne davor, an die Machbarkeit »braver« Angepasstheit zu glauben. Das wollen wir, die Gesellschaft, gerne, weil wir damit einerseits unsere eigene Angst vor der Rache der BenachTEILigten bewältigen können, andererseits die Verantwortung für spezifischen – »heilsamen« – sozialen Umgang und soziale Kontrolle an Fachleute wegdelegieren.

Wir wollen etwas gegen die Gewalt der anderen tun und merken nicht, dass wir dabei selbst gewalttätig werden: entweder, weil wir »Wegsperren« fordern (»Lebenslang für Kinderschänder«, also auch für den Papa und den halbwüchsigen Bruder) oder gar die Todesstrafe, oder weil wir auf Gehirnwäsche setzen, und die noch dazu turbo, am besten gleich gestern mit Erfolg heute und für alle Zeiten – egal, was diese bringt.

Sprachgewalt ist das und die besteht nämlich nicht nur im Eindringen in die Gedankenwelt des anderen – indem man mit mehr oder weniger suggestiven Sätzen oder klar dogmatischen Behauptungen eine bestimmte Weltsicht »verankert« –, sondern man »sendet« gleichzeitig seinen eigenen »Cocktail« chemischer Botenstoffe mit. Damit schließe ich den Kreis zu Rupert Lay: Wir senden nicht nur unsere bewussten Gedanken, sondern auch unsere unbewussten. Wir senden, ob uns etwas imponiert oder ob wir jemand ablehnen. Und selbst wenn wir uns abstinent verhalten – weder Sympathie noch Antipathie senden, sondern neutral einfach nur wahrnehmen ohne irgendeine Wertung, was ja in der Psychoanalyse Grundbedingung der therapeutischen Arbeit ist – lösen wir Fantasien über unsere insgeheimen Werthaltungen aus. Bei der Klientenschaft, aber auch bei der Umwelt, die dann oft den Vorwurf erhebt, Therapeuten wären zu »gleich-gültig«.

Sie wünschen sich oft statt eines Therapeuten eigentlich einen Anwalt, einen Beistand für ihre eigene Weltsicht. Therapeuten sind aber der bedingungslosen Akzeptanz verpflichtet: annehmen, was eben ist – denn nur dann kann Entwicklung überhaupt beginnen. Und diese akzeptierende Grundhaltung entspricht wieder einem bestimmten Gehirnstrommuster bzw. einer bestimmten Ausschüttung chemischer Botenstoffe im Gehirn. Die Aufnahme dieses »Cocktails« vom Empfänger der Botschaft kann schleichend geschehen oder überfallsartig. Und: dieser Cocktail kann süchtig machen – oder Brechreiz auslösen …

Energie zähle ich zu den Körperwaffen – so wie die Extremitäten, mit denen man schlagen und treten kann, die Krallen zum Reißen, die Zähne zum Beißen, das Gebrüll und den furchterregenden Blick zum Einschüchtern, »Lähmen«. Wenn in fernöstlichen Kampftechniken zugleich mit dem Schlag oder Stoß ein »Kiai« laut wird, geht es aber nicht nur um den Überraschungseffekt des Kampfschreis (auch beim tschechischen Tennis-As Ivan Lendl hatte man sich bald daran gewöhnt, dass er jeden Schlag mit einem Schrei begleitete), sondern um die Multiplikation der Kraft durch das Herausholen des Atems aus den Tiefen des Rumpfes. Bewegungen, die beim Einatmen ausgeführt werden, sind weniger kraft- und wirkungsvoll, daher wird in all diesen östlichen Kampfmethoden nur kurz ein-, dafür aber lang, laut und kraftvoll ausgeatmet – gleichsam als Drache das »innere Feuer« auf den anderen losgelassen.

Wenn ich aber den anderen nicht verbrennen will, sondern nur anfeuern, für etwas erwärmen (z. B. für mich), muss der energetische Flammenwerfer sanfter eingestellt werden – und das braucht Rückmeldung. MitTEILung. »Eisiges« Verhalten ist dazu nicht geeignet. Es verstärkt nur das An- und Aufheizen.

Du weißt, dass ich mich dafür einsetze, dass Menschen ihre Konflikte im mitEINander Reden lösen. Das ist gerade in der Arbeit mit Menschen wichtig, die man nicht so nahe an sich heranlassen möchte. Üblicherweise nennen wir, die Gesellschaft, diese Menschen dann krank oder kriminell und sondern sie in Institutionen ab, wo sie als klein und schwach oder riesengefährlich behandelt werden. Damit wird ihnen – aber auch allen anderen – vermittelt, sie wären nicht vertragsfähig. Zur Erinnerung: sich vertragen heißt Verträge schließen.[14] Dazu gehören mindestens zwei Partner, die die Problemsicht TEILen.

Es liegt mir ferne, Menschen, die sich kriminelles Verhalten erlaubt haben, zu ent-schuld-igen. Dafür sind Priester zuständig. Richter sprechen UrTEILe: Sie TEILen zwischen schuldig und nicht schuldig und befriedigen damit primär die Rachegelüste und sekundär die Sicherheitsbedürfnisse der Gesellschaft. Ich finde es nicht richtig, wenn in der Medienberichterstattung über Kapitalverbrechen das Augenmerk immer nur dem Täter, weit seltener dem Opfer gewidmet wird, aber nie der Frage, was alle anderen im Umfeld einer Straftat vorher oder nachher tun könnten, um Verbrechen zu verhüten. Das Problem haben doch alle: die eine Person, weil sie etwas nicht bekommt – beispielsweise Respekt oder Seelenruhe, Geld kann beides stellvertreten –, alle anderen spiegeln sie, weil verlorene Sicherheit heißt doch auch nur: mein Bedürfnis nach Sicherheit, nach Unversehrtheit, nach Achtung meiner Selbstbestimmung etc. wird nicht respektiert!

> Der jungianische Psychoanalytiker Erich Neumann schreibt in seiner Ethik-Abhandlung: »Nur scheinbar sind im gegenwärtigen Ringen der Menschheit die Fronten deutlich. Die Bekämpfung des Bösen ist fraglos etwas anderes als das Böse selber, aber das Ergriffensein der Menschen durch das Böse reicht über die politischen und militärischen Fronten hinaus und in uns alle hinein, wo wir auch immer stehen mögen. Nicht nur die Mörder, auch die Ermordeten sind schuldig.«[15] Und weiter: »Dem Bösen verbündet ist jeder, der gesehen hat und nicht getan, jeder, der weggesehen hat, weil er nicht sehen wollte, jeder, der nicht gesehen hat, obwohl er hätte sehen können, aber auch jeder, dessen Augen nicht sehen konnten.«

In einem Lied von Barbara Stromberger lautet die – fast gleiche – Botschaft[16]:

> Wer sagt, er hätte verstanden,
> wer sagt, er wüsste genau
> und handelt nicht,
> handelt nicht,
> handelt nicht,
> der hat nicht verstanden und weiß nicht genau.
>
> Wer sagt, er hätte begriffen,
> wer sagt, er wüsste warum,
> und ändert nicht,
> ändert nicht,
> ändert nicht,
> der hat nicht begriffen und weiß nicht warum.
>
> In die Lüfte blasen,
> in die Erde spülen …
> Wer nicht hören will,
> der will es fühlen.
> Nie genug,
> nie genug,
> nie genug Warnung und Selbstbetrug.

Soziale Verhaltensweisen sind erlernte. Man kann sie auch verlernen und durch bessere ersetzen. (Bitte, Dušan, verlern Dein stures Schweigen!) Wir können verlernen, uns als Richter übereinander aufzuspielen – unseren Bezug aufeinander in einen »guten« oben und einen »bösen« unten TEILen –, und stattdessen Probleme als gemeinsame definieren, an deren Lösung/Beseitigung wir gemeinsam arbeiten.

> Neumann pointiert: »Das Böse, das durchgebrochen ist im Herrschaftsanspruch der Nazis, ist das selbe Böse, das die Lösung der sozialen Frage und die Gleichberechtigung der farbigen Völker in der zivilisierten Welt bis heute verhindert hat und mit aller Kraft die Wirklichkeit von dem EINssein der Menschheit zu vernichten und das Bewusstsein von einer EINheitlichen Menschheits- und Kulturbestimmung zu zerstören versucht.«
> Neumann zeigt auf, dass die »alte Ethik« ihr Vollkommenheitsideal durch Ausmerzung der dieser Vollkommenheit widersprechenden TEILe realisieren wollte: »Die ›Verneinung des Negativen‹, seine gewalttätige und systematische Ausschließung ist der Grundzug dieser Ethik.«[17]
> Die primitivste Form der »alten Ethik« ist neben dem Sündenbockopfer das biblische »Aug um Aug, Zahn um Zahn«. Das bedeutet aber nicht, Gleiches mit Gleichem vergelten zu »dürfen«, sondern den Verzicht, mehr an Gutmachung zu fordern, als der Schaden ausmacht. Also nur ein Auge für ein Auge und nicht zwei. Die nächste Stufe der ethischen Entwicklung einer Gesellschaft basiert auf einer Konvention, das ist das, was auf einem Konvent – einer Zusammenkunft – ausgemacht wurde. Man beschließt aber auch, was den jeweiligen Machthabern »konveniert« (zuträglich ist); »eingefroren« wird diese Ethik aber nicht nur in Gesetzen und Verordnungen, sondern sie findet sich auch in Usancen (»ortsübliche Sitten«), Bräuchen, Gewohnheiten. Im Endeffekt sind alles Spielregeln, an die man sich bei sonstiger Strafe zu halten hat.
> Das emotionale Band, das die Gesellschaft auch auf der emotionalen Ebene zusammenhalten muss, erinnert der Frankfurter Philosoph Hans-Ernst Schiller, kann aber nur nach den Mus-

tern zustande kommen, die in der Sozialisation geprägt worden sind. Dabei zeichnet er ein pessimistisches Bild zunehmender Abstraktionen: »Abstrakter werden die familiären Beziehungen, indem die Bande des Blutes und der Werte durch die des Tausches, des Vertrages, der Effizienz ersetzt werden. Abstrakter werden sie durch das Abtreten ihrer Funktionen an die anonymer werdenden gesellschaftlichen Instanzen der Sozialisation: an Medien, Schule und Verbände.«[18] Die moderne Familie erzeuge weder ein Vorbild von Brüderlichkeit noch komme eine Gesellschaft, die von der Kleinfamilie bestimmt wird, einem solchen Ideal entgegen. »Da sie kompetitives und aggressives Verhalten erzeugt und prämiert, den Einzelnen isoliert und ihn lehrt, vor allem seinen VorTEIL zu suchen, muss die Parole der Brüderlichkeit den Geruch des Kitschigen und Unglaubwürdigen annehmen.« Diese Entwicklung heißt bei Alexander Mitscherlich Vaterlosigkeit des ersten Grades – das Unsichtbarwerden des leiblichen Vaters im Gegensatz zum zweiten Grad, womit er die Lösung der personalen Relation der Machtverhältnisse versteht.[19] Denn: »Wo ›kein identifizierbarer Einzelner‹ die Macht in Händen hält, besteht dem Prinzip nach eine Geschwistergesellschaft.«[20]

Leistung und Härte, Distanz und Gehorsam, Kampf und Gewalt und die Abwehr und Abwertung des Weiblichen sind nur einige Aufgaben der »Härtedressur« in der Erziehung zur Männlichkeit, zählt der Soziologe Walter Hollstein auf. »Die strukturelle ›Beziehungslosigkeit‹ von Männern lässt ein emotionelles Vakuum entstehen, dessen Substitut Kampf und Gewalt sind. Beide sind nur möglich, weil Männer lernen, sich gegenseitig als versachlichte Größen zu werten … Das Gewaltpotenzial von Männern scheint dabei um so mehr anzuwachsen, als ›männliches Leben austrocknet‹, d. h. Erfahrungen von Frust, Stagnation und sozialer Enttäuschung zunehmen.«[21]

Ich sehe die Abwertung des Weiblichen als Folge der zwanghaften Suche, sich und anderen beweisen zu müssen, dass man(n) Frau – sprich Mutter – nicht – mehr – braucht, also als Abwehr der Erinnerung an die seinerzeitige Abhängigkeit als Kleinkind gegenüber einer Person, die für Zuwendung statt Leistung, Weichheit – Busen! – statt Härte, Nähe statt Distanz, Liebe statt Kampf und Trost statt Gewalt steht. Und ich vermute: würde die Pflege der ersten Lebensjahre mehr auch in den Händen von Männern liegen, könnte diese Abwertung der »Pflege« unnötig werden. Tatsächlich beobachte ich aber einen Trend zur Verwissenschaftlichung – »Vermännlichung« – der Pflege, ohne dass zum Ausgleich auf der Gegenseite Zuwendung in der Wissenschaftsdisziplin Medizin höheren Stellenwert bekäme. Ganz im GegenTEIL verliert der »therapeutische« – zu Deutsch »pflegliche« – Umgang noch mehr von dem Gewicht, den er noch vor 100 Jahren hatte. Mein Chef in der Wiener Internationalen Akademie für Ganzheitsmedizin, der Blutforscher Univ.-Prof. Dr. Stacher, sagte einmal in einer Fortbildungsveranstaltung für Ärzte: Das, was heute unter Ganzheitsmedizin oder Komplementärmedizin firmiert, hieß in seiner Jugend – er ist heute über Mitte 70 – Schulmedizin, und das, was heute Schulmedizin heißt, gab es damals noch kaum, weil es nicht die heutigen Pharmariesen mit ihrer »effizienten« Öffentlichkeitsarbeit und Marktbearbeitung gab. So gewinnt noch immer die sichtbare Quantität (der Umsätze) gegenüber der spürbaren Qualität (der Arzt-Patient-Beziehung). Ein ähnlicher »Sieg« in der Medienöffentlichkeit fällt der Gruppe der Angestellten oder Beamten und ihren Institutionen gegenüber den freiberuflich Arbeitenden zu, ohne dass sie viel dazu tun müssten.

Die höchste Stufe wäre dann die postkonventionale Ethik. Ist in der konventionellen Ethik das »Gruppenbewusstsein wichtiger als das des Einzelnen«[22] und daher immer auch eine Gruppenverantwortung und Gruppenethik vorfindbar, ist der »große Einzelne« daher nur »schöpferische Mitte« der Gruppe und Identifizierungsobjekt. Das »ethische ›Du sollst‹ auch in der primitiven Form eines allgemein festgelegten Sittengesetzes kollektiver Art« ist aber »bewusstseinsfördernd, wenn es als allgemeine Orientierung auftritt, die eine Banngrenze bildet für die unbewusste Natur des Menschen mit ihrer elementaren und unberechenbaren Emotionalität.«[23] Auf der »magischen Primitivstufe«, zeigt Neumann, z. B. im Ritual des Sündenbockopfers, »ist das Mysterien-Drama des vor die Augen geführten Bösen eine erste Phase der Bewusstmachung. Hier spielt alles noch außen, auf der Objektstufe, als dem Schauplatz der Projektion.«

Mit der fortschreitenden Individualisierung und der Herauslösung des Einzelnen und seines Ichbewusstseins aus dem primitiven Kollektiv geht die Entwicklung des Bewusstseins in ein zweites Stadium über, das der ethischen Einzelverantwortung und damit der Forderung, Triebinhalte zu erkennen und zu kontrollieren. Neumann schreibt über das individuelle Bewusstsein: »Es hat vom Baum der Erkenntnis des Guten und Bösen gegessen. Die ethische Bewusstseinsposition bleibt bestehen, auch wenn das Ich versagt.«[24] So entsteht entweder die »neue« Individuationsethik – oder es verfällt die »alte« Konventionsethik und zeigt damit Regressionsphänomene, was heißt, dass beispielsweise emotionell alte Racheforderungen vertreten werden anstatt rationell die Folgen abzuschätzen.

Zu dieser »neuen« Individuationsethik zähle ich auch das Dilemma, das die Unterscheidung in einerseits Gesinnungs-, andererseits Verantwortungsethik (Max Weber) hervorrufen kann; Hans-Ernst Schiller beschreibt es so: »Da die Gesinnungsethik gewaltfreie Allgemeinheit, die Verantwortungsethik gewaltbereiten Sonderstandpunkt bedeutet, führt die Verlegung des Gegensatzes der Moralprinzipien ins Innere der menschlichen Brust recht gut vor, was nach Horkheimer das Charakteristikum der moralischen Bewusstseinsform im spezifischen neuzeitlichen Sinne ausmacht: die Internalisierung des gesellschaftlichen Antagonismus von Privatinteressen mit der Maßgabe, der Einzelne solle das Allgemeine verwirklichen, das den sich befehdenden Interessen gegenüber eine formal-abstrakte Gewalt annehmen muss.«[25] Ich meine aber nicht, dass dieses Moralbewusstsein eine Überforderung bedeuten muss, wie Schiller meint. Ich meine, dass Verantwortung von Standpunkten – die ja auch zu Folgen führen können – und Handlungen nur ein TEIL der jeweiligen prinzipiellen Gesinnung sind, und dass Gesinnung wieder nur ein TEIL von Gesamtbewusstheit ist, individuell wie auch kollektiv, und dass das alles aufeinander wirkt. Ich möchte Dir dazu ein Beispiel geben.

Bei Sexualstraftätern verlangen meist auch die friedfertigsten Menschen gewaltsame Reaktionen der Gesellschaft, um sie »unschädlich« zu machen. Oft genug oder intensiv genug vorgebracht, kann so ein Standpunkt Lynchhandlungen anderer auslösen. Dies sehe ich als TEIL einer prinzipiellen Gesinnung, die einen Idealzustand über Beseitigung von all dem, was stört, anstrebt – also bereit ist, in einem klar abgegrenzten TEILbereich Verantwortung für Gewalttätigkeit zu übernehmen –, nicht aber bereit ist, Verantwortung für die prinzipielle Gesamtgesinnung eines Bekenntnisses zur gewaltsamen Entfernung des Störenden zu tragen (egal ob durch Todesstrafe, Haft oder chemische Kastration – von der ich übrigens nichts halte, denn die Ursache von Sexualstraftaten liegen nicht im Hormongeschehen, sondern in Denkmustern!). Verstehst Du?
Wenn ich mich prinzipiell zu friedlichen Problemlösungen bekenne, kann ich zwar im kleinsten TEILbereich Verantwortung für mein Abweichen von meinem Prinzip übernehmen, aber nicht in den übergeordneten Denkrahmen! Wenn ich mir also drei konzentrische Kreise vorstelle, im Kernkreis mein grundsätzliches Bekenntnis zur Friedfertigkeit anordne, im zweiten Kreis mein Bemühen, dem zu entsprechen, und im äußersten Kreis ein TEILchen markiere, in dem ich bereit bin, Gewalt zu verantworten, so habe ich mein Grundprinzip im Kern verletzt – denn konsequenterweise müsste ich eigentlich nach einer »dritten« Lösung anstelle von entweder Entfernen oder Dulden suchen. Nach einer verEINbarten Lösung. (Daher bin ich prinzipiell für Außergerichtlichen Tatausgleich bzw. Diversion, nur ist mir das reine Suchen nach einer »Buß-Handlung« zu wenig; aus meiner Sicht muss immer auch die Geisteshaltung, die zur Nichteinhaltung von Gesetzen – »Spielregeln« – führt, »in Beziehung«, also durchaus Konfrontation, bearbeitet werden. Dazu habe ich ein eigenes Modell entwickelt und schon vor Jahren ansatzweise publiziert[26].
Das Grundproblem aus meiner Sicht ist also die TEILung in nur zwei TEILe, anstelle der Suche nach anderen TEILungen, und diese verstehe ich ganzheitlich, also nicht nur materiell, körperlich, sondern auch seelisch-geistig im sozialen Austausch. Denn das ist für mich der eigentliche Sündenfall im christlichen Sinn, die Unkultur des TEILens: nicht »in Beziehung« zu dem, was stört, eine Lösung zu erarbeiten, die den Konflikt zum Verschwinden bringt und nicht jemand von den beTEILigten Menschen!

Das, denke ich, haben wir beide auch noch nicht geschafft: Wann immer wir einander sehr nahe gekommen sind, hast Du mich weg- »gebissen«, um nach einer – fast zyklischen – »Erholungszeit« wieder meine Nähe zu suchen, und das geht nun schon so seit Jahren, schafft Raum für belastende Fantasien, verunsichert uns beide, schädigt zumindest meinen Seelenfrieden und behindert unsere Zusammenarbeit. Wenn ich diese Problematik ansprechen will, weichst Du mir aus – entweder in liebenswürdigen Charme – und Du weißt, da kann ich Dir schon gar nicht widerstehen – oder in physische Unerreichbarkeit. Kannst Du Dir vorstellen, wie es mir geht, wenn ich genau diese – verniedlichende oder respektlose – Gesprächsverweigerung tagtäglich als Leidensursache bei meinen Klient/innen registrieren muss? (Dass Du Dich mit Deinem eigenen Verhalten und dessen Folgen nicht auseinandersetzen willst, kann ich verstehen und auch als Deine persönliche Reaktion respektieren, aber nicht als Endpunkt eines Prozesses akzeptieren. Das wäre nämlich masochistische Unterwerfung und zwischen Durchsetzung meiner Vorstellung von PARTnerschaft und Deiner, die ich gar nicht weiß, weil wir darüber eben erst reden müssten, müssen noch etliche Lösungsmöglichkeiten liegen, die weder meinem »Pol« noch Deinem hundertprozentig entsprechen, und die will ich herausfinden und ich sage Dir auch warum: Weil wir beide aus meiner Sicht »im Kleinen« genau das »spielen«, was in der Welt »im Großen« abläuft: zu wenig echter Informationsaustausch, zu wenig einander Erkennen und Achten. Daher bitte ich Dich, diese »Spielregel« des »Möglichst wenig« gemeinsam mit mir zu verändern – wie, sollten wir mitEINander bereden.)

> Neumann warnt: »Nicht selten erkrankt ein Sensibler an der Unfähigkeit, mit einem Problem fertig zu werden, das als Problem von der Welt nicht anerkannt wird, in der er lebt, das aber ein Zukunftsproblem der Menschheit ist, das in ihm sich stellt und ihn zur Auseinandersetzung zwingt.«[27]

Spielregeln kann man ändern. In dem Fantasy-Film »Flash Gordon« liebe ich die Szene, in der der Titelheld auf der Flucht vor dem bösen Tyrannen, dessen Tochter er liebt, von ihr auf dem »grünen Planeten« versteckt werden soll. Dort herrscht ein anderer Verehrer

der galaktischen Prinzessin, der »grüne Prinz«, gespielt von dem späteren erfolglosen James-Bond-Darsteller Timothy Dalton, und kaum ist die Prinzessin wieder weggedüst, sagt der grüne Prinz zu Flash Gordon, auf dem grünen Planeten gäbe es eine Spielregel: Es dürfe nur bleiben, wer in einen hohlen Baumstumpf greife und von dem dort hausenden grünen Skorpion NICHT gebissen werde – andernfalls sterbe man einen schmerzhaften Tod, dürfe den grünen Prinzen aber um rasche Erlösung durch Gnadentod bitten. Zuerst greift also der grüne Prinz hinein, um seinem Rivalen seine Todesverachtung zu demonstrieren, dann der Held. Nichts passiert. Doch plötzlich sagt der grüne Prinz: »Du musst noch einmal hineingreifen!«, und als Flash Gordon protestiert: »Aber Du hast doch gesagt, die Spielregel lautet ...«, da grinst der grüne Prinz boshaft und sagt: »Spielregel soeben geändert!«
Wenn ich die Chronik der Tageszeitungen verfolge mit all den Familienausrottungen, dann wünsche ich mir eine neue Spielregel analog der Einführung der »Selbstverschuldeten schweren Berauschung« (die übrigens oft mitbeTEILigt ist).
Du als Nichtjurist wirst seinerzeit nicht registriert haben, dass vor der Großen Strafrechtsreform 1975 Alkoholisierung zum Zeitpunkt einer Straftat ein Strafmilderungsgrund war. Nach der Reform war er ein Erschwernis: Justizminister Broda und seine Beamten hatten erkannt, dass es Menschen zumutbar ist, sich hinsichtlich ihrer »Verkehrstüchtigkeit« zu kontrollieren und rechtzeitig aus dem gesellschaftlichen Verkehr zu ziehen, wenn sie merken, dass sie nicht mehr »vernünftig« denken können. Ähnlich meine ich, sollten Menschen verpflichtet werden, in psychotischen Leidenszuständen professionelle Betreuung aufzusuchen, um nicht fremd- oder selbstschädigende Handlungen zu setzen. Bei bestimmten ansteckenden Krankheiten muss man sich ja auch einer Behandlung unterziehen und ist für die Ansteckung anderer strafbar. Voraussetzung ist allerdings die Aufklärung der Bevölkerung, damit Gewalttaten nicht nur für »schlechtes Benehmen« oder gar »raue Männlichkeit« gehalten werden, sondern auch in ihrer organmedizinischen Komponente als selbst inszenierte Stoffwechselentgleisung im Gehirn wahrgenommen werden.
Aufklärung heißt für mich nicht nur Information in Schule, Medien und durch Professionals, sondern wer auch immer Zeuge wird, hat

die Aufgabe, sich unter Wahrung allen Respekts für die Person, aber unter vollem Mitgefühl für seelische Ausnahmezustände bei gleichzeitiger Ablehnung unannehmbarer Verhaltensweisen im Gespräch zu konfrontieren.
Möglicherweise könnten dann solche Wahnsinnstaten vermieden werden, wie die Tochter der trennungswilligen Lebensgefährtin vom Balkon zu schmeißen. Ich bin immer entsetzt, wenn im Gefolge solcher Schreckenstaten von Freigängern die behandelnden Psychiater nach Lob für Wohlverhalten im Gefängnis vom »Restrisiko, das eben immer bleibt« sprechen. Das Risiko sind wir – wir, die wir einer menschenverachtenden Handlung die nächste folgen lassen. Der zitierte Satz ist auch eine. Er ignoriert die Lebensrealität von ewigen Verlierern, die weder ihre Selbstachtung noch diejenigen, die sie lieben, verlieren wollen. Die Justizanstalt ist doch ein »geschützter« Ort, wo sich ganz andere Stresssituationen ergeben als die in der Familie! Merkt das denn keine/r? In Männerstrafanstalten gibt es üblicherweise keine selbstbehauptenden Frauen, die männliche Dominanz in Frage stellen und der man(n) den »Herren zeigen« muss. In diesem Zusammenhang erinnere ich mich mit Wehmut an meine ehemalige Mitarbeiterin im Verein Jugendzentren der Stadt Wien, Veronika Kreuziger-Laska, die während einer Psychotherapiestunde im Gefängnis von ihrem Klienten ermordet wurde. Man hatte die Gefährlichkeit der Information, dass sie ihren Arbeitsplatz demnächst wechseln werde, unterschätzt: Der Mann saß ein, weil er einst seine Freundin ermordet hatte, als sie von ihm weggehen wollte.
Wir sehen in »Tätern« Monster, nicht Verlierer und Ver-sager. Wir sehen uns als die wahren »Menschen«, die Korrekten, nicht die Feigen, die meinen, keine Schatten-anTEILe zu besitzen.

> »Der Sündenbock, den wir als Bruder oder Schwester umarmen, indem wir uns in ihm erkennen, wird auch unser Erlöser«, schreibt Hannelore Traugott[28]. Und der britische Historiker Theodore Zeldin erinnert an den Koran, in dem Gott sagt: »Wir haben euch von Mann und Weib erschaffen und euch zu Völkern und Stämmen gemacht, DASS IHR EINANDER KENNEN MÖCHTET.« (Hervorhebung RAP), und er zieht den Schluss: »Unsere Bildung kann nicht vollständig sein, solange

wir nicht Gespräche mit jedem Kontinent und jeder Kultur geführt haben. Es ist eine Erfahrung, die demütig macht und an die enorme Schwierigkeit gemahnt, in Frieden zu leben, während es so viel Ungerechtigkeit gibt, die aber auch jedesmal große Hoffnungen macht, wenn es einem gelungen ist, ein Gespräch zu führen, das ein Gefühl allgemeiner Menschlichkeit und gegenseitiger Achtung vermittelt. Nach solch einem Gespräch ist man für immer ein anderer Mensch.«[29]

Diesen Mut, ein anderer, vielleicht balancierterer Mensch zu werden, wünscht Dir

Deine
Provokateurin

EinTEILen

Von der Gier, alles allEIN zu besitzen und zu kontrollieren

Lieber Dušan!

Heute wird mich eine Journalistin wegen eines Interviews zum Thema Glücksspiel anrufen. Nicht mein Thema – hat für mich keine Bedeutung. Ich bin nicht suchtdisponiert. Sie hat mich aber schlau »angebalzt«: Sie war bei einem der vergangenen Journalistinnenkongresse einmal in einem Workshop bei mir und hat davon geschwärmt – sie hat mir also einen TEIL von ihrer Energie geschenkt.
Ich habe die Absicht, im Interview auf den »Kick« einzugehen, der bei jeder Suchtform gesucht wird. Bei den substanzabhängigen Süchten wird durch die jeweilige »Droge« der ersehnte Zustand – Aufregung oder Betäubung – hergestellt. Bei den prozessabhängigen Süchten dagegen steht das eigene Tun viel mehr im Vordergrund (z. B. bei der Sexsucht). Ausgangssituation ist ein leibseelisch-geistiges Ungleichgewicht, das entweder als Fadesse – Energiemangel – oder als drängender Spannungszustand – Energieüberschuss – empfunden wird.

> »Bereits Anfang der 70er-Jahre entdeckten Neuropharmakologen, dass menschliche Nervenzellen körpereigene Substanzen produzieren können, die dem Morphium biochemisch sehr ähnlich sind.«, erinnert der Psychologe Werner Gross[1] an die so genannten Endorphine. »Diese ›hausgemachten‹ Drogen filtern Angst und Schmerz.« Er zitiert, dass manche auch von »selbstproduziertem Substrat des Glücks« sprechen. Ähnliche alternative Zustände des Bewusstseins und des Gefühlslebens könnten auch durch bestimmte Ekstasetechniken – wie sie Na-

turvölker bei religiösen Handlungen verwenden oder bestimmte psychotherapeutische Techniken wie z. B. Rebirthing – herbeigeführt werden. »Aber auch im ›Jogger-High‹ der Langstreckenläufer, bei großem Stress, beim Fasten, beim Orgasmus oder exzessivem Glücksspiel scheinen die Endorphine eine große Rolle zu spielen. Und sogar bei der Suche nach körperlichen und seelischen Extremsituationen (Bergsteigen, Motorrad- und Autorennen, okkulten Praktiken etc.) wird dieser ›Wunderstoff‹ produziert, abhängig von der Erregung, in die das jeweilige Verhalten den Betreffenden versetzt: Nervenkitzel als Lebenselixier.«

Ich denke in diesem Zusammenhang an den Vorschlag Spiritus contra spiritum – Geist gegen Weingeist –, den C. G. Jung in einem Brief an Bill W., den Begründer der Anonymen Alkoholiker, geschrieben hat: Das Verlangen nach Alkohol sei »ein Ausgleich für den spirituellen Durst unseres Seins nach Ganzheit, ausgedrückt in der Sprache des Mittelalters: nach der VerEINigung mit Gott ...«[2]

Darin sehe ich die eigentliche Aufgabe von Priestern (und Priesterinnen!): Menschen mittels Gestaltung von Raum (Raumhöhe, Lichteinfall, Beleuchtung, Duft) und Zeit (Bewegungs-, Sprech- und Musikrhythmen) zu dem Gefühls- und Bewusstseinszustand zu verhelfen, in dem sie diese VerEINigung erfahren können. Dann bedarf es aus meiner Beobachtung nämlich gar keiner Indoktrination (»Gehirnwäsche«) mit irgendwelchen »Glaubens-Sätzen« mehr – außer es geht nicht um EINigende Liebe, sondern um Machtausübung! Denn in diesem – verlangsamten – Gehirnstrommuster (vermutlich Theta-Wellen) »weiß« man Gottes Wille »aus vollem Herzen«, weil man EINs ist mit dem »großen Geist«.

Bei den so genannten Spielern zeigt sich der Energiemangel als Fehlen von zielführenden Verhaltensstrategien, ja sogar Hoffnungen, in Beziehung zu einem anderen Menschen »beglückt« zu werden.

Gross kritisiert: »Es werden im Laufe der Lebensgeschichte Reaktionsmuster gelernt, auf unangenehme bzw. konflikthafte Situationen mit süchtigem Verhalten zu reagieren, anstatt angemessen damit umzugehen. Das Suchtmittel, das dabei Verwendung findet, ist zunächst zweitrangig. Man kann Sucht also als einen misslungenen Konfliktlösungsversuch bezeichnen.«[3]

Bei anderen Süchten lautet das unbewusste Ziel Aufregung oder Entspannung, Anerkennung als Individuum oder Verschmelzung mit einem Kollektiv oder was auch immer – in einer »aufdeckenden« (im Gegensatz zur »anpassenden«) therapeutischen Arbeit findet man es schon konkret heraus. Man kann allerdings auch »therapie-süchtig« werden. Darunter verstehe ich den wiederholten Versuch, die eigene Entscheidungskompetenz an eine »lizensierte« Vater- oder Mutterfigur weg zu delegieren.

Darin sehe ich übrigens einen wesentlichen Unterschied zwischen Psychotherapie, Beratung und Coaching (wobei die Grenzen fließend zu betrachten sind – auch ein Wirtschaftscoach kann sich plötzlich in einer psychotherapeutische Situation befinden, in der seelische Kräfte umgewichtet werden!):

- im Coaching begleitet ein durch Ausbildung und biografisch nachweisliche Erfahrung im konkreten Berufsfeld qualifizierter Coach seine Kundschaft bei der Verwirklichung von Zielen,
- in der Beratung hilft die zur Beratung gewerblich berechtigte Person, alternative Verhaltensmöglichkeiten zu entwickeln und auszuwählen,
- während in der Psychotherapie seelisch-geistige Blockaden aufgespürt und aus-gedrückt werden, sodass die Leibseelegeist-Ganzheit Mensch ein neuer, vollkommenerer werden kann.
- Das zeigt auch die nahe Geschwisterlichkeit zwischen Psychotherapeut/innen und Priester/innen: Seelsorge betrachte ich als Hilfe, sich von Unrecht – Verletzung des göttlichen Schöpfungsplans – zu reinigen, also sein »schlechtes Gewissen« in Sprache und hoffentlich auch dem dazugehörigen Gefühl aus-zu-drücken, damit es wieder ein »reines Gewissen« werden kann. Insofern sehe ich das Sakramentale in der Reue (und nicht, wie ich es im Kirchenrecht gelernt habe, in der nachfolgenden Buße!).

Was mich an dem Interview-Wunsch so irritiert, ist meine Vermutung, dass es sich um einen Jubelartikel für die Casinos oder sonst irgendein Glücksspiel-Unternehmen handeln wird und mein »Good will« wieder einmal missbraucht werden soll – und nicht mein »Know-how« nachgefragt wird.[4] Das bezieht sich nämlich nur auf Personen, die durch ihr »Spiel«-Verhalten in Konflikt mit ihrer Umwelt gekommen sind. Da ich selbst nicht zu Suchtverhalten tendiere, habe ich auch nie gespielt, hab schon als Kind Kartenspiele – »des Teufels Gebetbuch« – nicht gemocht, lehne auch Wetten ab, bin also die klassische »Spiel-Verderberin«.
Du weißt, Dušan, dass ich ja nicht einmal flirte. Wenn ich von jemandem etwas will, sage ich es direkt und konkret – weil ich nämlich – immer noch! – darauf vertraue, dass man sich mitsammen auf eine gemEINsame Vorgehensweise EINigen kann. Deswegen haben wir ja auch einen Konflikt mitEINander: Du hast mich jahrelang angeflirtet, und als ich Dich beantwortet habe, hast Du zwar mein Geschenk freudig angenommen, aber nachher hast Du einen Katzenjammer – oder besser: Katerjammer – bekommen. Bist Du ein Spieler gewesen?

> Wie ein kleines Kind, das der Bescherung durch das Christkind entgegenfiebert, suchen Spieler/innen diese Erregungsqualität und meist ist ihnen das gar nicht bewusst. Sie setzen sich im Frühstadium ihrer Sucht noch ganz lässig an den Spieltisch oder drücken »nur so« am Flipperautomaten herum, ohne sich Gedanken zu machen, welchen Ablauf sie in Gang setzen. Bis es zu der auch für andere offensichtlichen Abhängigkeit kommt, wo alles Denken nur mehr um die Organisation des als Hobby oder Genuss verteidigten Verhaltens kreist – wenn das süchtige Verhalten nicht ohnedies bereits versteckt und abgestritten wird –, dauert es ja einige Zeit. In Wirklichkeit heißt das Ziel aber: erst Erregung, dann Beglückung, dann Entspannung. Nur wird dieses energetische Geschehen nicht im Austausch mit einer Partnerperson geTEILt, sondern egozentrisch »gekauft«.
> Gross differenziert die Stadien der Sucht in
> - die Einleitungsphase mit Gebrauch, Genuss und weiters Missbrauch,

> - kritische Phase mit ausweichendem Verhalten und nachfolgender Gewöhnung und
> - chronische Phase mit Abhängigkeit und schließlich Sucht.[5]
>
> Die Möglichkeit, seine Lage auf »einen Schlag« zu verbessern, erkennt Fjodor M. Dostojewskij, selbst spielsüchtig, in einem Brief aus dem Jahr 1867 als eine der Ursachen seines Suchtverhaltens; eine andere beschreibt er so: »In allen Dingen gehe ich bis an die äußerste Grenze; mein Leben lang habe ich nie Maß halten können ...«

Maß halten. Sich mäßigen. Warum hat das Wort »mäßig« eigentlich so einen schlechten Beigeschmack? Weil vielen Menschen nur die Extreme Aufmerksamkeit wert sind? »Wenn man einmal beim Glücksspiel gelandet ist, schmilzt der Abstand vom Spießer zum Desperado.«, schreibt Werner Gross[6]. »Auf der ständigen Suche nach dem ›Kick‹, dem ›Arousal‹, dem ›hochgeputschten Erregungsniveau‹, wird das Spielen zum intensivsten Erlebnis im Leben überhaupt.« Es geht dann nicht mehr um das Ergebnis – den Gewinn, den Verlust – sondern um die Tätigkeit – das Gewinnen, das Verlieren. »Mit einem Bein im Groschengrab oder halb über dem Abgrund des Roulettetisches, wird irgendwann ›sowieso alles egal‹. Das Einzige, was zählt, ist die Erregung, die Aufregung, und die kostet man aus bis zur bitteren Neige. Deshalb gehen Spieler erst dann, wenn sie alles verloren haben. Erst dann fällt dieser innere Druck, diese starke Unruhe von ihnen ab ...«

Maß halten heißt für mich einTEILen: die äußeren wie die inneren Ressourcen. In Beziehung zu einem oder mehreren anderen Menschen heißt das für mich aber auch, diese/n zu fragen, wo deren Erwartungen bzw. deren Abwehr liegt. Deswegen habe ich Dich ja auch immer gefragt, ob Dir recht ist, was ich tue – und Du hast Ja gesagt. Dass Du dann später herausgefunden haben willst, dass Du getan hast, was Du nicht wolltest – Deinen Gefühlen und Empfindungen Raum zu geben anstatt nur Deinem Denken –, sehe ich als Zeichen dafür, dass Du unnötigerweise zu grübeln begonnen hast und zu bewerten: Dein Real-Ich mit Deinem Ideal-Ich zu vergleichen und ersteres zu kritisieren und zu verdammen. Du gibst Dir ja nicht einmal eine Chance, Dich zu verbessern – zu repetieren sozusagen!

Das Märchen von der »Klugen Else«[7] fällt mir ein, der Grüblerin, der beim Bierzapfen eine Kreuzhacke auffällt, »gerade über sich, welche die Maurer aus Versehen da hatten stecken lassen«. Das löst bei ihr Zukunftshorrorvisionen aus, was nicht alles passieren könnte, und Magd und Knecht und alle, die nachschauen kommen, wo Else so lange bliebe, setzen sich dazu und jammern mit – aber niemand nimmt die Hacke aus der Mauer.

> Der Psychoanalytiker Fritz Riemann, von dem die EinTEILung der vier »Grundformen der Angst« – die Gegensatzpaare schizoid/depressiv und zwanghaft/hysterisch – stammt, hat die Metapher ersonnen, schizoide Charaktere kreisten um ihre eigene Achse, während Depressive immer jemand anderen benötigten, um den sie kreisen könnten (und dem sie dann zu nahe kommen)[8].

Als Babys brauchen wir eine »Sonne« als wärmenden Mittelpunkt, wir kommen ja als »physiologische Frühgeburt«[9] zur Welt. Aber je kräftiger und wissender wir werden, desto mehr entfernen wir uns von unserer jeweiligen »Mutter Sonne« – wenn sie uns lässt. Manche bleiben ihr Leben lang Mamas guter Junge oder braves Mädchen, und manche tauschen nur die biologische Mutter gegen Mutter Kirche oder Mutter Partei. Der ausschließliche Besitz- und Verfügbarkeitsanspruch bleibt derselbe!
Habe ich Dir schon einmal erzählt, wie ich vor etlichen Jahren im Rahmen eines Symposiums den vom Priesteramt suspendierten Theologen Adolf Holl kennen gelernt und beim Mittagessen gefragt habe, wieso er sich immer so zynisch gegenüber der katholischen Kirche präsentiere? Er sagte damals sinngemäß nach einer Pause: Weil er sein Bild von ihr so geliebt habe und von der Realität so enttäuscht (worden) sei. Da antwortete ich, es ginge ihm also so wie mir mit der SPÖ, der ich als Mandatarin 15 Jahre meines Lebens geschenkt hätte.

> »Die erste Forderung … ist, dass wir ein einmaliges Individuum werden sollen«, schreibt Riemann, »unser Eigensein bejahend und gegen andere abgrenzend, dass wir unverwechselbare Persönlichkeiten werden sollen, kein austauschbarer Mas-

senmensch.« Individuum heißt auf deutsch: UngeTEILt, unTEILbar. Riemann formuliert: »So gleicht unsere Existenz einer Pyramide, deren breite Basis sich aus Typischem und Gemeinsamkeiten aufbaut, die aber zur Spitze hin sich immer mehr aus den verbindenden Gemeinsamkeiten herauslöst und im einmalig Individuellen endet.«[10] Je mehr wir uns von anderen unterscheiden, schließt Riemann, desto einsamer werden wir. Aber, und das ist die zweite Forderung, wir müssen uns auch »der Welt, dem Leben und den Mitmenschen vertrauend öffnen« und uns einlassen mit dem Nicht-Ich, dem Fremden, dem »Außer-uns-Seienden«. Und so wie bei der ersten Forderung die Angst auftaucht, nicht dazuzugehören, taucht jetzt die Angst auf, »unser Ich zu verlieren, abhängig zu werden, uns auszuliefern, unser Eigensein nicht angemessen leben zu können, es anderen opfern und in der geforderten Anpassung zu viel von uns selbst aufgeben zu müssen.« (Die dritte Forderung heißt, Dauer anzustreben, die vierte, immer bereit zu sein, uns zu wandeln, »Vertrautes aufzugeben, Traditionen und Gewohnheiten hinter uns zu lassen« und Entwicklungen zu bejahen.)

Bei Spielern – egal, ob sie mit Geld spielen oder mit Menschen – beobachte ich einerseits dieses Streben, an die Spitze der Pyramide zu gelangen und damit in die sichere Distanz der Top-Position (Erste Forderung), andererseits die angesprochene Öffnung, aber nicht »den Mitmenschen vertrauend«, sondern, wenn auch scherzend getarnt, aggressiv und fordernd. Man spürt die Gier, selbst wenn sie nicht in Worten zur Sprache kommt, sondern in der Art des Greifens oder im »hungrigen« Blick.
Jetzt ist Zeit vergangen, seit ich diesen letzten Absatz geschrieben habe, und in der Zwischenzeit habe ich wieder einmal erlebt, wie Menschen gierig gemacht werden. Ich habe jetzt nämlich das Interview zum Glücksspiel hinter mir.
Begonnen hat die Journalistin mit dem Satz: »Was sagen Sie dazu, dass ganz Österreich im Rubbel-Fieber ist?« Und ich habe sofort protestiert: erstens gegen die Generalisierung »ganz Österreich« und zweitens gegen die Suggestion, es gäbe eine Rubbel-Fieber-Epidemie. Die gibt es nicht. Nur: so wird versucht, eine Seuche auszu-

lösen. Und dann habe ich ihr gesagt, dass sie wohl bei mir an der falschen Adresse ist, denn mein Blickwinkel ist der auf süchtig – und oft auch kriminell – gewordene Menschen und deren Familien. »Aber es heißt doch ›Glücksspiel‹!«, hat die junge Journalistin eingewendet, »das ist doch ein Spiel – und nichts Arges!« Da habe ich ihr wieder dagegen reden müssen: Im Deutschen TEILen wir nicht wie im Englischen in »game« (Unterhaltungsspiel) und »play« (unechte Kommunikation, daher Täuschung).

> »Im alltäglichen Leben werden wir meist durch untergründige und ›sanfte‹ Methoden manipuliert.«, zeigt der Transaktionsanalytiker Claude Steiner auf, wie »Power Plays« (Machtspiele) inszeniert werden: »Auch wenn wir selbst solche Methoden anwenden, wissen wir oft gar nicht genau, wie sie funktionieren. Kontrolle und Manipulation bedürfen nicht der unmittelbaren Gewalt. Diese Strategien sind oft aus ganz anderen Gründen wirksam: Wir gehorchen aus Höflichkeit, Furcht, beugen uns der Autorität, und oft genug wissen wir gar nicht, was wir möchten, und stellen keine Forderungen.« Den offenen und brutalen Weg beschreibt Steiner so: »Wenn du ein Brot hast, das ich haben will, dann entreiße ich es dir einfach und esse es auf, während ich dich am Boden festhalte.« Es gibt aber noch andere Wege: »Ich könnte versuchen, dir einzureden, dass das Brot mir gehört und dass ich mehr Recht daran habe als du. Ich könnte dir einen solchen Hunger vorspielen, dass du aus Schuldgefühl oder Scham verzichtest. Oder ich mache dir mit dunklen Andeutungen Angst, dass dir das Brot im Halse stecken bleibt, weil du es nicht mit mir TEILst. Oder: Ich nehme es dir im Scherz weg und esse es dann auf.«[11]

Erkennst Du Dich wieder? Ich weiß schon, dass Du Dich bemühst, offen und ehrlich und in Ich-Botschaften zu reden, ich kann mir ja denken, dass Du die einschlägige Literatur[12] kennst bzw. Schulungen besucht hast – aber es ist Dir in den beiden Gesprächen, nach denen Du jedes Mal monatelang auf Tauchstation gegangen bist, nicht gelungen. Ich meine: Du hast Dich beide Male in Empörung hineingesteigert, ich vermute, damit ich entsetzt zurückweiche – dabei hätte es genügt, mich um mehr Abstand zu bitten. Du hättest mich auch ruhig auffordern können – nur Deinen Sprechduktus hättest Du ein bisschen sanfter atmen müssen, denn diese Deine Energie – die Form, nicht der Inhalt – war es, die mich so verletzt hat.

»Sucht ist alles, was wir nicht bereit sind, aufzugeben«, sagt die amerikanische Suchtexpertin Anne Wilson Schaef[13]. Ihr Spezialgebiet ist Beziehungssucht – »Klammer-Beziehungen«: »Die beiden in sich verstrickten Personen sind der Überzeugung, ohne einander nicht mehr auskommen zu können.« Und sie weist darauf hin, dass schon von einem frühen Alter an gelehrt wird, diese Suchtbeziehung bei einem anderen Namen zu nennen. Er lautet: »wahre Liebe«. »Unter wahrer Liebe verstehen wir, wenn ein Mensch ohne den anderen nicht mehr leben, vielleicht sogar überleben kann. Wir haben ebenfalls sehr früh gelernt, dass echte ›Sicherheit‹ (ein statisches, nicht-prozesshaftes Konzept) nur zu finden ist, indem wir eine solche Abhängigkeit einrichten.«[14]

Der Vorwurf mangelnder »wahrer Liebe« dient oft dazu, anderen Personen Schuldgefühle zu machen. Ein klassisches Power Play! »Wenn Du mich liebst, dann tust Du, was ich will!« Depressiv disponierte Menschen tun das dann auch, weil sie ja – siehe Riemann – Angst vor dem Alleinsein haben. Schizoide leisten Widerstand und sind erleichtert, wenn der andere aufgibt. Beide »Verhaltensstrategien« zähle ich nicht zur Kultur des TEILens

Wilson Schaef, die sich immer wieder mit ihrer eigenen Co-Abhängigkeit[15] befasst, bringt ein Beispiel aus ihrer eigenen Biografie, indem sie einer befreundeten »zwanghaften Lügnerin« – die sie immer gebeten hatte, doch die Wahrheit zu sagen (ein Kontrollversuch) – erstmals die Wahrheit sagte: »Da ich wenig Erfahrung im Umgang mit Lügen besaß, erklärte ich ihr, dass ich mich eine Zeitlang von unserer Freundschaft zurückziehen wolle. Sobald es mir gelänge, besser damit umzugehen … und/oder sie ehrlicher würde, könnten wir uns wieder treffen.« Die Freundin bricht daraufhin in Tränen aus und

> sagt nach einer Weile, »zum erstenmal habe sie jemand verstanden. Und ich musste mir eingestehen, dass ich sie bis genau zu diesem Augenblick immer so gesehen hatte, wie ich wollte, und mich geweigert hatte, sie so zu sehen, wie sie war. Ich hatte nicht sie und ihre Realität akzeptiert, sondern darauf bestanden, dass sie die meinige akzeptiere. Ich hatte sie kontrollieren wollen und dabei respektlos behandelt.«[16]

Du weißt, ich bin der Ansicht, dass das, was Menschen krank macht, Lüge ist: Über wahre Motive, Ziele sowie Beziehungen und Verhältnisse getäuscht zu werden, verwirrt und zerstört die eigene Wahrnehmungsfähigkeit, selbst nicht die Wahrheit zu sagen wagen – und daher einen GroßTEIL der eigenen Energie fürs Verbergen und Verheimlichen abzweigen zu müssen –, vermindert ebenso das eigene Potenzial, das geistige wie das leibseelische. Deswegen ringe ich ja so um die Wahrheit zwischen uns, Dušan: Was ist es, was sich wirklich zwischen uns abspielt bzw. abgespielt hat? Und was ich für meinen TEIL zwar TEILweise ahne, aber wofür ich noch nicht die richtige Wortwahl gefunden habe und wofür Du, vermute ich, all Deine Selbst-wahr-nehmung vermeidest und sicherheitshalber auch die Konfrontation mit mir …

Die Kärntner Liedermacherin Barbara Stromberger hat für solche Beziehungskonstellationen das Wortspiel vom »aneinander hängen« und »ein Verhängnis nennt man das« komponiert. Bei ihr endet die Wahrnehmung mit der Resignation, bei mir beginnt dort die Lust des Analysierens: »Knoten« – wie der britische Psychiater Ronald D. Laing seine Sammlung von »Strukturen« menschlicher Abhängigkeiten in Gedichtform nennt – kann man zwar auch durchschneiden wie Alexander von Mazedonien den »gordischen Knoten«, dann ist aber das Rohmaterial meist unbrauchbar geworden. Ich hingegen mache mir gerne die Mühe des Entwirrens, um im Nachhinein vielleicht etwas Brauchbareres mit den frei gewordenen Fäden anfangen zu können … Besonders gefällt mir folgendes »Gedicht«[17]:

> Er glaubt, sie frisst ihn auf
> durch ihr Verlangen, von ihm gefressen zu werden.
> Zwei Menschen, die ursprünglich

verschlingen und verschlungen werden wollten
verschlingen und werden verschlungen.

Sie ist verschlungen in sein Verschlungensein in
ihr verschlingendes Begehren verschlungen zu werden.
Er ist verschlungen in ihr Verschlungensein
in sein Nichtverschlingen von ihr

Er ist verschlungen
von seiner Furcht verschlungen zu werden
Sie ist verschlungen
von ihrem Begehren verschlungen zu werden

Seine Furcht verschlungen zu werden
entspricht seiner Furcht verschlungen zu werden von
seinem Verschlingen
ihr Begehren verschlungen zu werden
entspricht ihrer Furcht vor ihrem Begehren zu verschlingen.

Präzise, findest Du nicht auch?

> Wilson Schaef betont, dass zahlreiche Wesensmerkmale und Verhaltensmuster Abhängige und Co-Abhängige gemeinsam haben. »Nur: beim Co-Abhängigen gelten sie als annehmbar.« Er trägt nämlich einige der Merkmale, die sich gesellschaftlich größter Wertschätzung erfreuen. »Normalerweise werden die negativen verabscheut, wenn Frauen sie zeigen, bei Männern dagegen ignoriert. Unehrlichkeit wird dem Co-Abhängigen als Nettigkeit, Rechtschaffenheit, Korrektheit und Einfühlungsvermögen ausgelegt.« Seine Selbstlosigkeit ist aber oftmals nur getarnte Unehrlichkeit: Er geht Konfrontationen lieber aus dem Weg als Probleme offen und konkret anzusprechen.

Da hat mich unlängst mein Ehemann angerufen – ich ätze oft: »der Mann, der mich vor 33 Jahren aus mir unerfindlichen Gründen unbedingt heiraten wollte« – und hat mich »gelöchert«, ich solle doch mein Zweitauto – den Bus – gegen mein Exauto, das ich meinem

jüngeren Sohn geschenkt habe und das er derzeit fährt, tauschen. Das Gespräch hat mich sehr viel Kraft gekostet – so sehr musste ich mich anstrengen, mich gegen seinen Willen wehren, oder besser noch: gegen den Sog seiner »Gier«. Natürlich weiß ich vom Hirn her, dass es ganz in Ordnung ist, wenn er Wünsche hat, Wünsche äußert, und dass ich sie nicht erfüllen muss. Das ist eine der hilfreichen »Glaubenssätze« aus der Gestaltpsychotherapie: Wünsche darf man haben – die angesprochene Person muss sie nicht erfüllen. Ob sie je in Erfüllung gehen, liegt in ungewisser Zukunft. (Weil ich diesen »Glaubenssatz« so sehr verinnerlicht habe – weil er so schön tröstet –, betone ich Dir gegenüber ja auch immer wieder die Unterschiede zwischen Erwartungen, Wünschen, Hoffnungen und Sehnsüchten – was ich erwarte, sag ich konkret, was ich mir wünsche, sage ich nur in Augenblicken tiefsten Vertrauens, was ich hoffe, geht Dich eigentlich nichts an, und wonach ich mich sehne, spürst Du ja ohnedies, wie ich weiß!)
Also bei meinem ehelichen Angetrauten habe ich gespürt, dass er meine Zustimmung zum Autotausch »haben« will – und ich habe mich bedrängt gefühlt. EingeTEILt. Er hat viel zu viel Energie auf mich losgelassen, und ich – da ich nach 33 Ehejahren weiß, dass sein Begehren oft absehbare Negativfolgen zeitigt, es daher wichtig ist, alle Für und Wider vorab abzuklären – habe ich mich irgendwann, ich glaube im 13. Ehejahr, entschieden, seine Wünsche als Ausgangsbasis für dringend erforderliche Vertragsabschlüsse zu sehen. Ich habe also im Sinne meiner Ethik einer Kultur des TEILens gefragt, weshalb er die Autos tauschen will, damit ich beurTEILen könnte, ob ich die Notwendigkeit auch sehe. Solche Erklärungen abzugeben war ihm offensichtlich schon zu mühselig: Er verstummte. Das machte mich natürlich zusätzlich zu meiner spontanen Abwehrhaltung noch misstrauisch.

Grundsätzlich nehme ich immer eine mediatorische[18] Geisteshaltung ein: wenn ich weiß, was das Ziel ist, kann ich suchen, ob es nicht auch anders erreicht werden kann als durch den als ersten vorgeschlagenen Weg, der konfliktträchtig ist. Das Grundprinzip jeder Mediation besteht ja darin, dass jedermensch seine Ziele haben darf – wichtig ist, ob es irgendwo in der Vorausschau ein gemeinsames Ziel gibt; wenn ja, dann

> kann damit gerechnet werden, dass jeder bereit ist, dieses gemeinsame Ziel als übergeordnetes anzusehen und die Unterziele auf dem Weg dahin zu überprüfen, ob es nicht jeweils bessere – kooperativere – Methoden zur Zielverwirklichung gibt.

Mein Ehemann schwieg ins Telefon. Also entschied ich mich, hilfreich zu sein und fragte ihn, ob er schweige, weil er mir nicht sagen wolle, weshalb er mein Zweitauto haben wolle. Das zu bejahen, war er bereit. Also ging ich methodengerecht weiter, indem ich ihm erklärte, dass ich ihm besser entgegenkommen könnte, wenn er mir mehr Information über seine Absichten gäbe, dann könnte ich mich dazu in Beziehung setzen und entweder würde ich dann seine Ziele unterstützen – sie mit ihm TEILen – oder ich würde ihm sagen, was meiner Ansicht nach dagegen spricht. Offensichtlich gelang es mir mit dieser »Selbstoffenbarung«, ihn zu motivieren, sich zumindest die »Hergabe« eines seiner Ziele abzuringen: Er gestand, dass er mit meinem Bus auf Schnäppchenjagd gehen wollte, wenn im Herbst die Sperrmüllaktionen oft unerkannte »Schätze« an den Straßenrand brächten. Ich nehme an, dass ich so reagierte, wie er es bereits erahnt hatte: negativ. Damit er mich aber nicht wie das Urbild der verweigernden Mutter der frühen Kindheit sähe, sagte ich nicht kurzerhand Nein, sondern erklärt wiederum mich und meine Hintergedanken (mediatorische Technik: Der Konfliktgegner soll nicht fantasieren müssen, sondern sich auskennen können. Dazu dient respektvoller Umgang, Herstellung von Symmetrie im Gespräch, Vermeidung von schroffer Ablehnung, Erklärung tiefer liegender Ziele).
Ich wies also darauf hin, dass ich es zwar verstünde, dass er als ehemaliger Journalist und daher Berufs-Neugieriger – im Wort Neugier steckt ja auch schon die Gier drinnen! – Lust empfände, wenn er irgendwo etwas Verwertbares fände, und dass ich auch zu schätzen wisse, was alles er schon entdeckt habe (beim Altwarentandler, im Wald, im Fluss, in Mistkübeln …) und dass ich durchaus dankbar sei, dass etliche Kostbarkeiten unserer Wohnungen dieser »Begabung« zu verdanken seien – dass ich aber der Meinung sei, dass wir eher entsorgen – TEILen! – als Neuzugänge anschaffen sollten, weil ich meinte, wir sollten »Energiestau« vermeiden.

Bitte halte mich nicht für »überdrüber«, wenn ich Dir jetzt etwas ausführlicher über Energiearbeit berichte. Bedenke: Ich beschreibe Phänomene, für die es keine EINheitliche Wissenschaftssprache gibt. Ich könnte selbstverständlich neue Begriffe erfinden und einführen, aber das ist mir zu zeitaufwendig. Ich »borge« mir daher Worte aus anderen »Kulturen« aus und bitte Dich, wohlwollend mitzudenken.
Du weißt, wie es sich körperlich anfühlt, wenn Gewitterstimmung in der Luft liegt: Die Atmosphäre lädt sich mit Plus-Ionen auf und ab einem gewissen Sättigungsgrad kommt es zur Entladung – eben zum Gewitter. Und nachher atmen wir meist erleichtert die »frische« – die negativ geladene – Luft ein. Ähnliches spielt sich auch zwischen Personen ab: Wir »reiben« uns anEINander – machen uns kampf- oder paarungsbereit – »dicke Luft« wird spürbar, meist früher für die beobachtenden Anderen als für einen selbst, und wenn die »Spannung« – die bioelektrisch-körperliche wie gedanklich-emotionale – zu groß wird, kommt es zur Explosion … Außer man hat gelernt, Energie zu lenken. Die eigene wie auch fremde.

Zwischen den leibseelischgeistigen Energiezuständen »Pluspol« – etwa Manie, aggressive oder sexuelle Erregung – und »Minuspol« – beispielsweise Depression, Lähmung, Lustlosigkeit – gibt es aber eine Riesenbandbreite unterschiedlichster Stimmungsfärbungen. Dennoch neigen viele Menschen zur emotionalen Schwarz-Weiß-Malerei, wobei ich meine, dass derzeit das wilde dämonische Schwarz zumindest medial idealisiert, die »fade« Leere Weiß hingegen als Fehler – es fehlt etwas – abgewertet wird. Früher war das eher umgekehrt: Erregung wurde als für das Zusammenleben störend bis sündhaft »verteufelt«, Seelenruhe als Idealzustand angestrebt, und das mit TEILweise brutalen Mitteln. Ich erinnere an Schnürungen oder Selbstgeißelungen. Und selbst diese Praktiken waren eher geeignet, die »andere Seite« der Lust – die Schmerzlust – hervorzurufen als »heiße« Gedanken, Worte oder Werke zu verhindern.

In der Gegenwart erleben wir zunehmende Beschleunigung, vor allem durch die elektronische Kommunikation, aber auch durch die verkürzten Lebenswirklichkeiten in Film und Fernsehen. Die Geschwindigkeits-Spirale dreht sich immer schneller, bis sie ins GegenTEIL, in die erzwungene Ruhe kippt. Denken wir nur an die Raser im Straßenverkehr – oder im Sport oder in beidem! –, deren Geschwindigkeitsrausch – auch ein Suchtverhalten – nur zu oft mit dem Stillstand durch Aufprall und nachfolgender Lähmung endet.

Lähmung, Erstarrung bedeutet, oberflächlich betrachtet, Verlust an Lebendigkeit. In der Tiefendimension eröffnet sie vielen Menschen erst volle sinnliche Wahrnehmung: Zeit zum Schmecken, Zeit zum Riechen, Zeit zum Schauen, Zeit zum Hören, Zeit zum Fühlen. Wahr-Nehmung – einen anderen Menschen wahrhaft zu erkennen – braucht Zeit und währenddessen erlebt man sein, ihr Leben und Leben ist immer Wechsel und Wandlung. Frauen tun sich da leichter als Männer, weil ihr Leben von Zyklen geprägt ist. Auch in der Beziehungsarbeit. Anne Wilson Schaef formuliert sehr konkret: »Eine Beziehung ist niemals statisch; sie wird besser oder sie wird schlechter. Ihrem Wesen nach ist sie dynamisch. Sie ist ein Prozess und kein Produkt. Aus diesem Grund ist es schwer, wenn nicht sogar unmöglich, sie auf einem statischen Niveau zu halten.«[19]

Männer neigen schon von klein auf eher dazu, in »Entweder-Oder«-Kategorien zu denken: entweder gut oder schlecht. Zwischenstadien schätzen sie weniger. Frauen bevorzugen »Sowohl-Als-auch«-Lösungen oder suchen dritte und weitere Alternativen.[20] Darin sehe ich eine der Ursachen für den oftmaligen Vorwurf der Unentschlossenheit oder Wankelmütigkeit. Eine andere vermute ich im Pressionsversuch, Frauen zu ganz bestimmten und möglicherweise vorschnellen Entscheidungen zu drängen.

Gier ist ungeduldig – und Ungeduld ist gierig. »Bei Depressiven wie bei Süchtigen kann ... der Hunger so weit gehen, dass sie kritiklos Objekte zu sich nehmen und dabei kaum verspüren, dass die ›Einverleibung‹ stattgefunden hat.«, schreibt Battegay.[21] Ich meine: So groß, so bedrohlich ist der Energiemangel, dass keine Zeit für Wahrnehmung oder Genuss bleibt. Wie ein Baby noch nicht warten kann, weil es noch kein »Urvertrauen« erwerben konnte, dass seine existenziellen Bedürfnisse – Nahrung und Wärme und Geborgenheit und Geliebtwerden – befriedigt werden und erst im Laufe des ersten Lebensjahres und weiterhin lernt, immer mehr Geduld mit seinen Bezugspersonen zu haben[22], so müssen wir alle immer wieder üben: die richtige Zeiterfordernis abzuschätzen, warten, verzichten … Aber auch immer wieder nachzuprüfen, ob sich nicht etwas zwischenzeitlich geändert hat …

»Wer ein Objekt oder die ganze Objektwelt umarmen oder einnehmen möchte«, schreibt Battegay, »wird kommunikationslos sein, da er die Eigenständigkeit der Objekte nicht wahrzunehmen vermag.«[23] Ich sehe im Sinne von Watzlawicks »Man kann nicht nicht kommunizieren« keine Kommunikationslosigkeit, sondern nur ein unzureichendes Repertoire an Kommunikationsmustern. Das aber kann erweitert werden – sofern man sich selbst zugeben kann, dass man Mangel leidet. In dem Fall: Mangel an Sozialkompetenz. Üblicherweise paart sich aber immer ein »schweigender« mit einem »redseligen«, ein »grübelnder« mit einem »gefühlssicheren«, ein »starrer« mit einem »flexiblen« Menschen, und wenn die Paarbildung gelingt, so lernen sie voneinander – tauschen sich aus, vor allem auch ihre Sexualenergie – und »gleich«en sich an. Dann sind sie nämlich wirklich ein »Paar« – und nicht nur zwei Menschen, die an der gleichen Adresse wohnen und gelegentlich ihre Genitalien verEINen. Meist gelingt dieser Energieaustausch aber nicht – es erklärt ja auch kaum jemand, wie er zu vollziehen wäre – und so bleiben die PARTner, die vom jeweils anderen süchtig abhängig sind anstatt ihre innere Fülle zu suchen, hungrig und spähen nach Energie anderswo – Geld oder Essen oder Sex oder Gurus oder Studieren oder irgendetwas anderes, wodurch man eine Sucht durch eine andere ersetzen kann – und bringen so fremde Energie nach Hause, und das bedeutet für die andere Person selten Bereicherung, sondern eher Energiestau und sie wehrt ab und das spürt wiederum der andere TEIL und wenn es nicht zu einer Krise kommt, dann dreht sich der Teufelskreis weiter …

Ich jedenfalls habe mich gegen die »Sachen suchen«-Aktion gewehrt und versucht zu erklären, dass ich derzeit weder Zeit noch Laune aufbringen könnte, »Altwaren« von Fremdenergie zu reinigen.

Erinnerst Du Dich, Dušan, dass wir öfters über die Reinigung von Orten gesprochen haben? Dass wir unsere Kleidung mit unserer Körperausdünstung »tränken«, wissen ja die meisten Leute. Aber wenn der Volksmund von »entrischen« Gegenden spricht, tun das die so genannten Aufgeklärten meist als Aberglaube ab. Ich weise immer wieder auf die Polizeihunde hin, die ja oft eingesetzt werden, um an Hand von persönlichen Gegenständen Spuren zu erschnüffeln. Menschen mit »Nase« hingegen glauben wir nicht. Dabei ist es primär eine Frage der Offenheit, ob wir unsere Wahrnehmungsbandbreite voll nutzen (sekundär natürlich auch eine Frage von Begabung und Lernerfahrungen). Aber auch das sollten eigentlich alle wissen – wer kennt nicht die unterschiedliche Geruchs- und Geschmackswahrnehmung mit oder ohne Schnupfen, mit oder ohne Nikotin-Abusus ... Da fällt mir ein: In der Akademie für Ganzheitsmedizin[24] hing früher ein Plakat »Küss einen Nichtraucher und schmeck den Unterschied!« Der Präsident ist nämlich ein extrem starker Raucher!
Es ist dem Feng-shui-Boom zu verdanken, dass die interessierte Leserschaft aufklärender Bücher[25] daran erinnert wird, dass Unrat nicht nur die Räume vermüllt, in denen er sich ansammelt, sondern auch auf die Psyche der Bewohner einwirkt. Damit man heil werden kann, ist eine heilsame Atmosphäre nötig; in kunterbunt überladenen kleinen Räumen voller aggressiver oder depressiver Energie regeneriert man sich schlecht. Nichts Neues für die Landbevölkerung der Alpen: Die hat immer schon geräuchert und gekalkt und ihre Regeln bewahrt, wie man »schlechte Zonen« neutralisiert. Selbst wenn es sich dabei nur um Autosuggestionen zur Anregung des leibseelischgeistigen Stoffwechsels handeln sollte – wenn es dazu beiträgt, dass Menschen von dem, was sie zu viel haben, abgeben an die, die zu wenig haben und sensibel werden für »frische Luft« anstelle von »toter«, verbrauchter oder »dicker«, soll es mir recht sein!
Als Kleinkinder sollten wir aber nicht nur Geduld lernen, sondern auch Loslassen. Wer kennt ihn nicht, aktiv oder passiv, den Kampf um abgeschnittene Haare oder Fingernägel oder den Inhalt des Töpfchens? Abfall gehört zurück in den Kreislauf der Natur, dorthin, woher wir kommen, ins Wasser und in die Erde, denn »aus Staub sind wir und zu Staub werden wir«.
Daher nochmals, andersherum: Als Kinder sollten wir schon lernen, was Bindung heißt und was Lösung.

»Es ist bis heute nicht hinreichend erforscht, welche Beziehungserfahrungen die Entwicklung empathischer Fähigkeiten beim Kind fördern oder behindern.«, klagt der Psychologe und Psychoanalytiker Jürgen Körner in seinem Buch über Tierliebe[26]. »Sicher ist, dass die Fähigkeit zum Mitgefühl einen förderlichen, stabilen Dialog zwischen Mutter und Kind voraussetzt.« Meiner Erfahrung nach muss es aber nicht die Mutter sein – auch wenn wir die Illusion pflegen, allein der monatelange Aufenthalt des Ungeborenen im Mutterleib schaffe eine besonders innige Gefühlsverbindung. Gerade die psychotherapeutische Arbeit beweist tagtäglich, wie sehr noch Erwachsene unter der Ambivalenz oder gar Ablehnung durch ihre Mutter während der Schwangerschaft beeinträchtigt sind. Schon richtig – der Vater oder welche andere Bezugsperson auch immer muss sich die Beziehung zum Kind anders erarbeiten als die leibliche Mutter, nämlich wie jede Beziehung! Aber darin sehe ich gerade die Chance!

»Ohne das Erlebnis einer ›mitschwingenden‹ Mutter, ohne also erfahren zu haben, wie es ist, wenn der andere, der Erwachsene sich einfühlt und emotional antwortet, kann das Kind die Fähigkeit zur Empathie nicht entwickeln. Und ein Kind, das frühzeitig erlebt hat, dass die Gefühlszustände anderer Menschen scheinbar willkürlich wechseln, mag sich enttäuscht abwenden und versuchen, sein Interesse auf unbelebte Gegenstände oder auf sich selbst zu konzentrieren.«, heißt es weiter bei Körner. Ich ergänze: oder auch erlebt hat, dass ihm keine liebevollen Gefühle entgegengebracht werden, sondern nur Leistungsanforderungen, Warnungen, Strafen. So ein Kind wird sich lange bemühen, Mutters oder Vaters Begehren zu entsprechen, und es wird sich später Mutter- oder Vaterfiguren suchen, die unerreichbar sind – und wenn es Gott ist, einer seiner spirituellen oder naturwissenschaftlichen Stellvertreter auf Erden oder sonst ein Guru. Auch wenn es im Lied der Internationale heißt, »Es rettet uns kein höh'res Wesen, kein Gott, kein Kaiser, kein Tribun – uns aus dem Elend zu erlösen, können wir nur selber tun!«: Wenn das einst so ungeliebte Kind später (s)eine Idealperson doch »erreicht« – wen anderen oder sich selbst –, es wird diese Beglückung kaum annehmen können.

Denn so wie jemand, der jahrelang im dunklen Keller gelebt hat, das Sonnenlicht nicht erträgt, wenn er endlich ans Tageslicht treten darf, halten Ungeliebte Liebe schwer aus, wenn sie von ihr angestrahlt werden. Daher ist es (auch psychotherapeutisch!) sehr schwer, diesen Menschen Liebe in den passenden homöopathischen Dosierungen zu verabreichen …

Ohne Bindung an zumindest eine liebevolle Bezugsperson erwirbt man keine Liebesfähigkeit, ohne Lösung von ihr darf man sich nicht zu einer eigen-ständigen Persönlichkeit entwickeln und kann sich nicht auf Dauer liebend der Person hingeben, die einen erGÄNZt.
Im Augenblick betreue ich wieder so ein Paar – beide Akademiker. Sie steht total unter der Kontrolle ihrer Mutter, die im Haus gegenüber wohnt und unangemeldet hereinplatzt, wann immer es ihr passt (alle Proteste waren bisher nicht erfolgreich); sie versucht aus der Familie auszubrechen wie eine 17-Jährige (samt heimlichem Freund). Er hat den Eindruck, die Schwiegermutter halte sich für seine Ehefrau, und flüchtet vor ihr in die Karriere als Wissenschafter, muss also viel studieren – ein bewährtes Verhalten aus der Schulzeit. Erwachsen werden ist für beide mit Hindernissen belegt und das Hindernis heißt Mutter bzw. Schwiegermutter. Sie ist der Vampir, der unter dem Deckmantel von behaupteter Liebe neu-gierig eindringt und sich so mit »frischem Blut« versorgt.

Körner schreibt weiter über die Menschen, die sich enttäuscht abgewendet haben: »In diesem Fall könnte das Kind darauf verzichten, den anderen Menschen als ein Wesen ›für sich‹ erfahren zu wollen. Vielleicht hält es an seiner egozentrischen Haltung fest, bleibt also dabei, dass ihm die Menschen seiner Umwelt als Wesen ›für mich‹ zur Verfügung stehen sollen.«
Volker Elis Pilgrim fällt mir ein, in den Zeiten des »Club 2« ein gerne eingeladener Autor, Jurist und Psychologe, der in seinem Buch »Der Vampirmann« beschreibt, wie er daran ging, »nach einem Verhalten unter Menschen am Tag zu suchen, das sie prädisponiert, nachts zu Verbrauchern oder Spendern von Energie zu werden.«[27] Dabei stieß er einerseits auf Menschen mit Depressionen und damit verbunden die Symptomatik von Schlafstörungen, andererseits beobachtete er den von ihm so

genannten »biografischen Energietransport«: das lebensgeschichtliche Auslaugen einer Person durch eine andere. Er schreibt: »Ich sah oft zwei Menschen, die zusammenleben, in unterschiedlichen Verfassungen: er = rot, jung, geballt, strahlend – sie = weißgraugelb, angealtert, dünnig-blass oder dicklich aufgedunsen, Ringe unter den Augen, kalte Hände, mit einem Schweif von schwer zu definierenden Unpässlichkeiten. In Ausnahmen erblickte ich die Extreme vertauscht – sie im Licht, er im Schatten. Ich horchte auf, wenn Partnerschaftsläufe ungleich verliefen: Sie stirbt in jüngerem oder mittlerem Alter, meist an Krebs, er bleibt leben, verbindet sich neu. Nicht selten wiederholt sich das Ungleichgewicht. Auch die nächste Gefährtin gerät in Jammer, ist geduckt, von schleichender Auszehrung, stirbt ebenfalls vor dem Mann, wenn sie sich nicht scheiden lässt oder zäh durchhält und erst nach dem Tod des Mannes aufblüht. Ihr Aufblühen nutzt ihr dann meist wenig, weil es zwischen siebzig und neunzig stattfindet. Hinter der ›höheren Lebenserwartung für Frauen‹ verbirgt sich ein TEIL des Beschädigungsprogramms, das ihnen widerfährt …«[28]
Bei meinem Klientenpaar ist es die Mutter bzw. Schwiegermutter, die in deren »Raum langt«, wie Pilgrim formuliert. Bei ihm heißt es: »Was haben Männer für Raumprobleme, dass sie in fremde Räume langen müssen?«[29] Und er sinniert: »Unsere erste Lebenserfahrung ist eine Raumerfahrung. Wir werden physisch herangebildet im ›Raum‹ Mutterleib. Auch die Erfahrung unseres zweiten Lebensabschnitts, diejenige nach der Geburt, ist eine Raumerfahrung, das Erlebnis im psychischen Raum des mütterlichen Organismus der uns pflegenden und um uns besorgten ersten Bezugspersonen. Aus diesen beiden Raumerfahrungen sollte unsere Entwicklung zu einem Menschen mit einem intakten eigenen Raum, mit einem sich selbst regenerierenden Kräftehaushalt erfolgen.«

Nur zu oft präsentieren diese Bezugspersonen aber die Rechnung für ihre seinerzeitige Fürsorge. Wenn ich meine therapeutische Erfahrung resümiere, dann geschieht dies meist zu dem Zeitpunkt, wo sich das Kind in die Arbeits- oder PARTnerschaftswelt verabschieden will. Oder wo Konkurrenz durch reale Kinder auftaucht. Einer meiner

Freunde und Kollegen aus meiner Politzeit, ein noch immer hochangesehener Mittsechziger, berichtete mir von seiner rüstigen Schwiegermutter – einer Vertreterin des Klischees vom tyrannischen Familiendrachen –, deren erste Reaktion auf die MitTEILung von der Geburt ihres ersten Enkels lautete: »Und was wird jetzt aus mir?« Ein klassischer Fall von Power Play: Jemand macht sich künstlich klein und schutzbedürftig, um die anderen zur Bedienung einzuTEILen.
Er selbst hält sich sicherlich für jemanden, der keine Machtspiele inszeniert. Er gehört aber auch zu denen, die so wie Du, Dušan, nicht zurückrufen, wenn man sie darum bittet, Briefe nicht beantworten, und wenn man oder besser frau etwas vorschlägt, gleich abwehren: »Schaff mir nichts an!« Verstehst Du jetzt, weshalb ich Dich immer wieder gebeten habe, mich doch zuerst nach meinen Absichten zu fragen, wenn Du glaubst – »fantasierst« –, ich würde etwas von Dir »verlangen«? Verlangen ist keines meiner gewohnten Verhaltensmuster. Einer meiner Lehrtherapeuten hat einmal ins Schwarze getroffen, als er mich enttarnte: »Du kannst nicht konsumieren.« Damals sind mir die Tränen gekommen und ich bin ihm noch heute dankbar, dass er mir diese Seite von mir ausgeleuchtet hat: ja, ich tue mir schwer mit der Muße, mit dem Genießen, mit dem Fordern, mit dem Zugreifen …
Bei einem Buffet darauf zu achten, dass ich nicht zu kurz komme, ist jedes Mal Schwerarbeit für mich, nicht, weil ich mich etwa insgeheim vordrängen möchte und diesen Impuls aus Schicklichkeit unterdrücken würde, sondern weil es ein Schritt über meinen Schatten ist, mich überhaupt ins Gedränge zu begeben! Geständnis: Ich sehne mich nämlich danach, dass mir endlich jemand von sich aus etwas bringt und ich mir nicht immer alles selbst erarbeiten muss …
Aber eine sehr negative Erfahrung hat mich gelehrt, den »Wachstumsschritt« zur Selbstbehauptung zu wagen: 1992 war ich in »Einspruch« in SAT 1 in Berlin und nach der Sendung gab es ein Buffet. Ich war schon voller Freude, weil ich sehr hungrig war, aber es drängten sich Menschen aus dem Publikum zu mir her und wollten gleich und hier und jetzt Beratung und Journalist/innen wollten Interviews. Ich arbeitete alle Wünsche ab und als ich endlich zum Buffet kam, gab es nichts mehr außer ein paar Scheiben fette Wurst, und die esse ich keinesfalls. Dabei hatte ich mich so auf die Fische gefreut, die ich zuerst erspäht hatte. Aus Schaden wird man klug. Heute lehne ich es zwar noch immer ab, mich um den Vorrang zu

schlagen, aber ich bitte jemand von den Vorkämpfer/innen, mir gleich etwas Vegetarisches mitzubringen. So TEILen wir das Problem: Der oder die andere darf unverschämt gierig sein, denn er/sie tut es nicht für sich allein, und ich kann meinem Prinzip treu bleiben, den Hungrigeren oder Triebstärkeren den Vortritt zu lassen.
Aber ich weiß natürlich, dass dahinter die wohlerlernte Abwehr von Gier und Aggression liegt. Meine Mutter hat mich nämlich nicht gestillt. Sie war – 1944 – zu entkräftet; das sehe ich auf den damaligen Fotografien. Ich bin mit Schwarztee und Erbsenpüree – heute noch ein Lieblingsessen von mir – aufgezogen worden. Meine Lebensmittelmarken musste meine Mutter mit ihrer älteren Schwester TEILen, die für ihren vier Jahre älteren Sohn Anspruch auf die Hälfte meiner Trockenmilchportion erhob. Ich denke, dass ich durch diese Konstellation gelernt habe, mit wenig auszukommen und mehr geistig-seelische als physische Nährung zu bevorzugen.
Mein Cousin hat gelernt, sich mehr einzuverleiben, als ihm zustand: Er ist mit 32 Jahren, fress-süchtig und übergewichtig, hypertonisch, nikotin- und alkoholabhängig, tragisch in der Badewanne verstorben. Ich hab ihn gemocht und ich trauere um ihn.

> Pilgrim schreibt über die Vampirmänner: »Diese Männer brauchen in ihrem späteren Leben eine Neumutterschaft. Der unwirtliche erste und zweite Raum lässt sie auf die Suche nach einer besseren seelischen Behausung gehen. Sie wollen überall einsitzen, verlangen noch als Erwachsene nach einem sozialen Uterus, zeigen sich am Tage abgerissen, beziehungslos, manchmal sogar verwildert, werden jedoch des Nachts zu Kängurubabys, die in einen fremden, atmosphärisch wohltuenden ›Bauch‹ hineinspringen, um von ihm ihre fehlende psychische Energie zu beziehen.«[30]

Für diejenigen, die sich alles selbst erarbeiten müssen, bedeutet dieser Energieraub Provokation. Manche fühlen sich benachTEILigt, manche sind neidvoll, manche versuchen nachzuahmen und manche sind stolz darauf, von niemandem etwas zu brauchen. Ich meine, das rechte Maß liegt wieder einmal irgendwo in der Mitte: Neid finde ich beispielsweise als Signal, BenachTEILigungen zu erkennen, hilfreich – chronisch sollte er nicht werden, sondern nur Impulsgeber sein für eine bessere – gerechtere – Form des TEILens. Und wenn man Nachlernbedarf an Sozialkompetenz bei sich entdeckt, finde ich es durchaus sinnvoll, sich ein passendes Vorbild zu suchen, von dem man lernen kann; Nachahmung ist dabei nur ein Lernmodell – man kann auch nachfragen. Nur aufs Hinterfragen sollte man nicht vergessen, meine ich.

So finde ich es wichtig, den derzeit medial so oft zitierten Trend zum Singletum zu hinterfragen. Für mich ist unklar, welches Ziel hinter den regelmäßig wiederholten Studien und Medienberichten liegt und an wen sie sich richten: An die Eltern? An die Singles? An die Regierung? Sollen die einen oder die anderen Lebensmuster bzw. Rollenbilder angeregt werden? Sollen die »Empfänger der Botschaft« zu dieser Lebensform oder zur Paarung angeregt werden? Sollen Alleinlebende oder als Paar Lebende – und wenn, nur heterosexuelle oder auch homosexuelle Paare – gefördert werden?

Wenn solche Studien veröffentlicht werden, werde ich regelmäßig über mögliche Ursachen befragt. Und ich weise dann immer darauf hin, dass Singletum vor allem der Wirtschaft nutzt: Jeder Mini-Haushalt, voll elektronisch ausgestattet, fördert einerseits den Umsatz von Haushalts- und Kommunikationsgeräten, andererseits die Verfügbarkeit der Arbeitskraft des so von zeitaufwendiger Hausarbeit entlasteten Solisten. Und Arbeitsplätze für all diejenigen Heinzelmänner und -frauen, die zuarbeiten, werden auch geschaffen. Was hingegen nicht geschafft wird, ist die Entwicklung einer Kultur des TEILens. Denn wenn ich auf niemand Rücksicht zu nehmen brauche, lerne ich auch nicht, auf diejenigen zurückzuschauen, die hinter mir stehen – oder bleiben. Die auf dem Weg verloren gehen.

Du hast einmal gesagt, Du seist Selbstversorger. Das hat mir gefallen. Das entschlüssele ich als Verzicht auf Versorgungsforderungen. Die sind es meiner Meinung nach nämlich, wovor Frauen wie Männer zunehmend scheuen.

Damals hast Du Dich auch als Eremit bezeichnet. Auch das hat in mir schwesterliche Zuneigung ausgelöst. Mein Supervisor hat mich nämlich einmal als eine entschlüsselt, die »monastisch« lebt. Und ich stelle es mir schön vor, in einem Kloster zu leben, eine kleine leere Zelle zum Meditieren und Schreiben, nach Möglichkeit mit einem Baum vorm Fenster, Klienten empfangen in einem Besucherzimmer, Mahlzeiten gemeinsam einnehmen – bis daher entspricht alles auch

weitgehend der von mir gestalteten Familienorganisation –, und zusammen singen und Energie in die Welt schicken. (Das geht mit meinen Familienangehörigen leider nicht.) Doch mit dem Gehorsam würde es bei mir wahrscheinlich hapern ... Früher war es Privileg gebildeter Männer, Zeit für sich, Zeit fürs Nachdenken zu beanspruchen. Heute sind beide Geschlechter so gebildet wie nie zuvor in unserer Zeitrechnung, und auch Frauen wollen »in sich gehen« und nicht nur in anderen auf. Sie wollen nicht mehr Besitz sein, sie wollen nicht kontrolliert werden und sie wollen nicht mehr über sich verfügen lassen. Das alles widerspricht dem traditionellen Frauenbild der »begabten Frau im Hintergrund, die durch selbstloses Dienen eine versteckte Herrschaft erlangt«[31], das in den klassischen literarischen wie audiovisuellen Medien verbreitet wird (wurde). Viele Männer erwarten in jeder Frau noch immer eine »Neumutter«, die sie gierig aussaugen können wie ein Baby, die sich in ihre Sprachlosigkeit einfühlt wie in einen Säugling und die alles nachsieht wie im ersten Lebensjahr, und wenn Frau dieser Erwartung – im Beruf wie im Privatleben – nicht entspricht, gilt sie als schwierig. Selbst dann, wenn ein kluger Mann merkt, dass er es ja ist, der mit dem ganz normalen Chaos der Liebe nicht zurechtkommt, redet er nicht, weil er sonst ja seine Unbeholfenheit zugeben müsste und das widerspricht seinem Dominanzanspruch an sich selbst. Also bleibt er lieber allein als zu lernen, PARTnerschaft auszuhandeln.
Es sind die unrealistischen Erwartungen, wie sich die andere Person verhalten sollte – nämlich so, dass man selbst alles allein bestimmen kann –, und der über-fordernde Anspruch an sich selbst, die andere Person einschätzen zu müssen – damit man sie unter Kontrolle hat und sie einem nichts antut –, der zu voraussehbaren Missinterpretationen führt. Stattdessen wäre angesagt, sich vertrauensvoll auf die andere Person einzulassen, sie kennen zu lernen, nicht alles auf einmal, sondern Tag für Tag einen Schritt mehr, bis aus dem Vertrauensvorschuss wirkliche Vertrautheit geworden ist.
Mit dem Wunsch, dass Du Dich traust, mir zu vertrauen, vertraue ich Deinem Mut

Deine ebenfalls
Mutige

ZerTEILen

Von der Unkultur des TEILens

Lieber Dušan!

Jetzt habe ich Dir schon so viel erzählt, und dennoch vermieden, Dir anzuvertrauen, welche Ziele ich mit diesen vielen Briefen verfolge. Einerseits wollte ich schon immer meine Gedanken zu dem, was ich »Kultur des TEILens« nenne, niederschreiben, ich wollte sie aber auch mit Dir durchsprechen. Das habe ich Dir schon voriges Jahr gesagt. Dann hast Du wieder einmal Streit vom Zaun gebrochen, meine besänftigenden Versöhnungsversuche ignoriert, und kaum hatten wir uns endlich gefunden und auch, wie ich denke, eine tragfähige EINigung für eine friedliche Zukunft verEINbart, hast Du wieder einen Anfall von Streitsucht bekommen. Brauchst Du das, um in Distanz gehen zu können? Ich finde das unnötig. Es genügt zu sagen, ich möchte mich jetzt einige Wochen zurückziehen. Du solltest jetzt doch schon wissen, dass ich Deine Entscheidungen respektiere und auch Deine Weltsicht – oder das, was ich vermute, was Deine Sicht der Dinge ist – auch wenn ich sie nicht TEILe.
Ich unterstelle Dir, dass Du alle Verhaltensweisen in Gegensätze von gesund und krank, normal und abnormal, gut und böse TEILst und das, was Du für gefährlich hältst, durch Ausweichen zu vermeiden suchst. Du hast offensichtlich eine Vorstellung, wie Du »gut« sein willst, und die ziehst Du durch – und merkst gar nicht, dass Du damit »böse« wirst, indem Du das, was Du als »böse« ansiehst, erst zum Bösen machst.
Sprache schafft Wirk-lichkeit, das habe ich schon oft geschrieben. Bevor wir aber etwas aussprechen, formen wir unsere Aussage – mehr oder weniger bedacht, mehr oder weniger wohlmodelliert – zu einem Giftpfeil oder einem Heilmittel. Derzeit befinden wir beide uns in einer TEILung: von Dir kamen die Giftpfeile und ich versuche, die Heilmittel dagegen zu brauen.

Schon wieder kommt mir ein Gedicht der Liedermacherin Barbara Stromberger in den Sinn:[1]

> Selbstverständlich werde ich wieder
> vernünftig, stark, einsichtig, klug
> und tapfer sein.
> Du wirst keine Spur von meinen
> Bedenken, Unsicherheiten, nichts
> von den Zweifeln zu spüren bekommen,
> weil ich ja weiß:
> das, oder gar nichts.
>
> Selbstverständlich werde ich wieder
> Verständnis aufbringen, Haltung bewahren
> und zurückstehen.
> Du wirst keine Spur von meinen
> Sorgen, Kämpfen, Tränen, nichts
> vom Verzicht zu spüren bekommen,
> weil ich ja weiß:
> das, oder gar nichts.
>
> Sobald ich aber Deine Stimme höre,
> werde ich, wie ein Clochard in
> den Mülleimer greifend, mich freuen,
> heute nicht verhungern zu müssen,
> weil ich das Viertel eines
> Hamburgers gefunden habe.
> Nicht mehr warm, nicht mehr von heute,
> second hand, aber: Rettung!
>
> Ich weiß, ich weiß:
> Das, oder gar nichts.

Die Heilmittel widme ich mir – aber Du darfst Dich auch daran laben, wenn Du Dich traust. Um mit Barbara Stromberger zu sprechen: Ich grille mir meinen eigenen Hamburger, aber es ist auch noch ein ganzer zweiter für Dich da und noch etliche auf Vorrat und ich bin auch und noch immer bereit, mit Dir zu TEILen. Zumindest

das Gespräch darüber, ob Du zum Essen kommen magst, Dir Deine Portion lieber abholst und später daheim verzehrst, nur Selbstzubereitetes annimmst oder gar vorziehst, in Nulldiät zu verhungern. Mir ist nämlich wichtig, Dir, aber auch mir zu beweisen, dass ich fähig und willens bin, Deine Entscheidungen – wie auch die anderer Personen – mitzutragen, selbst wenn sie gegen meine Wünsche ausfallen; natürlich ist dazu nötig, dass ich mich überhaupt einmal in meine Position dazu bringen kann.
Was ich nicht mag, ist, wenn über mich verfügt wird. Du hast einmal zu der Zeit, als Du Deinen Arbeitsplatz gewechselt und so viele unerbetene Ratschläge bekommen hast, formuliert: »Ich möchte schon das Objekt MEINER Lebensplanung bleiben!« Der Satz hat mich begeistert, wie mir ja überhaupt viele Deiner Sprüche sehr gefallen, und ich habe ihn schon vielfach »weitergeschenkt«. Siehst Du: ich will das auch. Wenn ich Risken trage, dann will ich sie bewusst und ohne Verheimlichung tragen und im Negativfall auch ertragen. Diese Geisteshaltung finde ich auch bei vielen jungen Frauen – im Gegensatz zu ihren Müttern, die heimlich ihren Willen aufzwingen wollen und das dann Diplomatie nennen – und das macht mir Hoffnung, dass wir doch in absehbarer Zeit diese unseligen dualen Denkweisen überwinden können.
Derzeit habe ich wieder eine Klientin, ich will sie Dorothea nennen, die ziemlich erfolglos versucht, mit Paul, so nenne ich ihn, Kommunikationsstörungen zu beheben. Eigentlich war sie ja in Therapie gekommen, weil sie sich für zu dick hielt, unattraktiv und keiner PARTnerschaft wert. Kaum hatte die Studentin sich durchgerungen, sich selbst als ansehnlich anzuerkennen, lief ihr ihr Traummann über den Weg: zwar verheiratet, zwar 20 Jahre älter, zwar Snob und Society-Löwe, aber als Wissenschaftler fernab der Familie Berufssingle, voll von unausgelebter Zärtlichkeit und unberührt von unbekümmerter Jugend und Natürlichkeit. Auf ihre freche Kontaktaufnahme per E-Mail reagierte der »Professor« entzückt, ihren ersten Besuch in seiner Suite veredelte er mit einem Blumenmeer und aphrodisischen Köstlichkeiten, in ihrer Studentenbude mutierte er zum jugendlichen Liebhaber – bis die Urlaubszeit nahte und damit die Rückkehr in den Familienalltag. Da vergaß er plötzlich alle Vereinbarungen, schottete sich ab und schnauzte die junge Geliebte am Telefon an – weil seine Gattin daneben stand, wie Dorothea richtig vermutete. Er

erwartete Stressgespräche und ging auf Tauchstation. Sie wollte sich nur auskennen und nicht unwürdig behandelt werden, aber auch wenn sie ihm das sagte – er glaubte ihr nicht. Unabhängige Frauen waren ihm offensichtlich noch nicht untergekommen – nur Kletten, Klammeräffchen und Blutegel. Gespräche zwischen den beiden liefen so ab, berichtete sie mir, dass er Fragen in den Raum stelle und gleich selbst beantworte – er benützte sie sozusagen als Publikum für seinen veröffentlichten inneren Dialog. Dass seine Einschätzung ihrer Person, ihres Denkens und Fühlens, möglicherweise total in falsche Richtungen driften könnte, kam ihm, dem »welterfahrenen« Alleswisser, nicht in den Sinn: Er übernahm eine Führungsrolle, die niemand von ihm verlangt hatte, ganz im GegenTEIL, und ächzte nun unter der selbsterfundenen Last. Dorothea aber wollte nur wissen: Bedeuteten seine Aussagen »Ich will mich wieder mehr um meine Familie kümmern«, dass er die schöne Zeit mit ihr endgültig beenden wolle – oder, dass er nur mehr Aufmerksamkeit in den TEIL seines Lebens kanalisieren wollte, den sie ohnedies kannte und akzeptierte. Paul konnte sich dazu nicht klar äußern; ich vermutete, er wusste es selbst noch nicht, hatte erst ein Gefühl und noch keinen Zukunftsplan, war im Zwie-spalt und konnte sich offensichtlich nicht vorstellen, dass es Frauen, vor allem junge Frauen gäbe, die mit Zwiespaltereien gelassen umgehen konnten.

Paul ist nur einer von den zahllosen Männern, die Ent-scheid-ungen nicht TEILen können. Sie haben keine Vorstellung, wie das gehen könnte. Paul wählt als Stressbewältigungsstrategie zuerst das Untertauchen und dann den klagenden Monolog. Du, lieber Dušan, wählst zuerst den anklagenden Monolog und dann das Untertauchen. (Ich hingegen wähle zuerst den klärenden Dialog und dann das Emporsteigen zu beruflichen Höhenflügen und wenn mir der Dialog verweigert wird, mache ich aus dem Klärungsbedarf einen Forschungsgegenstand!)

Ich gehe davon aus, dass Du immer dann Streit anfängst, wenn ich Dir zu nahe gekommen bin oder zu oft in Deinen Gedanke auftauche oder Gefühle auslöse, die Dich schwach machen … und vielleicht machen sie Dich nur schwach, weil Du sie bekämpfst und Dich dabei verausgabst (statt dass Du sie einfach annimmst und Dich freust, dass Du überhaupt noch Gefühle hast!). Du erinnerst Dich an die vier Grundformen des Bewusstseins bzw. der Wahr-

Nehmung nach C. G. Jung? Jeweils zwei – Denken und Fühlen sowie körperlich Empfinden und Intuieren – sind polar angeordnet: sie stehen zueinander in einem Spannungsverhältnis und neigen dazu, einander zu verdrängen. Und siehst Du, Dušan, darin sehe ich das, was im Christentum Sündenfall heißt und was ich als den falschen Weg, EINheit herzustellen, verstehe: Aus meiner Sicht ist der Sündenfall das Herausfallen aus dem paradiesischen Zustand der EINheit in Gott: durch das Essen – das In-sich-Hineinnehmen – der Frucht vom Baum der Erkenntnis des Guten und Bösen. Dadurch »erkennen« Adam und Eva, dass sie zwei sind und sie erkennen alle Dualitäten, aus denen EINheit zusammengesetzt ist. Daher erkennen sie einander auch als Mann und Frau, denn in der Bibel heißt es ja auch: »Und Gott schuf den Menschen ihm zum Bilde, zum Bilde Gottes schuf er ihn; und schuf sie, einen Mann und ein Weib.«[2] Ich lese das so: Gott ist Mann und Weib zugleich.
Ich will jetzt nicht auf die Geschichte von Lilith[3], der »ersten Frau« Adams, und die spätere Schaffung der Eva eingehen. So wie ich die Schöpfungsgeschichte verstehe, repräsentiert Lilith den polaren weiblichen PART zum männlichen TEIL Adam und zusammen bild-en sie das Bild – in späteren Bibelübersetzungen: Abbild – Gottes. Und dass Lilith aus welchen Gründen auch immer Adam verlässt – ich würde scherzhaft sagen: Er war ihr zu tumb – zeigt für mich nur, dass sie es war, die die Aufgabe, die göttliche – sakramentale – GANZheit herzustellen, nicht schaffen konnte oder wollte. Üblicherweise sind es heute die Männer …

Die gesamte Schöpfungsgeschichte der Bibel ist durchzogen von den TEILungen, die Gott vornimmt, wenn er (in dieser Reihenfolge): • Himmel und Erde • Licht und Finsternis • Tag und Nacht • Abend und Morgen • Himmel (Wolken?) und Wasser • Erde und Meer • die ver-schiede-nen Gräser und Kräuter und Bäume • Sonne, Mond und Sterne • Fische und Vögel • »Vieh, Gewürm und Tiere auf Erden« • und zuletzt den Menschen, »ein Bild, das uns gleich sei«, erschafft.

Gott schafft, indem er trennt. Ich interpretiere: Er trennt, indem er seine willensstarke zielgerichtete Aufmerksamkeit auf das zu Schaffende richtet. Er nimmt gleichsam einen TEIL des GANZen ins

Visier und schneidet ihn wie mit einem gedanklichen Laserstrahl ab. In den zwischenzeitlich überreich am Buchmarkt angebotenen Büchern, den Alltag mittels »magischer« Techniken zu bewältigen, finden sich zahllose Variationen, Analogien und schlichte Kopien dieser Schöpfungskunst. Die Adepten derartiger »Wege zur linken Hand« bevölkern meist irgendwann die Praxen der tiefenpsychologisch orientierten Psychotherapeuten: dann, wenn sie »mit ihrem Latein am Ende« sind – psychotische Episoden erlebt, LebensPARTner und/oder Arbeitsplatz verloren haben und doch noch so sehr im Diesseits verhaftet sind, dass ihnen etwa Überheblichkeit über die »unwissenden« lediglich alltagstauglichen »Stinos«[4] nicht hilft, den angepeilten Glückszustand zu (er)halten.

> Der Philosoph Hans Blumenberg beschreibt den archaischen »homo pictor«, den Bilder schaffenden Menschen, der nicht nur Höhlenzeichnungen für magische Jagdpraktiken produziert, sondern auch den »Verlässlichkeitsmangel« der Welt mit Projektionen von Bildern – ich formuliere lieber: mit Visualisierungen[5] und Visionen – überspielt. Er schreibt: »Dem Absolutismus der Wirklichkeit tritt der Absolutismus der Bilder und Wünsche entgegen. Freud hat in ›Totem und Tabu‹ von der Allmacht der Gedanken als Signaturen des archaischen Animismus gesprochen. Wir müssen daran erinnern, dass nach dem Verlassen des Waldes die LebensTEILung in Höhle und freie Wildbahn eintritt. Der geschlossene Raum erlaubt, was der offene verwehrt: die Herrschaft des Wunsches, der Magie, der Illusion, die Vorbereitung der Wirkung durch den Gedanken. Aber nicht nur durch diesen. Die illusionäre Macht durch Magie ist weniger eine des Gedankens als eine der ›Prozedur‹. Wer sich an eine Regel hält, deren Bedeutung und Herkunft niemand (mehr) kennt, kann eine genau festgelegte, nicht an Ort und Zeit der Prozedur gebundene Wirkung erzielen …«[6] Diese Überschätzung der eigenen seelischen Vorgänge sei die Voraussetzung für einen Begriff der Wirklichkeit, der dem »Heimkehrwunsch in die archaische Unverantwortlichkeit« und damit der »Preisgabe an Mächte, denen nicht widersprochen werden kann«, trotzt.

Kannst Du Dich erinnern, Dušan, dass ich gesagt habe, ich will auf alle magischen Praktiken verzichten und Dich nicht zu etwas drängen, was Du nicht willst? Das war mir ganz ernst. Ich bin mit Magie sehr vertraut, bezeichne Psychotherapie manchmal auch als »Sprachmagie«, und als ausgebildete Geistheilerin kenne ich selbstverständlich auch Energiearbeit auf höchster Konzentrationsstufe. Alle meine Lehrmeister/innen haben immer wieder darauf hingewiesen, dass man solche Methoden nicht anwenden darf, wenn sie ins Leben anderer Menschen eingreifen – außer man wird von ihnen darum gebeten. In meiner Interpretation des Sündenfalles würde es daher Sünde – Absonderung – bedeuten, wenn ich ein Ziel »gegen Dich« verfolgen würde; ich will meine Ziele – bereits unter Berücksichtigung Deiner vermutlichen Einwände – darstellen und hoffe, dass Du sie mit mir TEILen kannst. Aber ich will auch Dir ins Angesicht sagen können: Es schmerzt mich, wenn Du Ziele »gegen mich« verfolgst, die Du auch mit mir verEINbaren könntest.
Auch wir Menschen schaffen, wenn wir trennen, differenzieren und – benennen. Und: wir sind verantwortlich für das, was wir schaffen. Auch ich unterscheide und trenne und benenne: Verhaltensmöglichkeiten. Und ich möchte aus Deinen und meinen die auswählen, die für uns beide passen.

> Von dem Soziologen Norbert Elias stammt ein Satz, den ich gerne zitiere: »Gib einer Gruppe einen schlechten Namen, und sie wird ihm nachkommen.«[7] Also ein Fluch!

Von dieser Sorte bekommen wir schon als Kinder mehr als genug »angeheftet«; überraschend viele meiner Klient/innen zitieren die Metapher von Heimito von Doderer vom Mistkübel, den wir in der Kindheit über den Kopf gestülpt bekommen und dessen Inhalt das ganze Leben lang an uns herunter rinnt. Ich kontere dann immer mit dem Zitat »Mach' Gold daraus!« Das habe ich von einem Plakat, auf dem man ein Kackwürstchen in der Klomuschel sah, womit für Gewinnung von Wärme aus menschlichem Kot geworben wurde. Veredeln. Eine Lebensaufgabe! Haben schon die Alchimisten versucht und die Freimaurer propagiert.
Wir bekommen Wertungen zugeTEILt und darin sehe ich den eigentlichen Sündenfall. Ich nenne ihn den »zweiten« im Gegensatz

zum »ersten«, von dem wir in der Schule lernen. Kain schaut auf Abel und bewertet das Andere, das er sieht, als besser: Er »sondert« in gut und schlecht bzw. besser und schlechter. Damit fantasiert er sich einen ebenso bewertenden Gott gleichsam einer unsichtbaren Jury – und wird aggressiv, was für mich heißt: er entwickelt Kraft, die er zum eigenen Wachstum nutzen könnte; tut er aber nicht, er verwendet sie, um das Wachstum – das Leben – des anderen zu zerstören. Das bezeichne ich als den »dritten« Sündenfall: Kain »sondert« in lebenswert und nicht lebenswert und tötet, dem er das Leben abspricht. So stellt er wieder EINheit her – indem er das Andere – die mögliche ErGÄNZung – beseitigt, das, was ihm »zuviel« erscheint.

Kain »erkennt« das Andere nicht: nicht als zweiten – anderen – Keim aus dem EINen Wurzelgrund, nicht als das, was es ist im Sinne von Erich Fried: »Es ist, was es ist, sagt die Liebe«[8], nicht als das, was es sein könnte: der andere TEIL einer GemEINschaft, nicht als eine Herausforderung für persönliche Weiterentwicklung, indem er seine Unterlegenheitsgefühle, seine Wut, seinen Hass, seine VerZWEIflung überwindet, nicht als eine Chance für den Weg der Liebe anstatt des Weges des Hasses.

Kain kann nicht »erkennen«, weil er nicht mit offenem Auge und offenem Herzen schaut, sondern mit dem verengten Blick des Neides, Zorns und Hasses. »Offen« steht für mich für aufnahmebereit – in der fernöstlichen Mystik wäre das die »weibliche« Energiequalität Yin – im Gegensatz zu »zu«, der »männlichen« Energiequalität Yang.

> Aus körpertherapeutischer Sicht lässt der offene Blick Energie heraus und hinein und ermöglicht somit den Energieaustausch – das Lebensenergie TEILen – mit anderen, während der verengte Blick verhindert, dass Energie frei fließt, vielmehr wie ein Blitzstrahl gebündelt gleichsam als Waffe losgelassen wird, oder sie wird überhaupt zurückgehalten. Dann wirken die Augen der betreffenden Person wie tot.

Hast Du übrigens die Bilder von den neuen computergeformten Filmdarsteller/innen gesehen, Dušan? Die haben alle auch diese »toten Augen« – kein Hauch Seele drinnen. Schau Dir Fotos von

Filmschauspielern an, wenn sie »böse« Rollen spielen, und vergleiche deren Augenausdruck mit dem von Gewalttätern – oder manchen Politikern, wenn sie Kampfreden halten. Und schau Dir dann deren Wahlkampf-Schönfotos an, wie sie versuchen, ein Lächeln in ihren distanzierten Blick zu zwingen!
Du kannst das übrigens auch – Deinen Blick ganz leer machen. Im zweiten Jahr unserer intensiveren Bekanntschaft habe ich immer, wenn ich diesen Ausdruck bei Dir gemerkt habe, vermutet, das wäre ein Versuch von Dir, zwischen uns Barrieren aufzubauen. In der Zwischenzeit glaube ich aber, dass Du damit meine Gefühle abtesten willst. Dann erinnerst Du mich immer an eine Eule. Wenn ich das bei meinen Klient/innen anwende, nenne ich dieses »Erspüren« der Ausstrahlung »meinen Seelenradar einschalten«. Dabei registriere ich aber einen Unterschied zwischen uns beiden: Du machst Deine Augen auf, ich meine Augen und mein Herz, deswegen ist mein Blick unbeabsichtigt voll Liebe. Eine meiner Student/innen hat mich einmal in einer Ausbildungsgruppe gefragt, wieso mein Blick immer so gefühlvoll ist, wenn ich mich darauf konzentriere, was jemand an Gefühlen aus-drückt, ob das eine »Technik« ist, und ich habe darauf geantwortet, dass mir das vor dieser Frage gar nicht bewusst war, dass das aber wohl eine Begleiterscheinung meines Mitfühlens sei, und das mache ich schon bewusst. Ich will Gefühle TEILen – sonst spüre, sonst »weiß« ich ja nicht, wie es jemand anderem wirklich geht. Darauf hat die Fragerin gestanden, dass sie mich nur abtesten wollte, ob ich bei der Beantwortung dieser Frage die Wahrheit sage oder nicht – denn sie hätte bei anderen Therapeut/innen beobachtet, wie die einen künstlichen Blick voll Liebe aufsetzten, besonders wenn sie merkten, dass sie beobachtet würden.
Erkenntnis besteht meiner Ansicht nach eben nicht darin, als scheinbar unbeTEILigte Beobachter geistig-distanzierte Kontrolle durch Wissen zu erlangen, sondern sich als BeTEILigte in eine Beziehung zu setzen – die das jeweils Andere leben lässt und sich selbst, wenn nötig schützt, ohne das Andere zu verNICHTen. »Du sollst nicht töten.« Alles, was lebt, hat seinen Lebens-Sinn. Wir nehmen uns nur nicht die Zeit, den herauszufinden. Liegt es nicht wirklich oft nur daran, dass wir uns die Zeit nicht nehmen wollen, die not-wendig wäre, Bedrohliches zu kontrollieren?
Vor etlichen Jahren habe ich eine Kollegin supervidiert, die als Sach-

walterin immer wieder mit der Frage der Zwangssterilisierung geistig behinderter Frauen konfrontiert war. Der Trend in der Kollegenschaft wie auch bei den Angehörigen ging dahin, die Frauen unfruchtbar zu machen: so wäre man sicher vor unerwünschten Fortpflanzungsaktionen, Zeitaufwand für Schwangerschaftsbetreuung und Beistand bei der Aufzucht der Nachkommenschaft, juristischer Aufwendungen zur Sicherung des Unterhalts für die befürchteten Kinder, Erziehungsschwierigkeiten usw. Die Kollegin, so wie ich Juristin und Psychotherapeutin, wollte die leibseelischgeistige GANZheit der Frauen vor unnötiger Verstümmelung schützen, sah sich aber völligem Unverständnis – oder besser: Unwillen – gegenüber, ihren Blickwinkel nur ansatzweise zu TEILen. Keine/r der betreuenden Sozialarbeiter/innen oder Eltern war bereit, Zeit zu opfern, um die anvertrauten Frauen in ihrem Leben zu begleiten (da steckt übrigens das Wort gleiten drin – nicht nur leiten!). Ein Dilemma: einerseits der hohe Anspruch, die leibseelischgeistige Unversehrtheit zu schützen, andererseits der Druck der Institution – oder des eigenen Unwillens –, sich mittels einer schnellen Lösung der Problematik zu entledigen. So wie Alexander der Große beim Gordischen Knoten: ein »chirurgischer« Schnitt – und nicht eine behutsame Entwirrung.
Du neigst ja auch zu solchen chirurgischen Ein-griffen, Dušan, bist ungeduldig und unduldsam und hältst das wahrscheinlich noch für Charakterstärke.
Wenn ich an Diskussionen beTEILigt bin, in denen zunehmende Gewalttätigkeit und abnehmendes Mitgefühl beklagt wird, erinnere ich immer an die medialen Vorbilder der Einzelkämpferschaft, meist männlich, immer öfter auch weiblich, worin schnelle riskante Entscheid-ungen positiv dargestellt werden. Als vor vielen Jahren die Paarmoderation in den österreichischen Fernsehnachrichten eingeführt wurde, habe ich sofort einen Brief an den damaligen Informationsintendanten Johannes Kunz geschrieben, in dem ich das als Vor-Bild für kooperatives Zusammenwirken von Mann und Frau begrüßt habe. Wenn ich Seminare abhalte, arbeite ich auch gerne zu zweit, möglichst mit einem Mann zusammen, der sich rollenatypisch verhält: Also entweder übernehme ich den strukturierten und er den chaotischen oder ich den harten und er den weichen PART, und ziemlich sicher kommen dann bald die Männer aus der Gruppe »hinter meinem Rücken« zu meinem PARTner und fordern ihn zu

»mehr Dominanz« auf. Ich meine aber, wahre Stärke braucht kein Dominanzverhalten: Sie hält nämlich Stärke und Schwäche in Balance. Dominanz kann gegen jemand gerichtet sein zwecks eigener Erhöhung – Dominanz kann aber auch kraftvoller Selbstausdruck sein ohne jegliche Absicht, jemand zu dominieren.
Als Unkultur des TEILens bezeichne ich das ZerTEILen eines Ganzen in einen dominierenden und einen dominierten TEIL.
Unlängst habe ich zum Thema Sterben und Abschied nehmen ein Seminar abgehalten, und in der Morgenrunde des zweiten Tages hat ein Mann berichtet, es sei ihm jetzt klar geworden, dass er seinem GeschäftsPARTner, von dem er sich trennen will, vor der verEINbarten Aussprache sagen werde: »Ich weiß jetzt, wie es um die Gesundheit unserer Firma steht – und denk Du erst einmal auch darüber nach, und dann reden wir erst!« Und ich habe darin versteckte Überheblichkeit vermutet und eine Waage aufgezeichnet, in deren einer Waagschale viele TEILe »Nachdenken« und »Wissen« für Tiefgang sorgen, während die andere – leere – Waagschale in die Höhe steigt … und habe vorgeschlagen, der Sprecher möge doch als erste Geste anbieten, von seinem »Nachdenken« und »Wissen« TEILe in die Waagschale des PARTners zu geben, damit die beiden Schalen balanciert wären, und diesen dann erst zum Überdenken seiner eigenen möglichen Reaktionen einladen. Begründung: Es soll sich der PARTner nicht unterlegen fühlen …
Ich vermute, das Ziel jeder ungleichgewichtigen TEILung liegt in der Angst vor eigener Unterlegenheit: • unbewusst wird ein Vergleich mit der »anderen« Person vorgenommen, • unbewusst befürchtet man ein vernichtendes UrTEIL über die eigene Person • bewusst sucht man irgendetwas zu finden, um die andere Person »nicht genügend« beurTEILen zu können, • unbewusst ahnt man, dass man damit ungerecht, ungerechtfertigt abwehrend, unfair geworden ist, • unbewusst ahnt man, dass man mit Gegenwehr, mit einem Gegenschlag zu rechnen hat, • bewusst sieht man die andere Person oder Personengruppe daher als gefährlich an und hat damit einen Grund, sie bewusst zu bekämpfen.
Ob die »andere« Person sich durch Herkunft, Religion, PARTeizugehörigkeit, Alter, Fitness, Aussehen oder Geschlecht oder geschlechtliche Orientierung unterscheidet, ist dabei egal – ich sehe die Ursache für diese Überbewertung des eigenen TEILs gegenüber

dem jeweils anderen in mangelndem Selbstwertgefühl: Man braucht einen »minderwertigen Vergleichsmenschen«, um sich selbst ungefährdet fühlen zu können. In weiterer Folge wird dann das daraus, was der Psychoanalytiker Horst-Eberhard Richter »das Prinzip der Selbststabilisierung der Stärkeren mit Hilfe und auf Kosten der Schwächeren«[9] nennt.

> Der Psychoanalytiker Udo Rauchfleisch, Professor für Psychologie an der Universität Basel, sieht genau in diesem Muster auch die Ursache für die Verteufelung männlicher Homosexualität: »Geradezu als Verletzung der als allgemeingültig erachteten Normen empfinden wir jedoch die intime Beziehung zwischen zwei Menschen des gleichen Geschlechts. Die oft spontan geäußerte Bewertung (›Das gehört sich nicht‹) weist deutlich auf die Irritation hin, welche die Konfrontation mit einem solchen alternativen Lebensstil im Gegenüber auslöst. Die Situation wird insbesondere auch deshalb als ›Angriff‹ auf die Kleinfamilie mit ihrer traditionellen RollenverTEILung (an der Spitze der Vater, ihm unterstellt die für das Wohlergehen der Familien im Inneren besorgte Mutter und ›ganz unten‹ die Kinder) empfunden, weil das Zusammenleben zweier gleichberechtigter PARTnerinnen bzw. PARTner diese herkömmliche Rollenhierarchie total in Frage stellt ...«[10] Zusätzlich, betont Rauchfleisch, stellt die homosexuelle Lebensweise auch das gängige Männlichkeitsideal radikal in Frage.

In Österreich wurde 1978 im Zuge der Einführung eines PARTnerschaftlichen Familienrechts der nicht mehr der gesellschaftlichen Realität entsprechende § 91 ABGB (»Der Mann ist das Haupt der Familie ...«) abgeschafft. Die ungerechterweise in Vergessenheit geratene Nationalratsabgeordnete Erika Seda – die immer betonte, sie wäre die einzige Hausfrau im Parlament, obwohl sie promovierte Juristin war, den Beruf aber nicht zum »Broterwerb« ausübte – war es, die jahrelang für diese »Köpfung« gekämpft hatte. Rückblickend muss ich sagen: Mehr PARTnerschaft im erhofften Ausmaß ist deswegen nicht entstanden. Ganz im GegenTEIL: Immer wieder kommen Frauen in Beratung oder Therapie, deren Selbstwertgefühl und Gesundheit darunter leidet, dass ihre Ehemänner unter Berufung,

der Mann sei doch das Haupt der Familie, ungerechtfertigte Vorrechte beanspruchen, oft sogar Gesetze brechen wie das Recht auf Briefgeheimnis, oder Eigentumsrechte verletzen, indem sie Kleider oder andere Habseligkeiten der Frau wegwerfen oder zerstören.
Gesetze können Bewusstseinsbildung nicht ersetzen. Solange in den Bildern der Lesebücher der Grundstufen, in den Gedichten, die wir späterhin auswendig lernen sollen, in den akustischen und visuellen Schnulzen, die uns berieseln, der Mann »hinaus ins feindliche Leben« muss, während drinnen die »züchtige Hausfrau« waltet, bleiben diese Vor-bilder im mentalen Heimkino am Permanentspielplan – auch wenn das reale Leben das GegenTEIL beweist.
Deswegen finde ich es ja auch so wichtig, schon beim Sprechen auf solche Mythen zu achten. Da werden Dominanzansprüche deutlich hörbar! Beispielsweise in »Nobodys Sprache«: Wer formuliert »So kann man das nicht sagen!« oder »Das sagt man nicht!«, bringt eine irreale übergeordnete Autorität ins Spiel statt sich als – nur! – ein TEIL einer Beziehung zu positionieren: »Ich bitte Dich, das anders zu sagen« oder «Ich will nicht, dass Du das sagst!«
Da scheint es vielen eben lustvoller, weil Ich-stärkender, andere mittels Dominanzgesten mundtot machen. Mundtot ist aber auch tot.

> Der Wiener Publizistikprofessor Maximilian Gottschlich schreibt über die »kommunikative Entfremdung« zwischen Arzt und Patient infolge der Gleichgültigkeit gegenüber der subjektiven Leiderfahrung: »Der wirklich kranke Mensch erlebt seinen Leib nicht mehr als ein naives ›Ich kann‹, sondern als ein betroffenes ›Ich kann nicht mehr‹ oder aber als ein resignierendes ›Ich kann einfach nicht mehr so richtig‹.«[11] Ich meine, eine ähnliche Leiderfahrung seelischer Art macht, wer von jemand anderem im Gespräch niedergemacht wird. Das subjektive Empfinden heißt dann: »Ich kann mich nicht – mehr – verständlich machen.«

In vielen Kulturen wurden und werden Frauen »klein und dumm« gehalten – mit »Worten, die wie Schläge sind«. Das ist der deutsche Titel von Patricia Evans' Buch über verbale Misshandlung. Sie schreibt: »Es gibt zwei Arten von Stärke. Die eine tötet die Seele, die andere baut sie auf. Die erste ist die Stärke, die jemand aus der

Macht über andere bezieht, die zweite ist die innere Stärke, die aus einem selbst kommt.«[12]
Du weißt, Dušan, dass ich gerne im Verwaltungsbereich trainiere. Erstens kann ich da meine Erfahrungen als Politikerin einbringen und zweitens verhindern, dass ich das juristische Denken durch zu viele psychologische Denkweisen verlerne. Dabei betone ich dann immer wieder: Hierarchien sind juristische Konstruktionen zwecks AufTEILung von Zuständigkeiten und Verantwortlichkeiten, Weisungsrechten und Sanktionsberechtigungen – sie sind kein Freibrief für schlechtes Benehmen! Leider »führen« viele so genannte Führungskräfte nach dem paramilitärischen Erziehungsmodell der »schwarzen Pädagogik«: »Der Antrieb, die eigene Kindheit zu korrigieren, dürfte einer der typischen Motive des Willens zu erziehen sein. Die eigene Kindheit korrigieren kann aber für das primitive unbewusste Denken nichts anderes bedeuten, als sich rächen, so dass zum Erziehungswillen ein unbewusst begründeter sadistischer Erziehungszwang hinzukommt.«[13] Sie benutzen eine Sprache des Hasses, um andere in Angst und Unterwürfigkeit und damit devoter Distanz zu halten und zerstören so deren Selbstvertrauen, Kreativität und Leistungsmotivation und vernichten Humankapital des Unternehmens.
Führen wird noch immer größtenTEILs nach dem militärischen Modell ausgerichtet – dabei ist dieses für Krisensituationen gedacht. Wenn Gefahr im Verzug droht, wenn Leib und Leben gefährdet sind, dann darf eine/r mit Überblick, daher meist in erhöhter Position, kommandieren – und die Untergebenen üben von vornherein das exakt-gehorsame Funktionieren ein. Das trifft bei Krieg und Feuersbrunst ebenso zu wie im Operationssaal und hat mit Beendigung der »Operation« aufzuhören. Wenn da grobe Worte fallen, hat das den Sinn, Zögern aus Angst zu verhindern, indem man bei der zaudernden Person einen Wutausbruch auslöst. Das kann man aber auch im Vorhinein als »Methode« ankündigen und erklären. Dann stellt die Über-rasch-ung keinen Überfall mehr dar, sondern ein Training für solch ähnlich gelagerte Situationen.
Soeben habe ich wieder mit einer Klientin gearbeitet, einer Lehrerin, die sich über mangelnde Rücksicht beklagt hat: Sie hätte ursprünglich für eine Kollegin einspringen sollen, doch hatte ihr diese am Vorabend via Mailbox angekündigt, dass sie ohnedies im Dienst sein würde. Voll Freude genoss meine Klientin die unverhofft ge-

wonnene Freizeit in einem ausgiebigen Schaumbad, als sie das Telefon aus der karibischen Illusion riss: die betreffende Kollegin hielt Nachfrage, ob ihre Nachricht auch angekommen wäre – um schwuppdiwupp den Telefonhörer einer Mutter weiterzugeben, die »nur so« in die Schule gekommen war und meine Klientin sprechen wollte, außerhalb der Sprechstunde und außerhalb deren Dienstzeit. Den Ärger über den Überfall brachte meine Klientin nun in ihre Supervision, fühlte sich aber auch im Zwiespalt, denn: so hatte das Gespräch mit der aufdringlichen Mutter nur wenige Minuten gedauert – in der Schule wären viele, sehr viele daraus geworden ... Den Ärger TEILten wir dann auf: den kleineren TEIL zum Eindringen der Mutter in die Privatsphäre, den großen zur Kollegin, die offensichtlich die lästige Mutter nur schnell loswerden wollte und die überflüssige Frage, ob ihre Nachricht auch angekommen sei – »No na!« würde der gelernte Wiener sagen: denn sonst wäre die Kollegin ja nicht zu Hause gewesen, sondern in der Schule! – vorschob, um den Telefonhörer weiterreichen zu können. Den kleinen Ärger entschloss sich meine Klientin schlussendlich unter Unwichtiges abzulegen, den großen hingegen als Motor zu nehmen, der Kollegin eine deutliche Grenze zu zeigen.

TEILen hat ja immer auch etwas mit Grenzziehungen zu tun und die können horizontal oder vertikal erfolgen. Der erste Sündenfall wäre demnach eine doppelte horizontale Grenzziehung: Adam und Eva als Paar »fallen« ab von Gott und erleben die Ausgrenzung aus dem Paradies; sie »fallen« damit aber auch in die geTEILte Welt von böse und gut und erkennen sich daher als abgegrenzte Einzelwesen – männlich und weiblich.

Ich habe jetzt absichtlich entgegen der üblichen Denkweise »gut und böse« die Worte umgedreht: Ich will damit auf die moralische Wertung aufmerksam machen, die diesen Worten innewohnt, und auf den von mir vermuteten Ursprung dieser Wertung zurückkommen: Wenn ich nämlich das Wort böse durch aufregend oder kriegerisch und gut durch fad oder friedlich ersetze, bekomme ich eine Ahnung von der jeweilig innewohnenden Energiequalität – und auf die will ich das Augenmerk richten.

Wenn ich nämlich statt der Bewertungen die darin enthaltenen Phänomene menschlichen Verhaltens beachte und statt der sichtbaren Verhaltensweisen die darin enthaltenen Stimmungslagen und Antriebe und statt dieser wiederum die Auslöser dieser Impulse, dann lande ich bei diesem Abstieg in die Tiefen der Seele irgendwann bei dem erkennbaren Versuch, die augenblickliche Lage – außen und/oder innen – zu ändern. Zu ent-wickeln. Dieser Versuch kann in aktivem Handeln bestehen – oder von passivem Abwarten, vielleicht auch in der Suche nach Hilfe anderer, gekennzeichnet sein. Anders formuliert: Entweder man vergrößert sein Potenzial oder man verkleinert es.

Üblicherweise wird die Vergrößerung dem männlichen Energiepol zugeTEILt. Der weibliche Energiepol hingegen wird als derjenige symbolisiert, der Raum – aufnehmende Leere – geben soll/muss. Wenn man sich bildlich eine Bandbreite vorstellt, deren ein Endpunkt der Pluspol – in der Sprache der östlichen Mystik: Yang – und deren anderer der Minuspol – Yin – ist, dann kann man alle Eigenschaften jeweils dem einen oder anderen Pol zuordnen: Geschwindigkeit, Lautstärke, Härte, Hitze zum Pluspol, Langsamkeit, Stille, Weichheit, Kühle zum Minuspol. Überleg Dir selbst, Dušan, wohin die Hölle und wohin der Himmel platziert gehören … und wohin der in so vielen Kulturen präsente Archetyp des sexuell hyperaktiven Ziegenbockgottes einerseits und der Archetyp der asexuellen Jungfraupriesterin, die von ihm attackiert wird oder sich aber des Tiermannes mitleidsvoll erbarmt. Zusammen bilden sie wieder eine Mitte – es ist immer nur die Frage, ob einer den anderen niederkämpft oder ob sie sich im dialogischen Austausch EINigen.

In unserer gegenwärtigen Konkurrenzgesellschaft dominieren Kampfbilder, Kampfworte, Kampfhandlungen und Kampfgeist überhaupt. Androzentristisch, eurozentristisch wird ganz selbstverständlich nur das eigene männliche bzw. europäische Weltbild, die eigene Erfahrung wertgeschätzt. Was jeweils anders erscheint, muss daher wertlos sein und wird nötigenfalls abgewertet. »Wer nicht kämpft, hat schon verloren.« Mit Anke Martiny und Rita Süßmuth haben gleich zwei deutsche Politikerinnen im Zehnjahresabstand diesen Satz als Titel weitgehend autobiographischer Bücher verwendet. Welch eine Suggestion! Wie wenn man nicht auch kampflos erfolgreich sein könnte! (Allerdings nicht siegen – denn ein Sieg braucht logischerweise immer einen Verlierenden!) Für mich stellt sich dann die Frage: ist das wirklich die »siegreiche« Werthaltung heute? Und: was macht uns/sie so sicher, zu den Sieger/innen zu gehören?

> Erich Neumann warnt: »Wenn das Kollektiv aber den Wert nicht mehr besitzt, das heißt eine Wertkrise eingetreten ist, fehlt dem Einzelnen die kollektive Orientierung. Er erkrankt an einem Problem, für das es eine kollektive Antwort und eine kollektive Lösungsform nicht mehr gibt. Er gerät nun in einen Konflikt, aus dem ihn keine Institution mehr befreien kann, sondern für den er die individuelle Lösung erleiden und erfahren muss im Geschehen seines persönlichen Schicksals.«[14]

Ist der kollektive Wert heute das unbedenkliche ZerTEILen in so genanntes Wertvolles und Wertloses nur nach profitabler Verwertbarkeit?
Und verbirgt sich dahinter nicht eine Taktik? Nämlich nicht Verhalten zu bewerten, sondern Menschen, und zwar die, die benachTEILigt sind und deren Widerstand und Rache man insgeheim fürchten müsste? Und die man klein halten will, damit sie sich nur ja nicht trauen sollen, sich zu rächen?
Oppositionelle Blickwinkel sind unvermeidlich – die feindselige Umgangsweise mit dem »Anderen« schon. Aber um einander offen auf selber Ebene in die Augen zu schauen, braucht man eine gewisse Distanz. Nicht nur einen Sicherheitsabstand, sondern etwas, was ich gerne als Wahrnehmungsdistanz bezeichne: Was zu nah ist, sieht man nicht gut – man spürt es dafür, angenehm oder unangenehm. Viele Menschen halten es nicht aus, wenn man ihnen nahe kommt, vielleicht zu nahe tritt. Sie gehen dann »in die Luft« oder in den Untergrund. Auf Tauchstation. Beide Verhaltensweisen kenne ich von Dir ebenso wie von vielen Klient/innen, die darunter leiden, dass ihre GesprächsPARTner/innen in Sprachlosigkeit erstarren oder die jeweils anderen Menschen wegbrüllen oder durch Spott und Hohn vertreiben wollen. Da sind diejenigen dann zwar allEINherrschende Sieger – aber eben allEIN. Ich hingegen strebe nach EINigung. Nicht allEIN, sondern all-EIN.
In diesem Sinn bleibe ich wie immer

Deine
EINigungswillige

AufTEILen

Von der Möglichkeit, Zusammenleben gemEINsam zu gestalten

Lieber Dušan!

Unlängst bin ich als »zweite Wahl« bei einer Veranstaltung eingesprungen. Aber ich kränke mich schon lange nicht mehr, wenn ich als Ersatz einspringe, denn ich weiß aus Erfahrung: Das hat mir immer die langverwehrte Chance geboten, zu zeigen, was ich kann. Ich erinnere mich noch gut, wie der damalige PARTeiobmann mir auf meinen Wunsch, im Rahmen der »Ersten Favoritner Jugendenquete« auf dem Podium mitdiskutieren zu dürfen, »gedehnt« geantwortet hat: »Na DU kannst doch da nicht mitreden!« Dabei wäre ich damit die einzige beruflich Qualifizierte unter lauter Politikern (keine einzige Frau am Podium!) gewesen – ich war damals immerhin Haus- und Projektleiterin im Verein Jugendzentren der Stadt Wien und theoretisch wie praktisch auf allen denkbaren Ebenen »im Feld«. Aber ich wäre aus dem »Heer« der unauffälligen Bezirksräte/innen herausgefallen … Es hätten wahrscheinlich andere gefragt, »Wieso die?« – denn berufliche Kompetenz war damals alles andere als ein Kriterium für eine Beauftragung – und der Herr Obmann hätte seine Scheu überwinden müssen, jemand weh zu tun, indem er ihm seine Inkompetenz vor Augen führt (und möglicherweise von diesem dann nicht mehr gewählt wird). Solche Erlebnisse kann ich zu Dutzenden aufzählen. Zu der legendären Live-Beratungssendung in Ö3 bin ich ja auch nur durch Zu-Fall gekommen und dem bin ich heute noch dankbar, denn er hat mir die Möglichkeit geschenkt, meine Begabung in den Dienst der Öffentlichkeit zu stellen. Und ich konnte merken, sage ich mal mit Goethes Faust: Was man – jemand oder vielen – anderen geben kann und was Sinn macht – Fehlendes erGÄNZt, GANZheit herstellt –, ist wohl die größte Befrie-

digung, die es gibt. Deswegen arbeite ich ja so gerne mit Dir zusammen, Dušan, denn dann habe ich auch dieses Gefühl von GANZheit und fühle wie Faust und möchte zum Augenblicke sagen, »Verweile doch, du bist so schön!«
Außerdem gibt es noch einen Aspekt zum Leben im ErsatzTEILlager, den ich nicht schamhaft verschweigen möchte ... Ich zitiere den amerikanischen Sexualtherapeuten Bernie Zilbergeld: »Beim Sex kommt es nicht nur auf den Penis an ... Hauptsache, Sie denken daran, dass eine fehlende Erektion nicht heißen muss, dass Sie sich nun nicht amüsieren können. Das Erlebnis kann immer noch voller Nähe und Wärme sein und Spaß machen ... Selbst wenn Sie Ihre Meinung, ein steigender Penis sei der Hauptdarsteller einer sexuellen Vorstellung, nicht ändern wollen, möchten wir Sie doch daran erinnern, dass es für jeden Star eine zweite Besetzung gibt, und diese ist bekannt dafür, sehr gut zu sein, wenn man ihr nur eine Chance gibt ...«[1]
Es kommt in meiner Praxis relativ häufig vor, dass empörte Ehegattinnen therapeutische Hilfe suchen, weil sie mit der Erkenntnis nicht umgehen können, dass sich ihr Göttergatte Liebesdienste »kauft«. Dabei fällt mir immer auf, dass der Zorn gar nicht dem Treuebruch gilt, sondern dem Gefühl der BenachTEILigung. Die Vorwürfe lauten dann oft: »Ja Du – Du kannst am Abend weggehen und weißt wohin – aber ich muss zu Hause sitzen!« Manchmal wird auch sofort die Drohung, Gleiches mit Gleichem zu vergelten, laut. Und oft kontert der Mann, »Das tust Du doch ohnedies immer wieder!« Und dann toben die Frauen erst recht, das wäre doch etwas ganz anderes, da wäre ja Liebe der Antrieb gewesen. Und dort hake ich dann ein: Denn es geht um Liebe – um Zuwendung, um Zuhören, um Bewundertwerden. Ganz selten geht es dem Mann nämlich um unpersönlichen Sex ohne nachfolgende soziale Verpflichtung. (Sehr wohl tauchen aber gelegentlich Klienten – Topmanager – auf, die eine Prostituierte »retten« wollen, ihrer »Traviata« ein Nest mieten und sich dann wundern, dass die Mätresse nicht züchtig zu Hause auf ihren Retter wartet, sondern in alter Gewohnheit – und mangels alternativer Interessen – die Stätten und Freunde ihrer Vergangenheit aufsucht.) Deswegen engagiere ich mich ja auch dafür, Prostituierte als professionelle Sex-Helper anzuerkennen, wie es sie ja beispielsweise in den Niederlanden für Menschen mit Körperbehinderungen gibt, die mit Hilfe dieser höchstpersönlichen Assistenz

die nötige Leiberfahrung erarbeiten, um später einer Partnerperson die nötigen Informationen geben zu können, wie sie ihren Körper behandelt wissen möchten.

Übrigens haben auch Masters und Johnson in den 1970er-Jahren bei Sexualtherapien mit Singles »Sexualsurrogate« herangezogen, damit ihre Klient/innen eine kompetente Person »zum Üben« haben. Das waren meist Sozialarbeiter/innen oder Krankenpflegepersonen, aber auch Prostituierte, die nach entsprechender Einschulung diese schwierigen Heilungsversuche gewagt haben. Ich meine, dass diese Form von sexueller Dienstleistung durchaus berechtigt ist, nicht nur für körperlich oder geistig behinderte Menschen, sondern auch für sozial behinderte – und die sind leider eine anwachsende Mehrheit. Denk doch nur an die vielen Gewalttäter – Alkoholkranke inbegriffen –, die nicht akzeptieren wollen, dass ein Zusammenleben mit ihnen unerträglich ist. Zusammenleben heißt nämlich Umgang mit Nähe – und Nähe bringt eben die Gefahr von Reibung (aggressiver wie sexueller). Da heißt es die Stacheln umlegen wie bei Schopenhauers berühmtem Gleichnis von den Stachelschweinen, die zusammen rücken, weil ihnen kalt ist, sich mit ihren Stacheln verletzen, wieder ausEINanderrücken, es dann wieder mit Nähe versuchen und wieder flüchten – bis sie endlich draufkommen, dass sie selbst entscheiden, ob sie EINander weh tun wollen oder eben nicht.

Für mich ist es ein Zeichen, wie gering die psychische Intimität zwischen PARTnermenschen ist, wenn sie sich ihre Sehnsüchte nicht anvertrauen wagen. (Damit Du mich nicht missverstehst, Dušan: ich beziehe mich nicht auf Trivialtipps à la »Reden Sie über Ihre geheimsten sexuellen Fantasien!« oder »Tauschen Sie Ihre erotischen Träume aus!«, wie sie in Sexratgebern immer wieder verbreitet werden, damit sich LangzeitPARTner wenigstens ein bisschen Aufregung in die außer- oder eheliche Routine holen können – und wenn es nur die Aufregung durch einen fiktiven Rivalen ist. Ich beziehe mich vielmehr auf die Phasen gelungener sexueller Begegnungen, nämlich Kontakt, Beziehung, Intimität, VerEINigung.[2]) Je näher man einander kommt, desto eher schleicht sich immer auch die Angst ein, den Idealvorstellungen des anderen nicht zu entsprechen. Dabei ist es ja das Wesen von Idealen, dass man ihnen nicht entspricht! Sonst wäre es ja kein Ideal mehr, sondern alltägliche Selbstverständlichkeit!

Wir TEILen so gerne in Gut und Böse bzw. wie hier im sexuellen Bereich in anständig und unanständig, verlangen Anständigkeit und wundern uns dann, wenn das so genannte Unanständige verborgen wird. In den Schatten wandert. Unkontrollierbar wird. Zumindest einige Zeit. Ich versuche in meiner therapeutischen Arbeit immer zu dem Kreuzungspunkt zurückzugehen, an dem diese Trennung ihren Ausgang genommen hat, und dort finde ich regelmäßig einen Mangelzustand: Leere, Unerfülltheit, Energieverlust. Und dann bieten sich eben verschiedene Optionen zur Mängelbehebung an. Aber wer gibt schon gerne zu, dass man(n) Mangel leidet?

Im Endeffekt erblicke ich darin das Unvermögen oder den Unwillen, irgendetwas auf mehrere aufzuTEILen. In der Beratung sind es meist Frauen, die beklagen, dass ihr Partner nur TEILbereiche ihres »Anforderungsprofils« erfüllt: Entweder ist er »alltagstauglich« für Haushalt und Freizeit, aber kein leidenschaftlicher Liebhaber oder inkompetent im diskursiven Philosophieren, oder er ist ein temperamentvoller Lover, aber nicht bereit, im Haushalt mitanzupacken (vom Kinderwagen ganz zu schweigen), oder er philosophiert, aber lieber im Kollegenkreis, und wenn schon in der PARTnerschaft, dann muss er jedenfalls Recht behalten und so weiter …

Auf die Idee, die verschiedenen Wünsche und Ansprüche zu entkoppeln, kommen diese »Klageweiber« meist erst im fortgeschrittenen Alter, wenn sie genügend Überblick gewonnen haben, um sich von den Alltagsmythen zu distanzieren.

Ich vermute, das alles liegt daran, dass wir als Kleinkinder erleben, dass unsere liebe Mutter – die böse natürlich nicht – uns mit allem versorgt, was unser Herz begehrt (denn wenn sie das nicht tut, lassen wir es der frühkindlichen Amnesie anheimfallen). Vor allem wir Frauen glauben späterhin, ebenso alle Bedürfnisse abdecken zu müssen. Aber auch Männer hängen diesem Allmachtswahn an, nur betrifft er andere Lebensbereiche. Beispielsweise nehmen Männer kaum Hilfe in Anspruch, wenn sie sich unwissend oder unerfahren fühlen. Lieber mühen sie sich vergebens ab, bis sie irgend jemand finden, dem sie die Verantwortung für ihr eigenes Versagen zuTEILen können. Besonders beliebt ist dabei das Verfolgungsspiel »Cherchez la femme«: Es findet sich sicher immer irgendeine Frau, die nicht »funktioniert« hat – und wenn es die eigene Mutter ist, die nicht gut genug versorgt, erzogen, verziehen, gestraft oder was auch immer hat.

In der paartherapeutischen oder sozialberaterischen Arbeit höre ich oft, »Wissen Sie, mein Mann kommt sicher nicht mit – der meint, mit solchen Problemen muss man allEINe fertig werden!« Dann antworte ich oft mit der Metapher: »Ich sehe das so: kleine Schmutzwäsche wäscht man täglich im Waschbecken, größere einmal wöchentlich in der Waschmaschine, aber die ganz große gehört in die Putzerei. Bei Partnerproblemen ist es ähnlich: kleine kann man täglich wegdiskutieren, für größere sollte man sich einmal in der Woche auf eineinhalb Stunden zusammensetzen[3], aber für schwerwiegende bin ich die Putzerei!«
Im Endeffekt stellt es sich als kontraproduktiv heraus, sich in der Elternrolle immer als die Überlegenen, die Alleskönner und Besserwisser darstellen zu wollen. Es erhöht nur das Anspruchsniveau und vergrößert die Absturzgefahr, wenn man als Denkmal vom allzu hohen Sockel gestoßen wird. Und das passiert spätestens dann, wenn der Nachwuchs so groß geworden ist, dass er nicht mehr zu uns auf, sondern gerade in die Augen oder sogar von oben herab blickt. Dann fallen eben die sorgsam verdeckten kahlen Stellen auf …
Ich erinnere mich an manche der Männer, die gerne einschlägige Etablissements besuchten und irgendwann gestanden haben, ihr höchstes Ziel wäre es eigentlich, diese Dienstleistungen geschenkt zu bekommen. Ich pflege dann auf die Botschaft »etwas geschenkt bekommen« zu reagieren und frage nach: Es geht also darum, sich nicht alles »mittels Verdienst« erwerben zu müssen? Unerfüllte Sehnsucht aus Schulzeiten: nicht immer »erst die Pflicht und dann das Vergnügen« (wenn es überhaupt eines wird!). Und meist folgt dann ein tiefer Seufzer, so wie ich ihn aus dem Focusing[4] kenne, und das Eingeständnis: Ja, ich möchte beglückt werden – und nicht gefordert.
Beglückung. Die erwarten wir von unseren fantasierten Mutter- oder Vatergestalten. Etwa auch von Politiker/innen. Und: sie versprechen sie ja auch – zumindest in Vorwahlzeiten.
Die Beglückung sehe ich in der indirekten Botschaft: »Du bist besser als der/die andere«, und direkt wird sie kommuniziert, indem der Bevölkerung Schutz vor den »an die Wand gemalten Teufeln« versprochen wird. Das fixierte Teufelsbild an der Wand – oder auf dem Plakat, dem Bildschirm – ist weit weg. Es lebt nicht. Leben tun Menschen, denen das Bild ähnlich sieht, und dieses Bild liefert das Vor-Bild für das jeweilige Vor-UrTEIL.

Ich gehe davon aus, dass Du, Dušan, VorurTEILe gegen Frauen hast (wie fast alle Männer, aber auch Frauen!) – außer, wenn sie ihre Weiblichkeit verleugnen und sich mannhaft geben. Dafür hast Du keine gegenüber kranken, behinderten, armen oder unwissenden Menschen und schon gar nicht gegenüber Ausländern. Das verbindet uns ja. Aber während ich meine anerzogenen Ängste vor den »bösen Männern« überwinde, indem ich »offen« – ohne starres Verhaltenskonzept – in Kontakt trete und »in Beziehung« versuche, PARTnerschaft aufzubauen, tust Du Dir damit ziemlich schwer, habe ich recht?

Genau das habe ich in meiner Zeit als Kommunalpolitikerin auch bei den »herrschenden« Stadtvätern und -müttern beobachtet: die Starrheit im Umgang mit den Bürgern und ganz besonders Bürgerinnen. So erinnere ich mich noch gut an die ersten Bürgerinitiativen, deren Sprecher/innen beim damaligen Bezirksvorsteher des 10. Wiener Gemeindebezirks vorstellig wurden. Grün waren sie angehaucht, abgewechselt haben sie sich (»rotiert«), mit Video wollten sie die Aussprachen aufzeichnen und – ehrerbietig waren sie auch nicht, und haben mit all dieser Eigen-Sinnigkeit die Tradition devoter Vorsprachen ad absurdum geführt. Ich habe noch im Ohr, wie sich der Bezirksvorsteher im »Klub der Mandatare« beschwert hat, dass er sich jedes Mal auf neue GesprächsPARTner einstellen müsse – quasi nicht auf Grund vertrauterer Annäherung zu einem gemütlichen »Deal« kommen könnte, sondern in förmlicher Korrektheit immer wieder seine Position deklarieren müsse. Dass es der Stress war, sich selbst möglicherweise zu widersprechen, war ihm offensichtlich nicht bewusst, obwohl er klagte, er könne sich ja nicht merken, was er wem wann gesagt hatte. Dass eine Videoaufzeichnung eben deshalb hilfreich sein könnte, kam ihm auch nicht in den Sinn – er sah sie nur als unerwünschte Kontrolle und daher Beschneidung seiner Machtposition als unkontrollierter »Souverän«.

Bis in die 1970er-Jahre war Partizipation für Politiker/innen noch ein Fremdwort. Heute befürchte ich, ist es zur Phrase verkommen.

Mit Wehmut erinnere ich mich an die intensiven Diskussionen mit den später viel zu jung bei – verschiedenen – Bergunfällen zu Tode gekommenen Stadtplanern Willi Kainrath und Gustl Fröhlich. Es war der nachmalige Finanzminister Rudolf Edlinger, der sich mit der Parole »Verändert die Stadt!« für Bürger-Mitbestimmung stark machte. Wir träumten von »mündigen« Bürgern und Bürgerinnen, die bei der Verwirklichung »ihrer« Stadt mitdachten, mitgestalteten und mitverantworteten und nicht alle Macht an gewählte oder promovierte Autoritäten wegdelegierten.

1973 war ich noch volkswirtschaftliche Referentin in der Oesterreichischen Nationalbank und zeitweise in einem Zimmer mit dem späteren Bundeskanzler Franz Vranitzky: Er bearbeitete Nord-, ich Südamerika, ein klassisches Nord-Süd- wie gleichzeitig Mann-Frau-Gefälle (boshafte Freundinnen ätzten: »Er konnte Englisch, sie Englisch und Spanisch«). In diesem Jahr wurde ich also an wählbarer Stelle in den Bezirksrats- und an unwählbarer in den Landtagswahlkampf geschickt und hatte mir geschworen, Volksvertreterin und nicht Regierungsverteidigerin zu sein. Das war allerdings nicht das, was von uns Mandatarinnen der untersten Kategorie erwartet wurde. Von den »Höherrangigen« übrigens auch nicht.

Ich hatte ja mein politisches Engagement im Arbeitskreis Mitbestimmung begonnen – den gibt es heute noch immer, nur ist er jetzt im Institut für Wissenschaft und Kunst beheimatet. Damals in den 1970er-Jahren haben wir uns intensiv mit Mitbestimmung in den Betrieben auseinander gesetzt und heute, nach mehr als 30 Jahren Berufserfahrung als strategischer Coach und Managementtrainerin, plädiere ich mehr denn je für Quality Circles: Die Betroffenen wissen selbst am besten, was geändert werden muss, was sie brauchen, um ihr Ahnen und Wissen in konkrete Innovationsvorschläge zu gießen, ist Hilfe bei der Strukturierung ihrer Verbesserungsarbeit.

Was dabei hindert, ist Kritik. Sie TEILt in Unzulängliche und Besserwisser und zerstört Kreativität. Kreativität ist aber ein der »weiblichen« Energieform zuzuTEILender AnTEIL bei der Bewältigung von Aufgaben: Er setzt Offenheit voraus, Beweglichkeit, aber auch die Fähigkeit, zuzuschnappen und auszuformen. Gerade diese Beweglichkeit – Lebendigkeit – ist es aber, die vielen Angst macht. Der langjährige Präsident des Weltverbandes der Psychotherapeut/innen, der Wiener Psychoanalytiker Alfred Pritz, hat in den späten 1980er-Jahren im Rahmen einer parlamentarischen Enquete zur rechtlichen Absicherung von Psychotherapie formuliert: Jeder Psychoanalytiker weiß, dass, sobald etwas in Bewegung kommt, sofort auch Widerstand auftaucht. Auf gut österreichisch lautet dieser Widerstand: »Da könnt ja jeder kommen!« und beschwichtigend:

»Das war schon immer so!« sowie empört bis drohend: »Das haben wir noch nie gemacht!«

> Liegt es an einer archaischen Angst, aus der sozialen Gruppe herauszufallen, wenn sie sich in Bewegliche/Fortschrittliche und Statische/Änderungsunwillige TEILt? Der deutsche »Führungsexperte« (so wird er auf dem Umschlag seines letzten Buches benannt) Reinhard K. Sprenger meint: »Das UnTEILbare (lat. Individuum) wehrt sich dagegen, aufgeTEILt zu werden«[5], um später zu klagen: »Die meisten Unternehmen sind hoffnungslos überreguliert. Als geordnet gilt, wo die Alternative vernichtet ist.«

In der kommunalen Mitbestimmung hat zwar die AufTEILung auf politische PARTeien im Prinzip Tradition, kommt aber eine neue dazu, bricht Verstörung aus. Ich habe das selbst beobachten können, als in Favoriten der erste grüne Bezirksrat ins Bezirksparlament einzog und noch stärker, als die jahrelang als KleinPARTei »geduldete« FPÖ so stark wurde, dass sie einen Bezirksvorsteherstellvertreter stellen konnte. Das war mehr als Ärger über ein nicht selbst erreichtes Mandat, mehr als Entsetzen über den Verlust von Wählerstimmen und Vertrauen. Das ging fundamental gegen eine Sicherheit spendende Weltsicht. Das war von demselben sprachlosen Widerstand gespeist, den kleine Kinder vermitteln, wenn sie sich mit einem geschwisterlichen Neuzuzug abfinden sollen: TEILen lernen ist schmerzhaft. Vor allem wenn man noch so unbeholfen ist. Aber auch später ändert sich wenig an dem fälligen Lernprozess: Plötzlich ist man nicht mehr allEIN, ein Nebenmensch taucht auf und peilt genauso die Kraftquelle/n an, deren man sich bisher so sicher wähnte … Eine Möglichkeit ist dann, zu versuchen ihn – sie! – auszuschalten, zu vertreiben, zu verNICHTen, oder man arbeitet an – EINigungen.

> Carl Rogers, den ich selbst noch als Lehrer erleben durfte, hat sich gegen Ende seines Lebens – er wurde wie auch seine Psychotherapeutenkollegen Freud, Jung oder Frankl sehr alt – immer mehr der Großgruppenarbeit gewidmet. Er schreibt: »Wir haben zuerst mit kleinen Gruppen, dann mit größeren

> Gruppen von fünfzig bis zweihundert und gelegentlich mit sehr großen Gruppen von sechs- bis achthundert TEILnehmern gearbeitet ... In diesen Gemeinschaften sind sich die meisten Mitglieder ihrer eigenen Macht deutlich bewusst, und gleichzeitig haben sie das Gefühl einer engen und respektvollen Verbundenheit mit allen anderen Mitgliedern. Der Prozess, der sich dort vollzieht, schließt eine immer offener werdende zwischenmenschliche Kommunikation, ein wachsendes EINheitsgefühl und ein harmonisches kollektives Bewusstsein fast spiritueller Natur ein. In diesen Gruppen konzentrieren wir unsere Bemühungen darauf, ein Klima zu schaffen, in dem der einzelne TEILnehmer seine Entscheidungen selbst trifft, gleichberechtigt mit anderen an der Planung und Durchführung von Aktivitäten TEILnimmt, ein Klima, in dem er seiner persönlichen Stärken besser gewahr werden und als Architekt seines eigenen Lebens zunehmend autonom werden kann. Aufgrund dieses zentralen Anliegens, das Individuum in seiner Macht zu bestätigen, betrachten wir unsere Methode als personenzentrierten Ansatz.«[6]

Als ich Mitte der 1980er-Jahre meine personenzentrierte Ausbildung absolvierte, wusste ich noch nicht, dass ich hier ein Modell eines Menschenbildes kennen lernen würde, das exakt zu den Visionen eines PARTnerschaftlichen Zusammenlebens passen würde, die wir im Arbeitskreis Mitbestimmung entwickelt hatten, die ich in vielen langen Nächten mit Willi Kainrath durchdiskutiert hatte und die auch Grundlage des PARTnerschaftlichen Familienrechts waren, das 1978 in Kraft trat. Diese hohe Achtsamkeit und Ernsthaftigkeit Rogers' war es, die ich auch bei einigen – nicht allen! – meiner Lehrtherapeuten erfuhr und die mich erkennen ließ, wie gesundheitsschädigend die ganz andere Umgangsform in der politischen Auseinandersetzung war. Und eben weil ich in dieser Ausbildung so oft erlebt habe, wie man Konflikte durchaus auch voll Leidenschaft, ja sogar heftig bearbeiten kann, ohne jemand anderen respektlos abzuwerten, bemühe ich mich auch Dir gegenüber, Dušan, der Du so leidenschaftlich bist, wenn Du Dich erregst, unseren Konflikt – vermutlich die Nähe oder Distanz zwischen uns? – herauszufinden und eine Form zu verEINbaren, die für uns beide stimmig sein kann.

Konfliktregelung – oder vorher noch: Machtungleichgewicht – ist ja mein Lebensthema. Und nicht etwa Sexualität, wie manche glauben. Doch Macht hat selbstverständlich viel mit Sexualität zu tun! Aber die Mann-Frau-Konflikte (oder Mann-Mann oder Frau-Frau) sind nur ein TEIL des gesamten Problembereichs, wenngleich wohl der wesentlichste. Das deswegen, weil er Motiv oder Anstoß für viele andere Konflikte darstellt. Zum Beispiel für diejenigen, die sich aus der vermeintlichen Notwendigkeit, in der nächsten Umgebung immer als Alltagsheld oder -heldin »gut dastehen« zu müssen, ergeben.
Als ich 1977 vom damaligen Geschäftsführenden Obmann Peter Reinelt für ein Projekt innerhalb des Vereins Jugendzentren der Stadt Wien »entdeckt« wurde, waren voraussehbare Konflikte mit der Anrainerschaft neuer Jugendzentren sein Motiv, gerade mich zu bitten, dafür zu sorgen, dass es keine »Sieger und Verlierer« geben müsse. Ich habe damals schon einige Jahre die Familienberatungsstelle in Favoriten geleitet, die ich selbst aufgebaut hatte, und schien Reinelt daher kompetent. Tatsächlich musste ich mir die Basisliteratur und Praxis der stadtTEILbezogenen Sozialarbeit erst – mühselig, weil unter großem Zeitdruck – erarbeiten, und ambitioniert wie ich bin, tat ich es sehr gründlich … Dem Verein JZ war nämlich eine »übrig gebliebene« Großwohnung im so genannten Zentrumsbau der Per-Albin-Hansson-Siedlung Ost, wie sie für Arztpraxen oder andere soziale Einrichtungen vorgesehen gewesen waren, zugeTEILt worden, um darin einen Jugendklub einzurichten. Reinelt wusste natürlich, dass die Nachbarn einen echten Jugendklub mit Popmusik und anderen urtümlichen Lauten kaum tolerieren würden, und suchte nach einer Alternative. Eine vage Idee hatte er bereits – und einen Namen: Club Bassena[7]. Es sollte ein Kommunikationszentrum für Jungfamilien werden. So wollte es Reinelt, hatte aber weder eine konkrete Vorstellung, was sich dann wie abspielen sollte, und außerdem als Chef über damals 22 Jugendzentren gar keine Zeit, darüber nachzudenken.
Ich wollte das Projekt zuerst dem Sozialarbeiter aus »meiner« Familienberatungsstelle zuTEILen, aber der hatte schon andere Ziele. Da sich die Vorverhandlungen bereits ein halbes Jahr hingezogen hatten, in denen ich in meiner ehrenamtlichen Funktion als Bezirksrätin das Projekt designt und vorbereitet hatte, übernahm ich dann deshalb eben auch die angestellte Leitungsfunktion – und wollte mir

keinesfalls nachsagen lassen, ich wäre nur auf Grund des Mandats zu dem »Job« gekommen. Deswegen mein Blitzstudium von allem und allen, von dem/denen ich etwas über Gemeinwesenarbeit erfahren konnte.
Ich bin heute noch eine begeisterte Verfechterin dieser Sonderform von Sozialarbeit. Deswegen habe ich mich auch gefreut, als sich der langjährige Klubobmann der ÖVP, Andreas Khol, für Gemeinwesenarbeit und »Bürgergesellschaft« engagierte. Allerdings TEILe ich seine Sicht nur bedingt. Er setzt nämlich Engagement für das oder im Gemeinwesen mit Gemeinwesenarbeit gleich – ist es aber nicht. Dafür stimme ich ihm aber zu, wenn er kritisiert: der österreichische »Gesellschaftsvertrag ist bedroht: Entfremdungserscheinungen prägen nicht nur Randschichten – immer mehr Menschen sind gefährdet. Der Staat hat die Verantwortung für die Hilfe an sich gezogen und die Solidarität verstaatlicht ...« – auch wenn ich das Wort »gefährdet« nicht verwendet hätte, sondern statt dessen »unterfordert«. Ich stimme ihm aber nicht mehr zu, wenn es weiter heißt: »Der Staat ist aber an die Grenzen seiner Leistungskraft angelangt, die redlichen Leistungsträger – die Steuerzahler – revoltieren und flüchten. Die organisierte Kriminalität nimmt zu, die Aufgaben der Polizei werden umfangreicher. Die Erhaltung der Sicherheit erfordert immer schärfere Werkzeuge in den Händen von Gerichtsbarkeit und Sicherheitsexekutive ...«[8] Solche Verallgemeinerungen stören mich. Sie mögen in einer parlamentarischen Rede vor Fernsehkameras als Effekthascherei durchgehen, in einem Grundsatzwerk möchte ich keine Behauptungen lesen, die nicht durch statistisches Material abgesichert sind. Solches findet sich in dem Buch aber nur hinsichtlich der TEILnahme der Österreicher/innen an Vereinsaktivitäten (im weitesten Sinn). Und das vor allem dann, wenn heute – 2002 – nach zwei Jahren blau-schwarzer Regierung umfangreiche Schließungen von Polizeiwachzimmern und Gerichten eine andere Sprache sprechen ... Khol schreibt weiter: »Die Vergehen gegen die Gesellschaft werden epidemisch: der Sozialmissbrauch wurde ein zu weit verbreitetes ›Kavaliersdelikt‹. Die Treffsicherheit unseres Wohlfahrtsstaates fehlt. Trittbrettfahrer, Faule, Mitnehmer: sie nutzen den Staat aus ...« und er beklagt neben den »Entwicklungen zum Polizei- und Therapiestaat« fehlende Sozialethik, aber auch zunehmende soziale Kälte.

Wer aus der Sozialarbeit kommt und die realen Menschen kennt, die mit diesen Etikettierungen gemeint sind, weiß, dass die so genannten Faulen meist Menschen sind, die im Vollbild der Krankheit schwer depressiv sind – oder Überlebenskünstler/innen, die sich so irgendwie durchs Leben wursteln und dringend sozialarbeiterische Betreuung brauchen.

Gerade habe ich wieder von so einem Fall einer schwer depressiven, suizidgefährdeten Frau in der Supervision erfahren, der es dank einjähriger sozialarbeiterischer und psychotherapeutischer Betreuung im Rahmen einer Beratungsstelle gelungen ist, ihre Schulden abzubauen, ordentliche Wohnverhältnisse durchzuhalten, ihre Kinder halbwegs der Schulpflicht zuzuführen und sich vom alkoholbelasteten Ehemann fern zu halten. Sie sieht jetzt bereits wieder halbwegs »nett« aus und kann unter Menschen gehen. Ihre Arbeitsmarktbetreuerin allerdings hat es für nötig befunden, sie in schnöden Worten zurechtzuweisen, sie wäre doch arbeitsfähig, also könne sie mit keinerlei Unterstützung mehr rechnen. Die Frau ist ohne Widerrede – dazu ist sie viel zu krank! – nach Hause gegangen und dort zusammengebrochen: Gehirnblutung! Aus psychosomatischer Sicht könnte man entschlüsseln: Sie hat sich zu sehr den Kopf zerbrochen, wie es jetzt weitergehen soll …

Ich meine, es ist dringend notwendig, dass einerseits Politiker/innen, andererseits Beamt/innen, die massiv in Menschenleben eingreifen, das Alltagsleid der »Schwachen« hautnah erleben – nicht nur Klagen von Interventionswerbern. Die sind nämlich immer noch stark genug, sich einen Helfer zu organisieren – was ich auch ganz in Ordnung finde, nur darf damit der Informationsfluss über soziale Bedürftigkeit nicht sein Ende finden. Ich kenne zu viele »braungebrannte Frühpensionisten, die den ganzen Tag spazieren gehen« – und denen man nicht ansieht, dass sie ein kaputtes Herz oder ein langsam wachsendes Karzinom im Leibe tragen und versuchen, sich zu schonen und zu überleben. Und ich kenne gerade aus meiner Zeit als Gemeinwesenarbeiterin und »Animateur/in« – so wurden wir vereinsintern bezeichnet – die Schwierigkeiten, gefährdete Menschen aus der Gefahrenzone zu »locken«.

1978 eröffnete der erste Club Bassena in dem Neubaugebiet der Per-Albin-Hansson-Siedlung Ost, 1979 der zweite im Jugendzentrum Alsergrund in einem »alten« Wohnviertel, dann folgten wieder

zwei in Neubaugebieten. Mein Konzept wurde immer gleich durchgezogen, wenn auch je nach Schwerpunktsetzung durch die Animateur/innen mehr in die eine oder andere Richtung variiert: ein offenes Haus für Mütter (und Väter) von Kleinkindern, Jugendliche und Senior/innen, keine Gettoisierung, sehr wohl aber bedürfnisgerechtes, daher selbstorganisiertes Angebot von Information, Beratung, bei Bedarf therapeutische Krisenintervention, Umschlagplatz für Nachbarschaftshilfe und Stützung bei Selbsthilfeaktivitäten – Bürgerinitiativen inbegriffen.
Was mir dabei bei der »Stamm-Bassena«, der ich als Hausleiterin vorstand, auffiel, war das Desinteresse der gutbürgerlichen Hausfrauen und Mütter sowohl am Haushalt als auch an ihren Kindern. Ziemlich bald erkannte ich, dass viele unerkannt depressiv waren – antriebsschwach, stimmungsgedämpft, andauernd müde, zum TEIL ausgelaugt durch die Eintönigkeit des isolierten Tagesablaufs in Gesellschaft von Kleinstkindern, die sie nicht zu fördern wussten und für die sie die Kosten professioneller Kinderbetreuung sparen wollten bzw. mussten, denn die Wohnungen waren teuer und einem Fresser mehr stand ein Gehalt weniger gegenüber. Zum anderen TEIL waren sie intellektuell unterfordert durch mangelnde intellektuelle Förderung ihrer eigenen Entwicklung. Von außen besehen hätte niemand an den fantastischen Mutterqualitäten dieser Frauen gezweifelt – nur sie selbst wussten, wie schwer ihnen der Alltag fiel und wie dankbar sie waren, im Club Bassena ein wenig Energieaustausch mit Gleichgesinnten zu erfahren. Langsam stieg das Energieniveau: Eine hörte der anderen zu, gab ihr Rückmeldung, bot ihr Unterstützung an, begann Aktivität zu planen, andere schlossen sich an, brachten wieder andere mit, tauschten Kochrezepte und Kindergewand (damals eine Neuheit!), begannen die Versorgungsarbeiten kooperativ aufzuTEILen: jeweils eine kochte abwechselnd für oft 30 andere (Schulkinder und Krankenstandsmänner mitinbegriffen), brachten EINander bei, was die eine wusste und die andere nicht … und oft schickte das Jugendamt verwahrloste Jungmütter, damit wir ihnen beibrächten, wie man Kleinkinder pflegt, oder das Sozialamt verwies frisch aus der Trinkerheilstätte entlassene Männer zu uns, damit sie Aussprachemöglichkeit ohne den Gaststättenzwang zur Konsumation hätten, und die saßen dann da und »schmissen« »eine Runde Kaffee«.

Aus dieser Zeit stammen auch manche »alte« Freundschaften mit Kolleg/innen von der Caritas oder vom Sozialen Hilfswerk, aus der Bewährungshilfe und den Sozialpädagogischen Beratungsstellen. Viele von ihnen habe ich später supervidiert. Das war echtes Bezugnehmen auf Probleme und Leben mit Menschen mit sozialen oder schulischen BenachTEILigungen: AufTEILen von gemEINsamen Zielen, gemEINsamer Arbeit, gemEINsamem Leben – weit über die bezahlte Arbeitszeit hinaus. Hier fand ich meine Geschwister »im Geiste« und der Geist war einer der AnTEILnahme und AnTEILgabe. Denn das hat mich schon immer sehr ent-täuscht: Der überwiegende TEIL der Genoss/innen, die ich damals zur Mitarbeit einlud oder um Unterstützung ersuchte, war nur bereit, sich zu engagieren, wenn es ihrem Jahresbericht und damit ihrer Karriere nützlich war; war es das nicht oder war es gar gefährlich, den Zorn der »Oberen« auf sich zu laden, ließen sie mich »im Regen stehen« – ich war ihnen mit meinen Anliegen zu fremd und überdies unangepasst.

In der Theorie der Gruppendynamik wird zwischen dem Fremden und dem Neuling sowie unangepassten bzw. opponierenden Gruppenmitgliedern unterschieden[9]. »Der ›typische‹ Fremde ist ein Besucher, ein Tourist etwa,« schreibt Roger Mucchielli, »mit der Absicht, die Gruppe zu ergründen, worauf diese dann spezifisch reagiert. Wenn es keinen Anlass zu Besorgnis gibt (weil sich die Gruppe sonst gegen den ›Verdächtigen‹ formieren würde), wird die Gruppe nach ihren inneren Normen (übliches Ausmaß an Gastfreundschaft etwa) und nach den für die Bezugsgruppe des Fremden geltenden Stereotypen reagieren.« Im Unterschied dazu ist der Neuling »ein in die Gruppe eingeführter Fremder«, der »hofft (oder gebeten wird), an ihr TEILzunehmen. Die Gruppe als lebendiger Organismus muss den Neuling aufnehmen und ihn den anderen gleichstellen. Äußerstenfalls wird er von der Gruppe ›resorbiert‹, von ihr ›verdaut‹ … oder abgelehnt und ausgestoßen.« Die Beziehungen des Neulings zur Gruppe variieren nach

- den Bedingungen seines Erscheinens,
- der prinzipiellen Diskrepanz zwischen seinen früheren Bezugsgruppen und der neuen (z. B. hinsichtlich Gewohnheiten, Manieren, Sprechweisen …),

- dem Grad der Unkenntnis der Gruppenstandards,
- den Stereotypen, nach denen er auf die Gruppe reagiert (VorurTEILsverhalten),
- seinem Charakter (Offenheit, Elastizität, Kontaktfähigkeiten) und
- seinen Erwartungen bezüglich seiner Zukunft in der Gruppe und der damit verbundenen allfälligen Unsicherheit.

Umgekehrt hängen die Reaktionen der Gruppe wieder von den Reaktionen des Neulings auf die »Prüfmethoden« (oft schon fast »Initiationsriten« oder »Mutproben«) ab, die zu seiner Aufnahme oder Ablehnung führen. »In jeder Gruppe existieren Toleranzgrenzen für unangepasstes Verhalten ...«, erinnert Mucchielli, und: »Primärgruppen mit großem inneren Konformitätsdruck und engen Standards zeigen eine typische ›Intoleranz gegenüber unangepasstem Verhalten‹. Der Unangepasste geht nicht konform. Er wird zum Individualisten und handelt nach persönlichen und von einer anderen Gruppe übernommenen oder einfach unangepassten Verhaltensstandards.« Die Gruppenreaktion hängt wiederum

- vom Grad der Unangepasstheit, gemessen an der Toleranzgrenze, ab,
- vom persönlichen Status des Unangepassten,
- vom Vorhandensein eines »Status des Unangepassten« in der Gruppe und
- von der Gefahr, die der Unangepasste für die Gruppe darstellt.

Mucchielli schreibt: »Der Unangepasste wird zuerst das Ziel des Konformitätsdrucks, bis er die Grenzen der Unangepasstheitstoleranz erreicht. Dieser Druck kann alle möglichen Formen annehmen (ideologische Diskussion, Androhung von Strafe), aber er ist im Wesentlichen affektiv, weshalb das Argument der Solidarität immer zur Hand ist. Er ist der Test für die Zugehörigkeit, die strengste Prüfung für die Treue zur Gruppe.« Das kann man besonders gut unter Frauen beobachten. Da sie weniger statusgläubig sind, üben sie ohne viel nachzudenken spontan immensen Druck auf Außenseiterinnen aus – mehr als vergleichsweise Männer, die aus Jahrhunderte langer Tradition »Rang-Ordnungen« gewohnt sind. Und: »Der Wider-

> stand des unangepassten Mitglieds gegen den Druck macht es gerade verdächtig. Die Gruppe kämpft gegen ihre Verkleinerung, wenn der Unangepasste nicht einmal mit dem Status eines solchen einverstanden ist und die Gruppe ihre Werte und Überzeugungen offen ablehnt.«

Mein jungianischer Lehranalytiker hat mich einmal darauf hingewiesen, dass ich als notorische Avantgardistin immer mit dem gleichen Schicksal rechnen müsse, das in archaischen Kulturen, in denen gemEINsam gejagt und gemEINsam auf Kommando auf das jeweilige Wild geschossen würde, derjenige erleidet, der früher schießt als die anderen – selbst wenn er das Wild erlegt und die anderen es verspätet verfehlt hätten: er wird sofort erschossen – weil er sich aus der Gruppe »hervor«getan hat. Nun – ich lebe noch. Dank meiner Wendigkeit, aber voller Narben von all den vielen Streifschüssen.
Ich sehe es als TEIL einer Kultur des TEILens, Funktionen aufTEILen zu können – jedem und jeder den TEIL zu lassen, der seinen und ihren Fähigkeiten entspricht und der der Gesamtheit zugute kommt. Auch wenn das Opposition bedeutet. Wer mir gegenüber steht, hat ja rein physikalisch einen anderen Blickwinkel als ich, sieht also, was ich nicht sehe. Auch ich sehe anderes als Du, Dušan, denn ich stehe oder sitze Dir meist gegenüber. Nur in unseren langen nächtlichen Spaziergängen sind wir Seite an Seite gewandert. Ich vermisse sie.
Ich glaube es war Herbert Pietschmann, der Wiener Universitätsprofessor für theoretische Physik, der einmal gemeint hat, die Reife einer Kultur erkennt man an ihrem Umgang mit dem Widerspruch. Ich gehöre nicht zu denen, die Angst vor Widersprüchen haben – nicht von anderen, auch nicht in mir. Auch nicht vor der Widersprüchlichkeit in Dir. Ein Ziel der psychoanalytischen »Talking Cure« ist ja auch, innerseelische Konflikte aushalten zu lernen ... In meinen Vorlesungen und Seminaren weise ich die TEILnehmer/innen immer schon zu Beginn darauf hin, dass sie mich jederzeit unterbrechen und mir Widerstand leisten dürfen. Das fällt bei mir unter »Spielregeln aushandeln«.

> Mucchielli spricht vom Bruch des stillschweigenden »Gemeinschaftsvertrags«: »Dem Opponenten widerfährt dasselbe

> Schicksal. Seine Haltung kann einem Status entsprechen (er trägt eine bestimmte Rolle in den Gruppendiskussionen, Widerspruch wird von ihm geradezu erwartet). Dieser Status wird von gewissen demokratischen Gruppen akzeptiert. Die affektive Zugehörigkeit muss jedoch außer Zweifel stehen. Wenn nicht, so ist es bloß systematische, verdachterregende und eine Spaltung hervorrufende Opposition, mit allen Konsequenzen, die die anderen daraus ziehen.«[10]

Weißt Du eigentlich, dass ich meine erste universitäre Lehrtätigkeit an der Universität für Bodenkultur genau diesem Thema gewidmet habe? Da konnte ich drei Semester Gemeinwesenarbeit und die dazu hilfreiche Kommunikation für Landschaftsplaner/innen unterrichten und wollte alle meine Erfahrungen aus der StadtTEILarbeit weitergeben – und es hat sich genau dasselbe abgespielt wie im Club Bassena; ein Parallelprozess! Die Gruppe der Student/innen zerfiel in drei TEILe: die einen – ich würde sagen: die Angepassten und für mich als Lehrende Angenehmen – wollten kommunikative Fähigkeiten erwerben und von meinem Wissen und Können profitieren; die anderen – die Oppositionellen und daher Anstrengenden – wollten theoretisch über die Sinnhaftigkeit der Lehrveranstaltung diskutieren; und die dritten wollten eine Befragung einer ausgewählten Bevölkerungsgruppe vornehmen und dabei die von mir vorzugebenden Übungsaufgaben erproben. Und wie im Lehrbuch beschrieben, wurden die Oppositionellen mehr oder weniger ausgeschlossen. Die beiden anderen Gruppen gingen nämlich eine Koalition ein und kooperierten mitEINander, auch die Studie kam zustande und die oppositionelle Gruppe hatte mangels StreitPARTner/innen keine Lust mehr, mitzuarbeiten …
Ich habe damals selbst sehr viel gelernt. Nämlich: Widerstand zu achten, zu verzichten, meinen Willen durchzusetzen, und diejenigen, die sich mir widersetzen, respektvoll zu behandeln – auch wenn sie das mir gegenüber nicht tun.
Ich bin nämlich nicht der Meinung von Mucchielli, dass die »affektive Zugehörigkeit« außer Zweifel stehen muss, wenn Unangepasste, Opponenten oder andere »Außenseiter« nicht vertrieben werden sollen. Affektive Zugehörigkeit ist ja nichts Statisches – sie verändert sich, wächst oder nimmt ab, und wenn man dies zur Sprache bringt

und herausfindet, wovon dieser Prozess jeweils beeinflusst wird, entsteht erst echte »Begegnung« – da steckt ja auch das Wort »gegen« drinnen – und nicht nur automatische »Gruppendynamik«.
Im Konzept des Club Bassena war mir Integration ein wesentliches Anliegen. Das hängt sicher damit zusammen, dass ich von meinen Eltern auf Außenseiterin »programmiert« wurde. Meinen Vater habe ich noch im Ohr, wie er Nietzsche-Zitate vom Einsamen, der am stärksten allEIN ist, von sich gab oder »Nur nicht mit den Wölfen heulen!« predigte. Als erstes Märchenbuch bekam ich »Das hässliche kleine Entlein« von Hans Christian Andersen – auf Dänisch! Ich konnte ja ohnedies noch nicht lesen – und erinnere mich an das grasgrüne Titelbild mit einem großen Ei, das man aufklappen konnte, und darunter kam dann das Küken zum Vorschein. Dass ich als einziges Kind immer vom Religionsunterricht abgemeldet war, versteht sich als TEIL des Programms, so wie ich später im humanistischen (altsprachlichen) Gymnasium jahrelang das einzige Mädchen war. AllEINsein kann ich problemlos, Paarungen und Teambildungen hingegen habe ich mir mühsam erarbeitet. Du weißt ja, Dušan: ich will immer »Verträge« schließen.
Genau darauf hin zielt ja auch Gemeinwesenarbeit!

> So definiert beispielsweise Murray Ross, »Gemeinwesenarbeit … ist … ein Prozess; in dessen Verlauf ein Gemeinwesen seine Bedürfnisse und Ziele feststellt, sie ordnet oder in eine Rangfolge bringt, Vertrauen und den Willen entwickelt, etwas dafür zu tun, innere und äußere Quellen mobilisiert, um die Bedürfnisse zu befriedigen, in entsprechende Aktionen eintritt und dadurch die Kooperation und Zusammenarbeit im Inneren fördert.«[11]
> Nach einer anderen Interpretation umfasst Gemeinwesenarbeit:
> »a. Lokalen Einwohnern zu helfen, zu entscheiden, zu planen und zu handeln, um ihre eigenen Bedürfnisse mit Hilfe erhältlicher Mittel zu befriedigen;
> b. lokalen Dienstleistungsinstitutionen zu helfen, für diejenigen, deren Bedürfnisse sie zu befriedigen suchen, besser zugänglich und wirksamer zu werden;
> c. Berücksichtigung der gegenseitigen Abhängigkeit und das

> AufEINanderbezogensein verschiedener Dienstleistungen und Institutionen bei der Planung für Menschen in ihrer Ganzheit; d. Vorhersehen der notwendigen Anpassungen, um neue gesellschaftliche Bedürfnisse bei fortwährend sich ändernden Verhältnissen zu befriedigen. Gemeinwesenarbeit trägt demnach Züge von direkter Arbeit mit lokalen Bevölkerungen, von engeren Beziehungen zwischen Dienstleistungen und Menschen, von Koordination zwischen Institutionen und von Planung und Zielformulierung.«[12]

Gemeinwesenarbeit, wie ich sie verstehe, heißt nicht, irgendeine Tätigkeit – womöglich ehrenamtlich – »für« das Gemeinwesen zu leisten, sondern egalitär an EINigungsprozessen zu arbeiten, und ich meine, dass das vor allem die Menschen gut können, die auch wissen, wie sehr es schmerzt, »ausgegrenzt« worden zu sein und sich nicht in einsame Höhen geflüchtet haben oder in den Untergrund – beispielsweise irgendeine Subkultur. Ein Gemeinwesen soll ja nicht in Gettos zerfallen – in TEILe, die (von sich selbst oder von anderen) über- oder unterbewertet werden, wo dann die unter-legenen TEILe rachsüchtig suchen, die über-legenen zu schädigen – und wenn es nur durch Verweigerung der Annahme sozialer Mindeststandards ist. Sich nicht waschen heißt ja eigentlich »Ich stink Dir was!« Und wer nicht sesshaft sein kann – oder will –, gibt zu erkennen: »Ich will nicht fassbar sein« oder »Du kannst mir keinen Ort bieten, an dem ich mich geborgen fühlen könnte.«
Nach meiner Sicht sollten TEILe ihre AufTEILung als Funktionszusammenhang erkennen und optimieren; daher ist erst ab einer gewissen Größe und Sättigung – wenn man EINander nicht mehr braucht und auch stark genug ist, gleichberechtigt Verträge mitEINander auszuhandeln – die AbTEILung in neue Ganzheiten zu fördern. Wenn Du willst: Das Kind, das den Mutterleib erst verlässt, wenn es ausgereift genug ist für ein eigenständiges Überleben, das dann noch immer von jemand Stärkerem genährt und beschützt wird, bis man sich EINig ist, dass es Zeit ist, sich zu trennen – das Kind könnte ein praktikables Modell für jede soziale Paarung sein. Nicht aus moralischen Gründen, nicht aus Berufung auf Gerechtigkeit, sondern weil es einfach dem Grundmodell des Lebens entspricht, und das ist zyklisch. Manchmal schockiere ich meine Mitar-

beiter/innen, wenn ich davon zu sprechen anfange, wie ich mich auf meinen Tod vorbereite. Dann glauben sie, ich betriebe »fishing for compliments« und wollte nur hören, dass ich ohnedies noch jung und schön und fit und aktiv sei. Aber darum geht es mir überhaupt nicht (außerdem fühle ich mich das meist ohnedies!). Mir geht es darum, mich dazu zu bekennen, dass ich die Zeit herannahen fühle, wo ich die Stafette endgültig weitergeben werde – in TEILbereichen tue ich es ja bereits seit einigen Jahren. Aber so wie wir unsere physischen Stoffwechselprodukte – verbrauchten Atem, verdaute Nahrung, abgestorbene Zellen – loslassen müssen (und Asthma, Obstipation etc. unser Leben gefährden), müssen wir auch Seelenmüll und geistigen Unrat entsorgen und uns irgendwann auch von unserem Da-Sein trennen. Immer rechtzeitig zu wissen, wann es »Zeit ist«, bewundere ich als große Kunst.
Wir beide haben da unsere Schwierigkeiten – siehst Du das auch so? Ich bin oft vorschnell und Du zu zögerlich. Ich meine: Ich bin risikofreudig, Du bedenkst gerne lange und wenn Du zu einem Entschluss gekommen bist und den durchführst, bist Du oft schon hinter der zwischenzeitlichen Entwicklung zurückgeblieben, hab ich nicht recht? In dieser Konstellation erlebe ich uns im Widerspruch zu unseren Geschlechtsrollen: Ich bin da eher männlich, Du eher weiblich … Aber Du weißt ja, ich war so lange das einzige Mädchen in der Bubenschule und musste mir so alles an traditioneller Weiblichkeit später erst erarbeiten: das Warten, das Dulden, das Ertragen … und betrachte daher gelegentliche Widerstände anderer als Herausforderung, mich in diesen ungewohnten »Tugenden« zu üben. Das nenne ich dann: die Zeit einer anderen Person zu TEILen.
In der Psychotherapie halte ich das auch für ganz wichtig, vor allem, wenn man mit Menschen arbeitet, die irgendwann in ihrem Leben von Gewalt über-rasch-t wurden. Ihnen fehlt dann oft dieses TEILchen Zeit, das sie gebraucht hätten, um sich anzupassen oder Widerstand zu leisten, ihr Leben lang. Sie hinken sozusagen hinten nach. Oft höre ich von ihnen: »Bis ich das alles mitbekommen habe, war es schon zu spät!« Das kenne ich von mir selbst auch zu Genüge. Daher achte ich ja auch immer darauf, dass mich niemand hetzt, sondern dass ich die Zeit habe, die ich brauche, um mich abzustimmen – und diese Zeit will ich auch anderen lassen. Das heißt aber nicht, dass ich nicht zur jeweiligen Grundproblematik sofort Stel-

lung beziehe. Du kennst das, ich sage dann oft: »Ich sage Dir einmal, was das jetzt bei mir auslöst«, und dann TEILe ich meine Gedanken, Gefühle, Ahnungen mit. Damit will ich mit meiner Position präsent sein – die anderen sollen sich mit mir auskennen und bitte nicht fantasieren –, ohne Konformitätsdruck auszuüben.
Für mich ist es ja DIE Lebensaufgabe überhaupt: die jeweilige Sinnhaftigkeit einer Herausforderung zu erkennen. Ich war einmal in einer Diskussionsrunde und habe mich dort sehr unbeliebt gemacht, als ich auf die Aussage einiger esoterisch orientierter Frauen, man dürfe den Hungernden in Afrika nicht helfen, denn es sei eben deren Aufgabe, dieses Schicksal zu ertragen, gefragt habe, was sie so sicher mache, dass es nicht die Aufgabe von uns Reichlandsleuten sei, endlich zu erkennen, dass wir unseren Reichtum mit Darbenden TEILen müssen. In der Gemeinwesenarbeit werden alle kontaktiert und angefragt, was sie einerseits brauchen, andererseits geben wollen; wenn sich jemand dieser TEILhabe und TEILgabe verweigert, bitten wir um eine Erklärung und akzeptieren diese – weil es uns der höhere Wert ist, Selbstbestimmung zu respektieren als Fremdbestimmung – unsere! – durchzusetzen. Genau dadurch bekommt aber der autonome Mensch den Freiraum, sich selbst »binden« zu können – und nicht gebunden zu werden.

> Einem »System« geht es nicht gut, wenn es nur einem seiner TEILe nicht gut geht. Beim »System« Körper wissen wir – auch wenn nur die kleine Zehe schmerzt: Die Leibseelegeistganzheit gerät in Ungleichgewicht. Bei den »Systemen« Seele und Geist – die ja auch viele Gefühlsfacetten und »Weisheiten« verEINen – ist es eine Art Unsicherheit, Verwirrung, Unglauben, Zwiespältigkeit und Ver-zwei-flung, die uns signalisiert, dass irgendetwas nicht stimmig ist. Dann bräuchten wir eigentlich Gesprächspartnerschaften: jemand zum Befragen – aktiv wie passiv –, eine »Heb-amme«. Ich denke dabei an Sokrates, der seine Fragetechnik ja auch »die große Hebammenkunst« genannt hat. Gemeinwesenarbeiter/innen sind solche Heb-ammen. Nur sind die »Kinder«, die sie zur Welt bringen, soziale Innovationen.

Die niederländische »Urmutter« der Gemeinwesenarbeit, Jo Boer, und ihr Übersetzer Utermann betonen auch, dass Gemeinwesenarbeit, egal, ob sie sich »in der ökonomischen Sphäre, auf dem kulturellen Sektor, im Bereich der Volksgesundheit, beim Siedlungswesen, bei der landwirtschaftlichen Beratung, im Bereich der sozialen Dienste und in der Sozialarbeit abspielt«[13], immer ein »sozialer Prozess« bleibt, »weil er sich auf Menschen in ihren gegenseitigen Beziehungen, auf sozial-kulturelle Bedürfnisse und Probleme erstreckt«; auch zählen Gemeinwesenarbeiter zu den Berufshelfern – und dennoch ist Gemeinwesenarbeit sehr verschieden von Sozialarbeit, weil ihr »Klient« nicht der einzelne Mensch, sondern das Gemeinwesen ist – mit all seinen TEILen wie Junge und Alte, Gesunde und Kranke, Behinderte, Immigranten, ausländische Gäste, und immer wieder vor allem: Frauen. Denn »Frauen sind besonders betroffen, da sie als Frauen UND als Fremde benachTEILigten Gruppen angehören.«, erinnern die Herausgeber der »Politischen Psychologie der Fremdenfeindlichkeit«[14]. Der jeweils andere TEIL steht für das Fremde, für das polar Entgegengesetzte, und Gemeinwesenarbeit zielt auf die Herstellung eines Kommunikations- und Entscheidungsprozesses zwecks funktionstüchtiger und kooperativer ErGÄNZungen (im Gegensatz zu einem Verwaltungssystem hierarchischer Anordnungs- und Strafbefugnisse).

Deswegen TEILt ja auch der langjährige Leiter des Londoner National Institute for Social Work, David Jones, ab, was nicht Gemeinwesenarbeit ist: sie ist

- nicht »jede Art helfender Aktivität oder helfender Dienstleistung« »fernab von der Dienststelle«,
- oder ohne gesetzliche Regelungen
- oder ohne Kontrollen
- oder durch freiwillige Helfer,
- auch nicht »gemeindenahe Betreuung« (»community care«)
- oder Erbringung sozialer Leistungen in gewohnter Umgebung (»gemeindenahe Versorgung bzw. Betreuung«)
- und schon gar nicht eine Alternative zur Einzelhilfe.[15]

Durch Gemeinwesenarbeit können aber Probleme »mit deren Behandlung in der Regel der Caseworker betraut ist, verhindert oder zumindest eingeschränkt werden«, schreibt Jones, wobei ihr Wissen und Erfahrung aus der Gemeinwesenentwicklung, wie sie aus der Arbeit in Entwicklungsländern entstanden ist, zugute kommt.

In unseren Breiten müssten wir eigentlich nur die Erfahrungen des Wiederaufbaus kritisch nutzen – kritisch deshalb, weil nicht nur Sachziele auf Inhalt und VorTEIL für wen überprüft, sondern vor allem die – meist verborgenen – emotionalen Ziele bearbeitet gehören: Damit meine ich die Erziehung zur Konkurrenz. Es glauben ja noch immer so viele, ohne Angst vor der Ausstoßung aus der GemEINschaft der Erfolgreichen gäbe es keine Leistung! Dabei zeigt schon die Beobachtung von Vorschulkindern, wie freudig und selbstvergessen sie kreativ sind, Ziele verfolgen – z. B. im Basteln oder in der Beziehungsaufnahme zu anderen – und neugierig alles wissen wollen, wenn man sie nicht durch Nörgelei demotiviert! Für mich bedeutet Förderung des Lebensstandards zuallererst Förderung der Fähigkeit, selbständig und kritisch zu denken, Mängel zu erkennen: vor allem den Mangel an Gleichberechtigung und Mitbestimmungsmöglichkeit und – an Geduld der anderen.
In meiner Zeit als Projektleiterin der vier Club Bassenas gab es eine Aktion der Wiener Stadtverwaltung, die hieß »Der soziale Bürger«. Gedacht war dabei, dass Menschen, die sich gerne für andere einsetzen wollten, sich in Einrichtungen, die sich dafür zu Verfügung stellen konnten, melden sollten, und die in diesen Einrichtungen Beschäftigten sollten Angebot und Nachfrage für soziale Dienstleistungen zusammenbringen. Da wir in den Club Bassenas das ohnedies taten – wir hatten die »Bassena-Börse« für Tauschaktionen, kollektive Selbst- und Nachbarschaftshilfe eingerichtet –, meldeten wir uns. Ich kann mich noch gut erinnern, dass sich in der Stamm-Bassena etwas mehr als 80 Personen als »Helfer« gemeldet hatten. Der GroßTEIL war selbst so hilfsbedürftig – vor allem psychisch –, dass wir vermuteten, ihre eigenen Wünsche nach sozialer Anerkennung trotz ihrer »Schwächen« sei der Antrieb gewesen, gegenüber vermutlich noch Schwächeren in die starke Rolle zu gelangen. Die Chance, zu den »Besseren« zu gehören, bietet Schutz vor der Angst, durch die »Schlechteren« quasi »angesteckt« zu werden. Gleichzeitig bietet dieses Zusammentreffen von »Stärkeren« und »Schwächeren« aber auch die Chance, von den »Stärkeren« zu lernen. Der Wiener Bürgermeister Felix Slavik erzählte mir einmal, als ich noch

ganz junge – damals übrigens auch die jüngste! – Bezirksrätin Wiens war, von dem Siedlungsprojekt auf der »Kreta«. In diesem Gemeindebau des »Roten Wien« im nicht sehr noblen 10. Bezirk wurden in der Zwischenkriegszeit gezielt sozial gefestigte mit sozial gefährdeten Familien »vermischt« eingewiesen – das Konzept der positiven »Ansteckung« ging damals voll auf. Mein Konzept des Club Bassena sah genau so eine Vermischung vor und die Erfahrung bewies die Richtigkeit des Gedankens – sofern mindestens eine »Mutterfigur« für Kontinuität der Beziehungen sorgt. Und die darf ruhig auch männlich sein.

Dass auch Du, Dušan, Kontinuität in sozialen Beziehungen, und zwar ohne berufliche Verpflichtung, zu geben und nehmen lernst, wünscht sich

Deine
Kontinuierliche

BeTEILigen

Von der Möglichkeit, seine Umwelt gemEINsam zu gestalten

Lieber Dušan!

Du hast vielleicht in der Zeitung gelesen, dass bei uns im Franziskanerviertel eine Bürgerinitiative entstanden ist, die sich dagegen wehrt, dass in der ohnehin recht engen Blumenstockgasse eine »Erlebnisgastronomie« eingerichtet wird: Über zwei Stockwerke soll es eine »Edelweiß-Alm« geben, von 10 Uhr vormittags bis 4 Uhr früh, mit täglicher Live-Musik, mobiler Kletterwand, Schi- und Mountainbike-Simulator und natürlich Alpenschmankerln und – Weißbier. Bei der ersten Sitzung der Bürgerinitiative konnte ich krankheitshalber nicht teilnehmen, aber bei der zweiten war ich dabei und da kam auch der Prokurist von der Betreiberfirma mit dem zuständigen Marketing-Mann und einem Juristen aus der Rechtsabteilung. Die wurden heftig anagitiert und waren ziemlich perplex über den geballten Widerstand. Michael Heltau, der ja auch in unserem Haus domiziliert, hat mehrmals leidenschaftlich für die Erhaltung des Altstadtcharakters plädiert, ebenso die Kulturjournalistin Angelica Bäumer. Und alte Damen haben ungestörte Nachtruhe eingefordert, weil ohnedies schon drei Lokale in den engen Gassen bis Mitternacht das Stimmengewirr der Nachtschwärmer anstacheln, das sich gleichsam als Alb auf die Brust legt. Irgendwann habe auch ich mich zu Wort gemeldet, weil ich mir gedacht habe, ich muss ein paar Fakten bekannt geben, damit das alles nicht so emotional ausufert.
Der Inhalt meiner Worte war in etwa der, dass es wirklich um Bewahrung der Gesundheit geht – und die hängt wesentlich vom ungestörten Schlaf ab. (Du weißt, dass ich gelegentlich wegen zu wenig Schlaf schlapp mache? Ein Vorsorgemediziner hat mir vor einiger Zeit gesagt, ich soll mich entscheiden, wie ich leben will: aufstehen

wie ein Beamter, dann muss ich auch wie ein Beamter schlafen gehen; und wenn ich wie ein Künstler nächtens schwärmen will, dann soll ich aber auch bis in den Vormittag hinein büseln. »Aber meine Muse küsst mich doch morgens und spätnachts«, habe ich geantwortet, »und Musen kann man nicht disziplinieren.« Dich ja auch nicht – und Du hast für mich Musencharakter!) Und dann habe ich ausgeführt, dass Schallwellen nicht nur übers Ohr wahrgenommen werden – das Problem kann man technisch lösen –, sondern auch über die Haut, über die inneren Organe, und dass auch Tonart und Rhythmik unterschiedliche Reaktionen im Organismus auslösen. Da gibt es etliche Untersuchungen dazu und zwar nicht nur am Menschen, sondern auch an Tieren. So hat man beispielsweise festgestellt, dass Kühe mehr Milch geben, wenn man sie mit Barockmusik andudelt – besonders wirksam ist Mozart!

Kannst Du Dich noch an meine alte Wohnung in der Schottengasse erinnern? Und an das Lokal »Naschmarkt« im Erdgeschoß? Einer der Gründe, weshalb ich von dort weggezogen bin, war, dass ich die Vibrationen der Kühlaggregate nicht mehr aushalten wollte. Also stell Dir das einmal vor: Da liegst Du im Bett und bist müde und merkst, wie Du sanft in Schlafes Arme sinkst und dann zittert irgendetwas andauernd, in einem ganz schnellen Rhythmus, wie bei einem Erdbeben – hast Du schon einmal Erdbeben erlebt? Ich schon drei Mal! – aber es klirren keine Gläser, schwingen keine Lampen, rutschen keine Möbel, auch die Panik würgt sich nicht langsam die Kehle hoch. Also versuchst Du hinzulauschen, woher das kommen könnte, aber es kommt von überall, ist einfach da in der Atmosphäre, im Raum, in der Zeit, zuletzt in Dir selbst …

In der Schottengasse habe ich mich immer wieder bemühen müssen, dass der Betreiber der Gaststätte die Maschinen nicht vor 6.30 Uhr – wie von der Gewerbebehörde vorgeschrieben – ein- und nicht erst weit nach Mitternacht ausschaltet. In dem Haus in der Weihburggasse, in dem ich jetzt wirke, belästigt zwar auch ein knatterndes Ungetüm die Stille, aber nachdem es sich bei dem Kühlaggregat um eine »Antiquität« handeln dürfte – ich orte sein »archäologisches« Alter auf etwa 50 Jahre –, rechne ich damit, dass es spätestens bei der Renovierung des Hofes verschwinden muss …

Beschallung als übergeordneter Begriff zu Lärm ist also sicher ein Faktor, der bei dem Projekt bisher zu wenig berücksichtigt wurde, und zwar

- nicht nur durch die geplante Live-Musik (wobei Beat echt gesundheitsschädigend ist, weil er den Herzrhythmus in Stress-Situationen übertrieben nachahmt, und dadurch entsteht die Gefahr, dass er suggestiv den Herzschlag der Zuhörerschaft an Stress anpasst. »Pacing and Leading« heißt das im NLP: Man setzt bewusst Verhaltensweisen – Stimmlagen, Sprechrhythmen, Wortwiederholungen, Körperhaltungen – und »verführt« so die unaufmerksame, nicht auf sich zentrierte Person zur Angleichung.),
- sondern auch durch die Geräusche, die durch Zulieferungs- und Entsorgungsverkehr,
- Anreise der Zielgruppe »zwischen 20 und 40« mit ihren bevorzugten Kraftfahrzeugen und
- eventuellen Einsatzfahrzeuge, Abschleppdienste eingeschlossen.

Ich habe aber auch darauf hingewiesen, dass ja durch die Errichtung dieser »Erlebniswelt« ein neuer Genius loci[1] geschaffen wird, und wer spätnachts durch das legendäre »Bermuda-Dreieck« mit all seinen Szene-Beisln schlendern will, muss in warmen Nächten mit einem Slalom zwischen mehr oder weniger betrunkenen, eingerauchten, eingespritzten, auf Randsteinen, an Verkehrszeichen, in Hausfluren selten stehenden, eher sitzenden oder liegenden Jugendlichen rechnen. Kein Bild, kein Geist der Lebensfreude, sondern einer des Pfeifdraufs, der Resignation und Abstumpfung der No-future-Generation. »Wollen wir das?«, hab ich gefragt. Nur weil im Bermuda-Dreieck etwas übersehen wurde – oder noch immer wird (statt dass Streetworker – oder besser Szeneworker – eingesetzt werden) –, heißt das doch nicht, dass es auch für das Franziskanerviertel als »außerhalb unserer Macht« ignoriert werden muss! Ich meine halt, dass solche Entwicklungsmuster vorbeugend vorausgesehen und verhütet werden sollten.

Es ist doch abzusehen, dass dort, wo die Zielgruppe Jugendliche so deutlich angelockt werden soll, auch alle die angelockt werden, die ebenfalls Jugendliche als Zielgruppe anpeilen: die Dealer der anderen Drogen. (Ich schreibe das bewusst so, weil ja im alkoholproduzierenden Land Österreich Alkohol nicht als Droge angesehen wird, sondern als Lebensmittel – als »Gewürz«, als »flüssiges Brot« oder zumindest als »Verdauungshilfe«.) Und dann habe ich noch in Erinnerung gerufen, dass es in den letzten Jahren etliche Brandkatastrophen in Jugendlokalen, besonders in Discos, gegeben hat, weil Ju-

gendliche gerne »aus Hetz« zündeln, weil sie nicht daran denken, wie schnell Plastik brennt – und das steckt ja nicht nur in Einrichtungsgegenständen, sondern vor allem auch in Kleidungsstücken! – und dass verbotener-, aber üblicherweise die Betreiber von Gaststätten die Notausgänge versperren, weil sie befürchten, das Jugendliche »schwarz« eingeschleust werden könnten. Und dann habe ich noch darauf hingewiesen, dass Einsatzfahrzeuge in die enge Gasse schwer zufahren können, große Löschfahrzeuge überhaupt nicht.
Als ich Haus- und Projektleiterin im Verein Jugendzentren der Stadt Wien war, habe ich mich sehr intensiv mit dem Verhalten von Jugendlichen auseinander gesetzt. In den Jugendzentren wird striktes Alkoholverbot gepflogen und daher musste jede/r sehr bald nach Dienstantritt den eigenen Umgang mit aggressivem Verhalten durchdenken, weil immer wieder Jugendliche sich wo anders angetrunken haben und dann – unter Alkoholeinfluss besonders mutig bzw. übermütig – zu uns gekommen sind und stänkern und streiten wollten (ein klassisches Symptom von Alkoholikern). Du weißt ja auch, dass ich parallel zu dieser Zeit Bezirksrätin in Wien-Favoriten war und daher hatte ich mit Anrainerbeschwerden und Generationenkonflikten nicht nur professionell, sondern auch ehrenamtlich zu tun, und glaube mir: Das war oft lehrreicher als jedes Praktikum in der Psychiatrie! Jedes »Durchdrehen« hat eine Geschichte und üblicherweise können Fachleute den Verlauf dieser »Historie« kaum von Anfang an beobachten.
In dieser Zeit habe ich begonnen, mich sehr intensiv mit Gemeinwesenarbeit, Partizipationsmodellen und Großgruppenmediation – was natürlich damals nicht so geheißen, ja überhaupt keinen Namen gehabt hat! – zu befassen. Deshalb habe ich zu Ende meiner Wortmeldung auch gemeint, man sollte doch eine mediatorische Lösung anpeilen, denn es kann doch nicht im Sinne der Betreiberfirma liegen, wenn die Marke »Edelweiß« mit randalierenden Jugendlichen assoziiert wird.

> Mediation – zu deutsch Vermittlung – ist ein außergerichtlicher Weg der Konfliktbewältigung. Im Juristendeutsch lautet die Definition etwa: »Mediation ist die Einschaltung eines neutralen Dritten in einem Konflikt, zu dem mindestens zwei BeTEILigte gehören, um mit seiner Hilfe eine interessengerechte,

einverständliche, durch die BeTEILigten selbst herbeigeführte Lösung des Konflikts zu erarbeiten.« Diese Definition stammt von dem Kölner Rechtsanwalt Ludwig Koch. Ich definiere Mediation aber auch als eine bestimmte Methode. Und ich verstehe sie auch als Geisteshaltung, nämlich eine, in der man Gegnern verständnisvoll entgegenkommen und sich mit ihnen EINigen kann, ohne eigene Interessen zu vernachlässigen. Man muss dazu nur das Ziel aufgeben, dass eine StreitPARTei die andere besiegen muss. Dazu muss man sich aufEINander abstimmen und das heißt wiederum: mitEINander reden!

Ich war dann sehr beeindruckt, welch professionelle Öffentlichkeitsarbeit eine Anrainerin, Christl Dertnig, aufgezogen hat: Pressemeldungen in fast allen wesentlichen Medien, Anschläge in allen Häusern, Fernsehberichterstattung, Flugblätter mit Slogans wie »Eine Edelweißhütte im Franziskanerviertel ist wie ein Lipizzaner auf dem Kitzsteinhorn«, »... wie Schnitzel mit Marzipan« oder »... wie ein Franziskaner in Lederhosen«; ich habe aber auch registriert, dass etliche Wortführer gar keine Anrainer waren, sondern initiative Bürger aus anderen Bezirksteilen, ja sogar Bezirken, die zur Beobachtung, aber auch zur – wohlwollend formuliert – Rückenstärkung der Protestierenden herbeigeeilt waren.
Wenige Tage später hat mich dann die Chefin der PR-Agentur, die die Betreiberfirma betreut, kontaktiert und sich auf meine Anregung einer mediatorischen Lösung bezogen. Sie habe mit dem Prokuristen gesprochen, und der wäre bereit, Entgegenkommen zu zeigen – mit wem man vorab sprechen könnte? Wir haben uns dann am Vormittag des Tages der nächsten Bürgerversammlung getroffen – die Obfrau der Kaufleute des Franziskanerviertels, Mag. Veronika Aichinger, Christl Dertnig und ich und der Prokurist der Betreiberfirma mit einem Mitarbeiter und eben die Chefin der PR-Agentur. Ich fand das Entgegenkommen des Bier-Riesen sehr beachtlich: Verzicht auf die Bar-Konzession und damit Verzicht auf die Sperrstunde um 4 Uhr früh, Verzicht auf tägliche Live-Musik und nur einzelne Veranstaltungen, um die jeweils gesondert angesucht würde, kein feuergefährlicher Alpenplastikkitsch, keine mobile Kletterwand und damit Verzicht, das Edelweiß-Alm-Konzept im vollen Ausdruck der »Marke«, die sie dadurch aufbauen wollen, umzusetzen. Als Gegen-

leistung wurde der Verzicht auf weitere Protestaktionen in der Öffentlichkeit gefordert.

Ich habe mir natürlich sofort gedacht, dass es um den Schutz des Shareholder Value geht: Jede Beeinträchtigung eines Unternehmens und seiner Marken wirkt sich negativ auf die Börsenkurse aus. »Da gibt es Widerstand«, denken die Aktionäre, »da ziehen wir unsere BeTEILigungen zurück!« Und sofort reagiert die Börse. Das schützenswerte Gut sind die Aktienkurse. Natürlich auch das Image, natürlich auch die Kosten der (angeblichen) Stehzeiten der weiteren Bautätigkeit. Natürlich auch die Kosten der Fehlzeiten und etwaigen Stornogebühren, wenn die geplante Eröffnung im Oktober platzt (gerüchteweise mit DJ Ötzi: Du weißt, das ist der mit dem Hüpf- und Schunkellied »Ich bin so schön, ich bin so toll, ich bin der Anton aus Tirol«). Aber das schätze ich für sekundär oder überhaupt unerheblich ein.

Wir haben uns dann ausgemacht, dass ich in der Bürgerversammlung berichten soll und dass wir dann abstimmen, ob das Angebot der Betreiberfirma angenommen werden soll oder nicht, und wie es dann weitergehen könnte: Verschriftlichung der anwaltsgeprüften Vereinbarung, Festlegung von Kontrollrechten, Sanktionen etc.

Am Abend war dann – für etliche sicherlich überraschend – ein Fernsehteam da und der Moderator bat einige VIPs um Stellungnahmen bzw. Wiederholung ihrer Wortmeldungen aus der Vorwoche. Das hat wahrscheinlich schon unterschwellig Rivalitätsgefühle ausgelöst. Jedenfalls setzte dann eine Gruppendynamik ein, die die vorerst friedliche Stimmung zum Kippen brachte.

Den Begriff Gruppendynamik gibt es bei verschiedenen Autoren seit 1935, allerdings in wechselnder Bedeutung, schreibt der französische Psychologieprofessor Roger Mucchielli, wirklich populär wurde er aber durch Kurt Lewin und sein Forschungszentrum für Gruppendynamik. Ihm wird die Entwicklung der pädagogischen Methode der T-Gruppen-Arbeit (T für Training) zugeschrieben, weil er bei einer Tagung 1946 zwecks Ausbildung von Führungskräften die 30 Teilnehmer in drei Gruppen zu zehn aufteilen ließ, die ihre Zeit auf Fallstudien, Rollenspiele und Vorträge verteilen sollten. Einige Teilnehmer hatten erbeten, an den Teambesprechungen der Trainer teilnehmen zu dürfen, was ihnen nach Beratung auch gestattet wurde. Das ergab für die Kursleiter die zuvor unbedachte Erfahrung, welche Wirkung einerseits das Hören der Beschreibung ihres eigenen Verhaltens auf die Kursteilnehmer hatte, andererseits wie sich die Beziehungen zwischen Kursleitern und eben den Teilnehmern veränderten: »Zuerst wurden wir unerbittlich aufgefordert, diese Sitzungen für alle Betroffenen zugänglich zu machen – und bald waren auch alle da.«, zitiert Mucchielli Kenneth D. Benne. »Die Sitzungen zogen sich bis zu drei Stunden hin. Die Teilnehmer erklärten, dass diese Runden wesentlich waren und bald schon kümmerte man sich nicht mehr um das vorgesehene Programm, die von uns vorbereiteten Fälle, die von den Teilnehmern beigesteuerten Fälle, die Rollenspiele usw. …«[2] Die Eigendynamik der Gruppe hatte eingesetzt.

Mucchielli fasst zusammen: »Es schien den Kursleitern, als wären sie durch Zufall auf ein bedeutsames Schulungs- und Veränderungsverfahren gestoßen, das etwa so formuliert werden könnte: Wenn die Mitglieder einer Gruppe objektiv mit Informationen über ihr eigenes Verhalten und dessen Auswirkungen konfrontiert werden, und wenn sie aktiv an gemeinsamen Überlegungen über diese Informationen teilnehmen, so können sie in beträchtlichem Maße ihre Selbsterkenntnis, ihre Erkenntnis des Antwortverhaltens anderer Menschen ihnen gegenüber sowie des Gruppenverhaltens und der Gruppenentwicklung im Allgemeinen vervollständigen.«

Mucchielli definiert Gruppendynamik nach zwei prinzipiellen Aspekten: sie umfasst

»1. Die Gesamtheit aller sozialpsychologischen Phänomene in Kleingruppen sowie die natürlichen Gesetze, die sie beherrschen.

2. Die Gesamtheit aller Methoden, die es gestatten, mit Hilfe von Gruppen auf die Persönlichkeit einzuwirken, die aber auch die Beeinflussung von größeren sozialen Gemeinschaften (oder komplexen Gemeinschaften zwischen einzelnen Gruppen) durch Kleingruppen ermöglichen.«

Mit dem Begriff »natürlich« habe ich wenig Freude. Ich hätte stattdessen geschrieben »die regelmäßig zu beobachtenden

Gesetze«. Volker Elis Pilgrim hat in seinem Buch »Dressur zum Bösen« darauf hingewiesen, dass das »Natur-Etikett« vor einem Verhältnis, einem Vorgang oder einem Verhalten den Sinn hat, dessen kritische Beleuchtung zu verhindern. Er ätzt: »Die Natur wird zum Weihnachtsmann gemacht, den man nicht fragen darf, wer hinter ihm steckt ... Wenn eine Gesellschaft etwas als ›natürlich‹ erklärt, will sie damit nur ausdrücken, dass sie etwas als unangreifbar wünscht. Dagegen bedeutet das Etikett ›unnatürlich‹, dass das damit gekennzeichnete Verhalten missbilligt wird und von jedermann angegriffen werden kann.«[3] Und von der »Gesamtheit aller Methoden« hätte ich auch nicht gesprochen, denn dazu würden ja auch Trancetechniken zählen, wie sie beispielsweise in Gottesdiensten eingesetzt werden, die aber in der Fachliteratur nicht beachtet werden, oder die Inszenierungen der Macht – oder mit den Worten Claude Steiners: »Kulissen der Macht«[4] –, wie sie in manchen Büros dargeboten werden.

Üblicherweise wird von Gruppendynamik nur als professioneller Methode gesprochen. Oliver König beispielsweise erklärt sie so: »Machtphänomene in Gruppen sollen in ihrer Komplexität sichtbar und zugleich entmystifiziert werden. Der Einzelne soll ein Verständnis dafür entwickeln, in welche soziale Prozesse er eingebunden ist, und daraus erweiterte Handlungsmöglichkeiten entwickeln können.«[5] Ich verwende den Begriff hier aber als reine Beschreibung des ab drei Personen allgegenwärtigen Phänomens – so wie auch von Psychodynamik, Paardynamik oder Familiendynamik gesprochen wird. Die Beifügung des Begriffes Dynamik weist ja bereits auf ein intrapersonales – innerseelisches – oder interpersonelles – zwischen mehreren Personen ablaufendes – Geschehen von Antrieb und Widerstand, von Führungsversuchen und Unterwerfungsgesten hin. Im Alltag sagen wir »da spielt sich was ab« und meinen damit eben dieses Wechselspiel von Gegensätzen.

Bei dieser – für mich zweiten – Versammlung zog ich jedenfalls den Groll rivalisierender Mächte auf mich. Einerseits gehörte ich zu den »Prominenten«, die vor laufender Kamera wiederholen sollten, was sie eine Woche zuvor gesagt hatten. Damit verlor ich bereits einen

TEIL des Schutzes der anonymen Menge. Andererseits hatte ich die Aufgabe zugeTEILt bekommen, die Anwesenden über das Entgegenkommen der Betreiberfirma zu informieren – ich war also eine »Geheimnisträgerin« und damit noch einmal Außenseiterin. Und außerdem war meine Rede »vernünftig«: Ich habe darauf verzichtet, mich emotional aufbrausend zu geben. Du kennst mich nun doch schon ein bisschen: Die lauten Töne sind nicht meine, ich setze lieber auf die Kraft von innen, faire Information und logisches Argumentieren. »In die Luft gehen« kenne ich bei mir nur aus Situationen, in denen jemand meine Grenzen verletzt – mich also persönlich angreift. Der durch seine »Marathonsitzungen« bekannt gewordene deutsch-amerikanische Psychologe und Gruppentherapeut George R. Bach arbeitet in seinen Büchern[6] immer wieder heraus: »Je weniger Information, desto mehr Aggression.« Dieser Satz stimmt, und zwar auch umgekehrt: Wenn Menschen aggressiv werden, kann man mit neunzigprozentiger Sicherheit davon ausgehen, dass sie das Gefühl haben, sie kennen sich nicht aus, man will sie manipulieren oder jemand anderer will sie »nur« dominieren. »Unterbuttern«. Das beginnt schon bei akustischen Behinderungen – wenn jemand aus einem anderen Zimmer spricht oder sich vom Zuhörer abwendet oder, was ich immer zu stoppen versuche, wenn jemand spricht, während Wasser plätschert.
Ich habe mir jetzt soeben überlegt, dass Deine wiederholten Aussagen – Du kennst Dich bei mir nicht aus, und: Du kannst mich nicht einschätzen – mit ein Grund sein könnten, weshalb Du in der Folge zu Anklagereden tendierst. Ich vermute, Du fühlst Dich dann nicht im Vollbesitz der Überlegenheit, die Du gewohnt bist, und versuchst mich klein zu kriegen, damit Deine Welt wieder heil ist. Und ich habe jedes Mal geschockt reagiert, bemüht, die Konventionen westeuropäisch-zivilisierten Benehmens zu wahren, und lebendig bin ich erst mit Zeitverzögerung geworden. Die habe ich gebraucht, um aus meinem Totstell-Reflex herauszukommen. Der gehört allerdings zum Stammhirnrepertoire!

Das Stammhirn, der entwicklungsgeschichtlich älteste TEIL des menschlichen Gehirns, beheimatet instinktive Verhaltensweisen wie Kampf, Flucht oder Totstellen, je nachdem, wie gut die Chancen des Überlebens in konfrontativen Situationen in-

tuitiv eingeschätzt werden. Demgegenüber steht das Großhirn, der Kortex, als jüngster TEIL mit seinen Fähigkeiten von Selbstreflexion und Sprache – über uns selbst nachzudenken und dieses Bewusstsein auch mitzuTEILen – und die sind es ja auch, die uns Menschen vom Tier unterscheiden (vorausgesetzt, wir schaffen es, und das sollten wir etwa mit 14 Jahren können – deswegen sind ja Strafmündigkeit und Sexualmündigkeit in unserem Kulturkreis üblicherweise an diese Altersgrenze gebunden).
Großhirndenken bedeutet, statt kämpfen in Sprache zu verhandeln, statt flüchten auf Distanz gehen (zurücklehnen, aus dem Zimmer gehen, Kommunikation abbrechen, vertagen, sich scheiden lassen, kündigen, emigrieren …) und statt tot stellen – abwarten. In hohen Erregungszuständen überlappt aber das »primitive« – nur auf Überleben zielende – Stammhirndenken das kortikale (das auf auf Formen Wert legt und auf die Verhütung kontraproduktiver Folgen).
Meinen Klient/innen sage ich immer, wenn sie sich über ihre eigenen unpassenden Antworten beklagen und meinen »Ja nachher fällt mir immer eine gute Antwort ein!«: »Sehen Sie – so lange hätten Sie mit der Antwort warten müssen – bis die kleinen grauen Zellen sich vom Schreck erholt haben …« Übrigens: Manchmal brauchen die kleinen grauen Zellen auch Zeit, um sich von der Lust zu erholen …

Du hast ja auch letzthin gesagt, Du bist erst im Nachhinein draufgekommen, dass Du Dinge getan hast, die Du eigentlich nicht wolltest. Für mich heißt das: die nicht in EINklang mit Deinem Ideal-Ich stehen. Nur: Du stehst anscheinend nicht zu Deinem Nicht-Ideal-Ich, zu Deinem »Schatten«. Der gehört aber auch zu Dir!

In Bürgerinitiativen finden viele Menschen Gelegenheit, ihren »Schatten« auszuleben. Meine Erfahrung sowohl als Politikerin als auch als Gemeinwesenarbeiterin ist, dass es eine bestimmte Kategorie von Menschen ist, die Bürgerinitiativen »braucht«: im Normalfall aggressionsgehemmte Personen. Dazu zähle ich einerseits Menschen, die – unbewusst – hier ihre alltägliche Depressivität durch Jammern, Klagen, Nörgeln und

Schimpfen kompensieren können, bis ihnen niemand mehr zuhört, weil sie sich immer wiederholen; dann wendet sich ihre Empörung gegen die Aktivisten der Initiative. Andererseits fallen mir Personen auf, die im Alltag machtlos in untergeordneten Positionen verharren, aber einen unausgelebten Machtanspruch besitzen. Sie versuchen entweder, selbst die dominante Stellung zu erlangen oder sie opponieren mehr oder weniger intelligent gegen die »Führer aus Beliebtheit« bzw. »Führer aus Kompetenz«.
Mucchielli schreibt: »Die Zugehörigkeit zu einer Gruppe lässt sich an der Übernahme von Verhaltensstandards ablesen … Diese Standards wirken als moralisches Prinzip. Es handelt sich dabei nicht nur um Gruppengewohnheiten …, sondern um Verhaltensstile und Werte.« Dazu zählt er dann einige Beispiele auf, etwa Stille bei der Arbeit oder die allgemeine Übereinkunft, pünktlich zur Arbeit zu erscheinen oder wegzugehen. Verstöße gegen diese Standards bestraft die Gruppe (selbst wenn sie im Gegensatz zu offiziellen Regeln stehen) etwa mit Verachtung, Spott, Verbannung, insgeheimes Bereiten von Schwierigkeiten – den Begriff Mobbing gab es zu der Zeit, als Mucchielli publiziert hat, noch nicht; ich bevorzuge sein Buch aber gegenüber all den anderen, die ich zu dem Thema habe, weil er so klar schreibt und auf rivalisierende Eigenprofilierung verzichtet.
Beliebtheit und Prestige in einer Gruppe können differieren: Oft wird eine kompetente Person zum Führer gemacht, aber weil sie sich nicht beliebt macht – machen will –, folgt man ihr nicht, wohingegen jemand, der allen gefällig ist, sich oft selbst bei offenkundigster Inkompetenz williger Gefolgschaft erfreut.

Nun hatte ich keinerlei Führungsanspruch, ganz im Gegenteil, wusste ich doch, dass ich nur zwei Wochen Solidarität und Unterstützung bieten konnte, weil ich dann wieder Verpflichtungen außerhalb Wiens hatte, und Initiativarbeit heißt, im Gegensatz zu ihrem Namen, kontinuierliche Arbeit. Aber ich trat – oder besser: wurde getreten – wieder einmal aus der Menge hervor, weil man mir eben gewisse Qualitäten zutraute, die ich ja auch tatsächlich habe: Ich kann klar denken, präzise und ruhig formulieren, bin wendig und dennoch ruhig und verliere kaum je die Nerven. Als mich der Moderator der Versammlung an die Spitze des Refektoriumstisches im Franziskanerkloster bat, achtete ich aber leider nicht darauf, dass er mir den Platz zu seiner Linken anbot.

> Im Setting – der Sitzordnung – bei Gruppengeschehen ist es meiner Erfahrung nach nicht unbedeutend, welchen Platz man einnimmt. Der britische Psychologieprofessor Michael Argyle unterscheidet räumliches Verhalten nach Nähe und Orientierung – wofür es physische Grenzen gibt – und Territorialverhalten und Bewegung innerhalb einer räumlichen Anordnung. Variationen in der räumlichen Stellung dienen – meist unbewusst – als Interaktionssignale und geben die interpersonalen Einstellungen kund. Vor allem die Orientierung – der Winkel, in dem jemand einem anderen gegenüber steht oder sitzt – zeigt die Bereitschaft zu Opposition oder Koalition bzw. auch intimer Verbundenheit, wobei in mehreren Experimenten festgestellt wurde, dass frontale Orientierung mit größerem Abstand verbunden ist.[7]
> »Räumliches Verhalten gehört zu den sozialen Fertigkeiten«[8], behauptet Argyle. Durch Markierungen werden Territorien abgegrenzt, etwa durch Tische, hinter denen man sitzt, oder Mäntel über einem Sessel etc. Bestimmte Bereiche besitzen dabei höheren Status als andere, schreibt Argyle, und zählt dazu z. B. das Podium, das Pult, die vorderen Plätze in einem Vortragssaal. Manche sind mit besonderen sozialen Rollen verbunden, einige sogar mit Tabus, aber immer hat das Eintreten oder Verlassen dieser Territorien besondere soziale Bedeutung.
> »Jemand kommuniziert Dominanz oder einen hohen Status, indem er sich auf einen der wichtigsten Plätze setzt, z. B. in die erste Reihe oder an den Dozententisch, oder indem er Plätze einnimmt, die mit Rollen von einem hohen Status verbunden sind, z. B. der Kopf des Tisches, die Kanzel; oder auch, indem er hinter seinem Tisch sitzen bleibt, statt um ihn herum nach vorne zu gehen und einem entgegenzukommen; indem er ein größeres Territorium, einen großen Schreibtisch innehat und ähnliches … Dominanz wird auch durch die Art und Weise signalisiert, wie jemand ein Zimmer betritt, wie mehrere

Experimente gezeigt haben: indem man ohne anzuklopfen eintritt oder laut anklopft ...«
Dr. Dieter Schmutzer, ein von mir ausgebildeter Lebens- und Sozialberater, der lange Jahre in der – mittlerweile durch Bundesländervereine ersetzten – Österreichischen AIDS-Hilfe für die Öffentlichkeitsarbeit verantwortlich war, erzählt häufig von Sitzungen beim damaligen Gesundheitsminister Ettl: Der fast zwei Meter große Minister empfing die Delegation der AIDS-Hilfe bevorzugt in einem Sitzungszimmer, in das man wegen einer Stufe fast nur gebückt eintreten konnte. Egal wie früh die »Bittsteller« auch kamen – er war mit seinem Team immer schon da und »in Position«.
Argyle vermutet, dass zwischen Höhe und Status ein enger Zusammenhang besteht: »... es ist sehr weit verbreitet, dass führende Personen oder Personen mit höherem Status auf einer räumlich höheren Ebene platziert werden wie z. B. auf einer Tribüne ...« Er sieht Höhe als eine Art natürliches Symbol für Status, räumt aber ein, dass es auch Ziel sein könnte, dass möglichst viele Menschen die führende Person sehen können. Ich meine: oder Taktik, von vielen Menschen gesehen zu werden, weil man so seinen Potentatenfantasien frönen und sich Allmachtsgefühle verschaffen kann.
Überhaupt wittere ich in Argyles Feststellungen indirekte Aufforderung zur Unterwerfung unter statushöhere Personen.

Ich meine: Fast alle räumlichen Inszenierungen sowie Benimmregeln der Vergangenheit hatten den Sinn, von vornherein bestimmten Personen Vorrechte zuzugestehen – oder zumindest Scheinprivilegien. Frauen beispielsweise, denen in den Mantel geholfen wird – weil sie ja bekanntlich eine so schlechte Raumorientierung haben, dass sie ohne Hilfe nicht ins Ärmelloch finden! – oder denen »galant« die Tür aufgehalten wird – damit es nur ja keinen Kampf um den Vortritt gibt wie im Nibelungenlied bei Krimhild und Brünhild vor dem Dom zu Worms. Dass nämlich auch Widerstand eine soziale Fertigkeit sein kann, lässt Argyle unerwähnt. Ich vermute, das liegt daran, dass Sozialforscher zwar gerne den Ist-Zustand der Gegenwart beobachten und auch der ursächlichen Herkunft aus der Vergangenheit ihr Augenmerk widmen, Fragen der Zukunft aber meist vermeiden. Das überlassen die lieber den Zukunfts- und Trendforschern, die sie meist argwöhnisch beäugen und ihnen wissenschaftliche Kompetenz absprechen (wahrscheinlich auch deswegen, weil diese meist in populärer Sprache publizieren und daher finanziell erfolgreicher sind als Autor/innen der »reinen« Wissenschaft).

Wenn man nämlich die emanzipatorische Frage stellt: Wollen wir es so belassen, wie es jetzt ist? und mit Nein antwortet, kommt man – und frau überhaupt – ja bald in den Ruf anarchistischer Umtriebe. Ein Beispiel dafür erlebten wir ganz spektakulär bei der Festnahme der Volxtheater-Karawane nach den Demonstrationen in Genua. Ganz unabhängig davon, was da politisch und juristisch dahinter gesteckt hat: Es war wieder einmal zu sehen, dass Kunstformen jenseits der Tradition der so genannten Hochkultur dem Durchschnittsbürger ebenso suspekt sind wie zu Zeiten des Fürsten Metternich. Ob Pflastermaler, Straßenmusikant oder Spontanakteur – was nicht von einer Autorität genehmigt wurde, wird in seinem Wert in Frage gestellt. Dabei weiß ich konkret aus meiner beraterischen Arbeit, wie viele später hochangesehene Künstler oder andere »Stützen der Gesellschaft« irgendwann in ihrer Biografie solche »Übungsfelder« bebaut haben ... Ich erinnere mich noch genau, wie in den 1970er-Jahren die spätere Volkstheaterdirektorin Emmi Werner, als Werkelfrau stilisiert, gemEINsam mit der späteren Wiener Finanzstadträtin und heutigen Siemens-Vorstandsdirektorin Brigitte Ederer, verkleidet als Schusterbub, auf Wiener Märkten Gstanzeln für die Emanzipation der Frau zum Besten gaben! Und ich weiß von vielen Österreicher/innen, die im Dritten Reich emigrieren mussten, mit welchen scheinbar absurden, dennoch erfolgreichen künstlerischen Aktivitäten sie ihr Leben sichern konnten.

Es ist wieder die Scheu vor dem Ungewohnten, die Sicherheit in vertrauter Konformität suchen lässt. Und doch TEILen sich in jeder Situation Menschen in angepasste und widerständige, auch Künstler/innen, auch Therapeut/innen, auch Pfarrer/innen. Dass Widerstand überhaupt möglich ist, ist ja DAS Zeichen von Demokratie schlechthin!

Mir persönlich imponieren Menschen, die ihrem Gewissen treu bleiben, auch wenn sie dadurch NachTEILe, ja Gefährdungen zu erdulden haben. Sie können mit meiner Unterstützung rechnen. Da halte ich es mit Winston Churchill, der gesagt haben soll, auch wenn er die Ansicht von jemand für Unsinn hält, werde er sich jedenfalls dafür einsetzen, dass dieser seine Ansicht äußern dürfe. Ich weiß natürlich, dass diese meine Solidarität damit zusammenhängt, dass ich selbst früher so oft ohne Unterstützung geblieben bin, wenn ich etwas Nonkonformes von mir gab.

So erinnere ich mich an zwei meiner Kämpfe aus meiner Zeit als Bezirksrätin in Wien-Favoriten: Gegen die Stiegen der Unterführung Gudrunstraße (durch die Favoritenstraße) hatte ich opponiert, weil deren Breite einen zu einem unharmonischen Stolpern – ich nannte es den »Favoritner Humpelschritt« – zwang. Ich war damals mit meinem zweiten Sohn schwanger, den ersten hatte ich noch einjährig im Kinderwagen, und verzweifelte beim täglichen Einkaufsweg zum Viktor-Adler-Markt an der Stemmarbeit. Damals wurde ich mit dem Hinweis auf die Kompetenz der Architekten, die diese Form der Stufengestaltung als besonders fußgängerfreundlich bezeichnet hatten, »abgewürgt«. Als Jahre später die vergleichsweise »kleine« Oppositionspartei ÖVP eine Bürgerinitiative für eine Kinderwagenspur promotete, traf mich der Klubzwang, in der Bezirksvertretung gegen meine eigene Überzeugung sprechen zu sollen. Ich zog mich schlau aus der Affäre, indem ich ein flammendes Plädoyer für Babytragetücher hielt. (Die Kinderwagenrampe gibt es übrigens jetzt und man kann tagtäglich beobachten, wie viele Fußgänger/innen sich als Kinderwagen fühlen!)

Etwas Ähnliches widerfuhr mir, als ich etwa zur gleichen Zeit vorschlug, die Kreuzungspunkte der Gehsteige abzusenken (weil ich mich mit meinem dicken Bauch wirklich enorm anstrengen musste, den kräftigen Buben im Kinderwagen hinaufzupushen. Damals wurde ich echt ausgelacht: Das wäre ja eine Einladung an alle Autofahrer, drüberzufahren, ätzten die Verkehrsexperten, und alle Autos würden sich darauf stellen. Mein Einwand, man könnte ja diese Linien bunt markieren, wurde »nicht einmal ignoriert«. Jahre später, im Internationalen »Jahr der Behinderten«, wurde dann meine alte Idee verwirklicht – wiederum auf Initiative der ÖVP.

Verstehst Du jetzt, weshalb ich mein Mandat zurückgelegt habe – ohnedies eine Wahlperiode zu spät. Die dritte war ich schon in der »inneren Emigration«.

> Mit »innerer Emigration« wird das Phänomen bezeichnet, dass jemand zwar körperlich an seinem Arbeitsplatz anwesend ist, geistig aber irgendwo anders. Es wird auf Unterforderung zurückgeführt oder andere Dauerfrustrationen hinsichtlich Arbeitsaufgaben, Rahmenbedingungen oder Bewertungen der Arbeitsleistung.

Die Kolleg/innen von den anderen Parteien haben nur mehr gescherzt, ob ich wieder den Saal verlassen werde, wenn es zu Abstimmungen komme – denn ich stand ja unter Klubzwang, musste mich den Abstimmungsrichtlinien fügen, auch wenn ich den Antrag der gegnerischen Partei liebend gerne unterstützt hätte. In meiner letzten Wahlperiode gab es ja bereits einen »grünen« Bezirksrat und dessen Anträge waren oft sozialistischer als die der SPÖ. So erinnere ich mich noch an einen Antrag, in dem Bezirksrat Pausweg vorgeschlagen hatte, man möge Litfasssäulen in der Gestalt von Coca-Cola-Dosen in Hinblick auf die Umweltbelastung durch den so entstehenden Alu-Müll nicht genehmigen. (Das war Jahre bevor die spätere Umweltministerin Maria Rauch-Kallat die Mülltrennung einführte.) Er argumentierte unter anderem mit dem Hinweis, wie sich wohl alle empören würden, wenn Litfasssäulen in Form eines nackten Frauenkörpers gestaltet würden. Und weil der Antrag von einem Grünen kam und weil er vielleicht auch »der Zeit voraus« war, wurde er – in meiner kurzfristigen Abwesenheit – niedergestimmt.

Der Meinungsforscher und spätere Innenminister Karl Blecha sprach einmal die Warnung aus (und bezog sich dabei auf Justizminister Christian Broda): Einen Schritt darf man seiner Zeit voraus sein, aber nicht drei! Es ärgert mich einfach, wenn ignoriert wird, wie viele Grundrechte von unseren Vorfahren ebenso »gesetzesbrüchig« erkämpft wurden. Bundeskanzler Kreisky hatte recht mit seiner Aufforderung: Lernen Sie Geschichte! Aber nicht nur, wie er fortsetzte: Herr Redakteur! Sondern: alle!

Aber zurück ins Franziskanerviertel: Als mir dann das Wort erteilt wurde und ich leidenschaftslos von der Besprechung mit dem Prokuristen der Edelweis-Alm-Betreiberfirma berichtete, dann noch die exakt festgeschriebenen Punkte aus dem Gedächtnisprotokoll der PR-Agentur vorlas, war das vermutliche Bedürfnis, sich wieder aggressiv gehen zu lassen, mehr als frustriert: Da redet eine so lange und dann noch so »fad«, und wir sind doch gekommen, weil es vorige Woche so ein schönes Gefühl war, einen Außenfeind zu bekämpfen, die konforme Eingebundenheit in der Gruppe Gleichgesinnter zu spüren, sich vom ozeanischen Gefühl der erregten EINheit tragen zu lassen und sich – dank rechtsanwaltlicher Verstärkung – mächtig zu fühlen …

Als ich noch Politikerin war, habe ich natürlich auch dem Phänomen der »emotionalen Übermobilisierung«[9] gefrönt. Die Theorie dazu besagt, dass Menschen, die etwas wollen, sehr viel mehr emotionale Energie mobilisieren, als sie eigentlich brauchen, um das zu bekommen, was sie wollen. Als ich dann Psychoanalytikerin wurde, mich systemisch fortgebildet habe und eine Methode entwickelt habe, die dem, was heute Mediation heißt, ähnelt, war es für mich klar, dass ich mich PARTeipolitisch neutralisiert habe:

- wenn ich alle BeTEILigten verstehen will, muss ich ihre Sichtweisen einnehmen und
- wenn ich alle verstehe, also die Möglichkeit in mir wahrnehme, jeden davon unterstützen zu können – nicht zu wollen! – muss ich eine Entscheidung treffen, was eigentlich mein Bezug zu dem Beziehungsgeflecht ist, oder anders formuliert: was meine höchstpersönliche Aufgabe ist.

In der Arbeit mit Missbrauchsopfern oder vergewaltigten Frauen kann man von manchen Therapeut/innen hören, sie arbeiteten »PARTeilich« für das Opfer. Damit deklarieren sie, dass sie nicht »systemisch« arbeiten, also etwaige Verhaltensweisen des späteren Opfers in seinen Beziehungen zum Täter, zur Familie, zur Nachbarschaft etc. kritisch in die therapeutische Arbeit einbeziehen. PARTeilich – für einen PART, einen TEIL allein – arbeiten heißt, allein die Interessen der Klientin – wenn es ein Mann ist, des Klienten – wahrzunehmen, insbesondere auch als Opfer einer Gesellschaft, die Machtmissbrauch zulasten von Frauen toleriert. In der systemischen Familientherapie hingegen wird das Beziehungsgeflecht der Familie als »Patient« angesehen und versucht, die Funktionalität der konkreten Familie als Ort von Geborgenheit und Schutz wieder herzustellen.

In der klassischen Psychoanalyse nach Sigmund Freud besteht der Anspruch auf therapeutische »Abstinenz«: Das bedeutet nicht nur, dass Lebensbeziehungen zwischen Analytiker/innen und Analysand/innen auszuschließen sind, sondern auch jegliche PARTeilichkeit. Analytiker/innen betrachten alle Erscheinungsformen menschlichen Erlebens mit distanziertem – »kühlem« – Interesse, regen sich daher nicht auf, sondern fragen nach, welche Gedanken, Gefühle, Empfindungen, Fantasien bei der analysierten Person ausgelöst werden. Sie reagieren unPARTeiisch.
In der psychoanalytischen Sozialtherapie[10] erlebte ich erstmals AllPARTeilichkeit, wenn es beispielsweise darum ging, Kommunikation zwischen einem Schulschwänzer, seinen Eltern und der Lehrerschaft herzustellen. Wenn sich nicht jeder in dieser Drei-PARTeien-Konstellation ernst genommen und verstanden fühlt, wird er oder sie nicht offen sein für ein Ernstnehmen und Verstehen der anderen, sondern um den eigenen Respekt kämpfen. Daher ist es dem psychoanalytischen Sozialtherapeuten besonders wichtig, alle Sichtweisen der in einem Konflikt beTEILigten Personen zu TEILen, damit keiner auf die anderen Konformitätsdruck ausüben muss, sondern der Wunsch nach einem bestimmten Verhalten geäußert und in eine erarbeitete VerEINbarung mit den anderen einfließen kann.

Nun war ich zwar nicht die einzige, die der Menge gegenüber »nonkonform« dachte, aber da die anderen schwiegen und mich nicht unterstützten, blieb ich als »Zielscheibe« allEIN sichtbar – eine Situation, die mir aus meiner Biografie nur zu vertraut ist.

Der Architekt und Stadtplanungsexperte Wolfgang Förster mahnt in seinem »Bürgerinitiativen Brevier«[11] – in mein Exemplar hat er hineingeschrieben: zur Erinnerung an gemeinsame »Kämpfe«: »Bei diesen Überlegungen werden Sie erstmals auf eine Tatsache stoßen, die für die weitere Arbeit der Bürgerinitiative noch sehr entscheidend sein wird: Bürgerinitiative ist immer auch Konflikt! Dieser Konflikt spielt sich zwischen verschiedenen Interessengruppen (z. B. Gebietsbewohner gegen

Verwaltung, aber auch etwa Autobesitzer gegen Nichtautobesitzer, Inländer gegen Ausländer usw.) ab. Ob Sie diesen Konflikt vermeiden sollen – etwa durch Kompromissangebote an die jeweils andere Gruppe – oder ihn austragen, werden Sie noch oft genug zu entscheiden haben. Es gibt kein Patentrezept: Konfliktvermeidung um jeden Preis kann ihrem Anliegen genauso schaden wie kompromissloses Beharren auf einer einmal deklarierten Position, das das Gespräch mit Andersdenkenden nicht mehr zulässt.«
Besonders geeignet für gruppeninterne Aggressionen sind die »Erstinitiator/innen«, »schließlich
- haben sie den anderen die ganze Arbeit erst eingebrockt,
- verfügen sie über die besten Informationen, weil sie am längsten dabei sind,
- haben sie versucht, den anderen Mitgliedern ihre Vorstellungen aufzudrängen,
- reißen sie dauernd alles an sich,
- wollen sie nur im Rampenlicht der Öffentlichkeit stehen«
- und was sich sonst noch alles an Vorwürfen erdichten lässt.

Förster stoppt allzu optimistische Erwartungen, man könne gegen gruppendynamische Probleme – »Herr XS und Frau Y ›können‹ einfach nicht mitEINander, Herr Z redet zuviel Unsinn, außerdem fühlt sich Frau M von ihm dauernd übergangen und überhaupt nicht ernst genommen …« – etwas tun. Man kann nur darüber reden, denn »das Schlimmste daran ist ja, dass solche Differenzen kaum jemals offen geäußert werden (wir sind eben nicht dazu erzogen, Gefühle anderen offen mitzuteilen), geschluckt werden, sich aber recht bald in Unlust oder Aggression ausdrücken.« Und er setzt nach: »Da stellt es für eine Initiative auch keinen Trost dar, wenn es in der großen Politik nicht anders zugeht – auch dort wimmelt es bekanntlich von Beleidigten.«
Was Förster deshalb vorschlägt, ist, persönliche Probleme sehr wohl zur Sprache zu bringen – aber getrennt von der inhaltlichen Arbeit.

Zu dieser Bereinigung von VorurTEILen und BenachTEILigungsfantasien kam es aber nicht, erstens weil es eine klar deklarierte

Sachsitzung war und weil zweitens die Ansammlung von Personen noch keine offizielle AufTEILung von Funktionen, z. B. Sprecheraufgaben, vorgenommen hatte und daher zuerst eine Meinungsbildung fällig war, die Antwort auf die Hauptfragen gab: Wie wird weiter vorgegangen? Wird auf Grund der entgegenkommenden Haltung der Betreiberfirma der öffentliche Protest eingestellt? Wie sichern wir uns ab, dass nicht die Betreiberfirma A sagt und ein nachfolgender Betreiber der Gaststätte B? Und vor allem: Wer kann als VertragsPARTner für diese VerEINbarung auftreten?
So sehr sich auch der Moderator nach meiner Berichterstattung bemüht hatte, weiterhin auch in der Diskussion für distanzierte Sachlichkeit zu sorgen, war er doch – am Kopf des Tisches – bald die eigentliche Zielscheibe für diejenigen, die hergekommen waren, um sich einmal so richtig aufregen zu können. Die Geller aber bekam ich ab: Dem alteingesessenen Mann in der Rolle des WorterTEILers brauchte man ja eigentlich auch keine Aggression entgegenzubringen, daher traf es die Person zu seiner »Linken« (zu seiner Rechten saß seine Ehefrau und machte karge Notizen). So betonte eine Journalistin aus der Nachbarschaft, die das erste Mal dabei war, immer wieder, wie sehr so ein Projekt eine »Kulturschande« sei. Aber darüber waren sich ohnedies alle mehr oder weniger einig. Damit behinderte sie aber die Behandlung der juristischen Punkte. Bewertung ist eines – Planung von Vorgehensweisen etwas anderes. Der Punkt 1 war schon in der vergangenen Sitzung erledigt, jetzt war Punkt 2 dran. Sie wollte sich aber zu Punkt 1 empören und war trotz meiner freundlichen Information, das hätten wir doch bereits durchgesprochen, nicht bereit, darauf zu verzichten.

George Bach klassifiziert »Masken der Feindseligkeit«[12], hinter denen – meist unbewusste – Aggression versteckt wird. Er nennt sie: »Verschwörung«, »Krankheitstyrannen«, »Vergesslichkeit«, »Missverständnis«, »Hinhalten«, »Zuspätkommen«, den »Rotkreuzschwester-Komplex«, »Moralische Überlegenheit«, »Die Intellektualisten«, »Anerkennungsverweigerer«, »Zweifler« und »Der hilflose Aggressor«. (Der Journalistin würde ich übrigens die »moralische Überlegenheit« zuordnen.) Bach schreibt: »Der ›Moralist‹ möchte unausgesprochen immer zum Ausdruck bringen, dass er sich auf einem sittlich höheren Niveau befindet als seine Mitmenschen.« Bach zählt dazu die Pazifisten in der Politik sowie als entgegengesetztes Extrem die »Verteidiger der wahren Demokratie«, die »alle Andersdenkenden als kommunistisch verseucht ansehen« im rechten Flügel dazu, und schreibt weiter: In der Religion vermeint der ›Moralist‹ – sei es als Yogi, Buddhist oder Christ – im einzig wahren Glauben zu leben, fühlt sich also auf einer höheren Stufe der Erkenntnis mit einer direkten Verbindungsleitung zu Gott. Außerdem finden wir den ›Moralisten‹ ... zum Beispiel in der Form des Vegetariers, der nicht ›töten‹ will, um zu essen, oder des ›Bedürfnislosen‹, der über alle Habsucht erhaben ist und das Streben nach materiellen Gütern verachtet.« Hochkultur gegenüber Kitsch und Quatsch wäre wohl eine weitere Kategorie.

Damit Du mich nicht missverstehst: Ich bin nicht für (aber auch nicht absolut gegen) Verhüttelungen von urtümlichen Landschaften und Erlebniswelten in den Alpen und McDonald's und Pizza Huts an jeder Ecke, wenn es Nachfrage dafür gibt, auch nicht im Sinne von »weil es ohnedies schon passiert ist, können wir ja weitermachen«. Ganz im Gegenteil: Ich bin der Meinung, dass man immer alles regelmäßig überprüfen soll, ob es – noch – stimmt, stimmig ist, und dann soll man jedenfalls alle möglichen Verbesserungen durchdenken und wenn möglich durchführen! (Deswegen finde ich es auch richtig, unsere schwierige »Beziehung« zu verbessern, und nicht, nur weil es schwierig ist, gleich aufzugeben!)
Ich selbst versuche immer wieder die Balance zu finden und oft wird dann eben ein Slalom daraus. Daher zähle ich mich selbst, sofern ich mich zur AllPARTeilichkeit entschieden habe, im Konfliktfall zu den »Intellektualisten«.

So wie Bach zeigt, dass ein Moralist »unter der Maske der Vergeistigung, des Gerechtigkeitssinns oder der Wahrhaftigkeit« und ich ergänze: der Ästhetik, »sein Überlegenheitsbedürfnis befriedigen und seiner Menschenverachtung ungehemmt freien Lauf lassen« kann, benutzen Intellektualisten »ihre Redensarten und Gedankengänge als Instrument, um sich einen Abstand von den anderen Menschen zu verschaffen und da-

> durch emotionalen Erfahrungen auszuweichen.« Und er ätzt: »Der Intellektualist kann sich kaum anders äußern als in UrTEILen, Erklärungen und philosophischen und analytischen Exkursen. Sein Eindruck auf die Menschen ist kalt und unpersönlich …«

Da finde ich mich schon TEILweise wieder. Es ist mir wirklich wichtig, die »emotionale Erfahrung« eines Wutausbruchs hintanzuhalten, und zwar nicht kalt, aber kühl und unpersönlich möchte ich oft wirken, wenn ich arbeite. Daher bin ich oft erstaunt, wenn ich meine Stimme erhebe, um meinen Worten mehr Nachdruck zu verleihen, und die Zuhörerschaft das als aggressiv erlebt … Aber so decodiert halt jedermensch nach seinem biografischen Wörterbuch: kenn ich von dort, ist also das … Neurosignatur heißt das Fachwort dafür. Und wer »laute Stimmlage heißt Wut« gelernt hat, hat nur die EINe »Übersetzung« im Wörterbuch.
Üblicherweise vergleiche ich die Neurosignatur mit einem Schihang, auf dem schon viele Schispuren eingefahren wurden – von Eltern, Lehrern und anderen Bezugspersonen, Vor-Bildern, vor allem auch medialen. Und ich erinnere daran, dass wir nicht die vorgefertigten Spuren nachfahren müssen – wir können uns neue treten. Ist zwar ein bisschen mühsam, aber dafür können wir selbst bestimmen, wie die neue Spur angelegt sein soll. (Ist auch eine wohlgemeinte Anregung für Dich, Dušan: Tritt Dir doch ein paar neue Spuren, was Deinen Umgang mit Frauen anbelangt!)

> Neuronen, also die Nervenzellen, sind die Träger von optischen, akustischen, olfaktorischen, gustatorischen und taktilen Informationen, also den Reizen, die wir über die fünf Sinne bekommen; dazu kommen noch die innersensorischen Informationen. Sie alle sind grundsätzlich einmal »wertneutral«. Das kennt jede Mutter, die ihr Kleinstkind davon abhalten will, mit seinem Kot zu spielen: Sie bringt ihm mit mehr oder weniger gespielter – oder schlimmstenfalls sogar echt empfundener – Angst oder Wut »Ekel« bei. Im vorsprachlichen Alter drücken Kleinstkinder ihre »echten« Empfindungen des Widerwillens noch mit Wutgebrüll aus, späterhin lernen sie »abwehren« oder »dulden«. Jede »Bewertung« als gut oder

schlecht wird also zuerst einmal »indoktriniert« und hoffentlich in den so genannten »Trotzphasen« – ich nenne sie lieber »Selbstbehauptungsphasen« – überprüft und gegebenenfalls verworfen.
»Mittels ihrer physischen Anwesenheit verknüpfen die Nervenzellen also auf die verschiedensten Weisen Zellgruppen miteinander, die sich andernfalls nur über den allgemeinen Kreislauf der Körpersäfte des Organismus mitEINander koppeln könnten.«, schreiben Maturana und Varela im »Baum der Erkenntnis«[13]. »Die Eigentümlichkeit der Verbindungen und Interaktionen, die von den neuronalen Formen ermöglicht werden, ist der Schlüssel zur Arbeitsweise des Nervensystems.«

In therapeutischen Settings und auch im Privatbereich habe ich mir angewöhnt – ist mir beigebracht worden –, wesentlich mehr in mein Fühlen und Empfinden hinein zu horchen und mich zu bemühen, mein Denken und Intuieren zu synchronisieren – vorausgesetzt ich habe dazu die nötige Zeit. Das ist ja eine der Störungsquellen zwischen uns: Wenn Dir was nicht passt, wirst Du schneller und gröber – wenn mir was nicht passt, werde ich langsamer und präziser.
Allerdings erlebe ich bei Dir, solange Du Dich noch nicht »erregst«, bevorzugt den »Zweifler«. Den ZWEIfler.

»Unter der Maske der Sorge und Hilfsbereitschaft streut der Zweifler den Samen der Angst und der Selbstzweifel in die Herzen der Menschen.«, schreibt Bach. »Seine Einstellung zu Menschen und Situationen ist immer negativ.« (Also »immer« hätte ich nicht geschrieben, sondern »meist« oder »häufig«. »Immer« ist nämlich eine Generalisierung, und die stimmt nie. – Und »nie« ist natürlich auch eine Generalisierung, daher sollte es heißen: »selten«!) Bach meint weiter: »Hinter seinem ›hilfreichen‹ Rat verbirgt er den versteckten, feindseligen Wunsch, der andere möge seinen Zynismus und seine Frustrationen TEILen und auch nicht erfolgreicher im Leben sein als er selbst.«

Darin sehe ich eine Hauptgefahr bei uns professionellen Helfern: dass wir vor lauter Anstrengung, »hilfreich« – und damit »gütig«

und »väterlich« und »mütterlich«, auf jeden Fall »liebenswürdig« – zu sein, nicht auf unsere eigenen Aggressionen achten. Wolfgang Schmidbauer[14] bezeichnet die »indirekte Äußerung von Aggressionen gegen Nicht-Hilfsbedürftige« als einen der fünf wichtigsten Konfliktbereiche der Helfer-Persönlichkeit.

> Nach Schmidbauer kennzeichnet den »Helfersyndrom-Helfer«, dass bei ihm Helfer-Ehrgeiz und Helfer-Resignation eng zusammenhängen und er zwischen beiden schwankt. Dass Menschen sich gegenseitig akzeptieren und in ihren Beziehungen befriedigen können, bezweifelt er: »Er hat in seiner Kindheit die Identifizierung mit einem Über-Ich wählen müssen, das nur Selbstverleugnung bestätigt. Wie er sich durch diese Identifizierung Gefühle der Wut und Verlassenheit innerlich abstützt, so glaubt er auch andere – seine Klienten – ständig stützen zu müssen. Dadurch bekämpft er die eigenen Gefühle in einer äußeren Situation und erleichtert sich auf diese Weise ihre Kontrolle.«[15]

Du weißt, das eine Mal, als Du mir – so wie von mir erbeten – »liebevoll und deutlich« gezeigt hast, wo Du Deine Grenzen siehst (oder ehrlicher: sehen möchtest, denn hältst Du Dich wirklich immer daran?), war unser Gespräch so harmonisch, weil Du da auch – ein wenig – intellektualisiert hast. Da bist Du mir nämlich entgegengekommen und hast meinen Stil geTEILt. Danke nochmals. War lieb von Dir. Was ich Dich nicht gefragt habe: War's schwer für Dich? Denn vielleicht sollten wir beide einmal wirklich so richtig zu streiten wagen, lieber Dušan. So wie Richard Burton und Elizabeth Taylor in »Wer hat Angst vor Virginia Wolf?«? Wir müssen uns ja nicht auch gleich prügeln … Warum ich mich das bisher nicht getraut habe, weiß ich: Weil ich Angst habe, dass Du mich dann »ganz unmöglich« findest (wie meine Eltern) und nie wieder mit mir redest (wieder eine Elternübertragung!). Aber warum Du Dich nicht traust, ist mir unklar …
Apropos Streit: In der Sitzung im Franziskanerviertel tat sich dann noch eine zweite Frau hervor, die unbedingt juristisch kämpfen wollte. Ich dachte zuerst, sie käme für die Kanzlei, die sich angeboten hatte, die Anrainer im Verwaltungsverfahren zu vertreten – ge-

gen eine Pauschale, die pro Kopf 218 Euro betrug, vorausgesetzt es fänden sich 25 Beschwerdeführer. In Summe also 5450 Euro. Der Mann, der bei der Sitzung die Woche zuvor anwesend war, war es diesmal nämlich nicht. Diese meine Vermutung stellte sich später als irrig heraus: Als die Frau sich nämlich zum xten Mal zu Wort gemeldet hatte und immer schärfer argumentierte, wurden auch wir schärfer, weil wir schon einige Male gefragt hatten, wer sie denn sei und sie unsere Fragen stets überhört hatte. Endlich stellte sie sich vor: Sie sei die Ehefrau des Rechtsanwalts (und selbst auch Juristin), der als einer der ersten zum Widerstand aufgerufen hatte, dann aber nicht mehr erschienen war, und der den anderen Rechtsanwalt als Vertreter der Anrainer empfohlen hatte. Ich fühlte mich daher in meiner Grundannahme bestätigt, dass sie ein massives Interesse vertrat, den ursprünglich eingeschlagenen Weg nicht zu verlassen.
Dazu wieder eine kleine Anmerkung zur räumlichen Orientierung: Kennst Du den Refektoriumssaal des Franziskanerklosters? Da sind links und rechts erhöht die ganz alten Sitzbänke und tiefer stehen in der Mitte ebenfalls ältere Tische mit völlig unpassenden modernen Plastiksesseln (auch eine Kulturschande, aber das hat die Journalistin nicht bekümmert!). Also diese Frau saß mir vis-à-vis (vom Eingang her gesehen auf der linken Seite) auf der Empore und sprach auf uns herunter. Ich saß (vom Eingang her gesehen) rechts vorne am Mitteltisch. Diejenigen, die hinter mir auf der rechten Empore saßen, konnte ich also nur sehen, wenn ich mich umwendete. Die waren aber auch schweigsam. Unterstützung bekam die Frau von einem jungen Mann, einem direkten Anrainer, der zuerst auf meiner Tischseite saß, aber nach seiner ersten Wortmeldung schnell auf die linke Empore zu der Rechtsanwaltsgattin wechselte. Verstanden? Sie bildeten eine unabgesprochene Koalition.

In seinem grundlegenden Buch »Gruppendynamik« bietet der Psychologe Peter R. Hofstätter einen Einblick in die Dynamik der Bildung von Koalitionen. Untersuchungen zeigten dabei, dass männliche Versuchspersonen zur »Maximierung der Macht« neigten, während weibliche nach einem »gerechten Ausgleich« suchten.[16] Hofstätter zeigt aber auch, dass die von Kleisthenes (um 500 v. Chr.) eingeführte Institution des Ostrakismos eine »Vergrößerung des Maßstabes« darstellt: »Das

> Scherbengericht gab den Bürgern dieser Demokratie die Möglichkeit, missliebige Mitbürger, auch wenn diese sich gar nichts hatten zu Schulden kommen lassen, auf zehn Jahre aus der Polis zu verbannen. Kein geringerer als Aristoteles versichert uns, dass die Opfer des Scherbengerichts in der Regel überlegene Persönlichkeiten gewesen seien.« Und Hofstätter zitiert Aristoteles: »Wo Überlegenheit besteht, kann sich das Argument zugunsten des Ostrakismos auf eine Art politischer Gerechtigkeit berufen.« Und er vergleicht dies mit der Bemühung des Künstlers um eine »Harmonie der TEILe«: »... wie denn auch der Chorleiter jemanden, der lauter und besser als die übrigen singt, nicht im Chor zu verbleiben gestatten wird.« Im Regelfall allerdings, so Hofstätter, nivellieren Gruppen die Unterschiede zwischen den Meinungen und Fähigkeiten ihrer Mitglieder. Er meint: »auf das Niveau des guten Durchschnitts«. Ich meine: das ist nicht der bestmögliche.

Als dritte Frau erhob dann noch eine etwa 65-jährige Frau ihre Stimme, mit der ich schon einige Male verbale Zusammenstöße hatte, weil sie sich in den jeweiligen Situationen nie persönlich deklariert hat, sondern immer in Nobodys Sprache (»Aber man weiß doch ...«, »Aber das ist doch nicht so ...«, »Aber so geht das nicht ...«) andere heruntermacht. Und wenn ich die Andere bin, dulde ich das nicht. Das weißt Du ja von unseren Streitigkeiten auch. Diesmal unterstützte sie den jungen Mann mit Zwischenrufen und wollte offenbar die zitierte »politische Gerechtigkeit« herstellen. Ich habe immer wieder versucht, klarzulegen, dass wir vor einer Abstimmung stehen, wie wir weiter vorgehen wollen – juristisch kämpfend oder mediatorisch verhandelnd – und habe dies in verschiedensten Formulierungen (aber immer kühl distanziert) angeboten. Aber ich hatte den Eindruck, die drei Frauen und der junge Mann sehen in mir eine Gegnerin. Dabei war ich emotional völlig unbeTEILigt – wahrscheinlich sichtlich zu unbeTEILigt, daher Misstrauen erregend – und hatte kein Ziel, außer dass endlich abgestimmt wird, damit wir weiter arbeiten können.
Das Problem lag für mich in der Differenz »juristisches Denken« versus »mediatorisches Denken«.

Juristisches Denken dient dem Machtgewinn und Machterhalt. Es ist PARTeiisch und damit in Opposition zu mindestens einem Gegner.

Mediatorisches Denken ist allPARTeiisch – es berücksichtigt die Ziele aller an einem Konflikt BeTEILigten und dient dem Interessenausgleich. Es ist daher der Diplomatie verwandt, der gerichtsnahen Konfliktregelung und dem Außergerichtlichen Tatausgleich (ATA).

Mediatorisches Denken ist nicht unPARTeiisch! Es ist nicht neutral in dem Sinne »Ich bin der gütige Richter – gib Du etwas her und Du auch und dann trefft Euch irgendwo in der Mitte!« Das wäre Kompromissbildung. Das kennt man z. B. als SozialPARTnerschaft (in Österreich) oder »konzertierte Aktion« (in Deutschland). Mediatorisches Denken sucht die wahren Interessen der BeTEILigten, auf die sie keinesfalls verzichten können oder wollen (auch wenn sie es nicht zugeben), und versucht Hilfestellung bei der Erarbeitung einer Lösung, in der diese Interessen gewahrt bleiben können.

Mediator/innen wechseln die Blickwinkel, »dolmetschen« emotionale Ausdrücke in sachlich-annehmbare Informationen, stellen die hilfreichen Fragen, die innovatives Denken ermöglichen. Während der traditionelle Jurist strategisch aus nur einer Blickrichtung schaut und VorTEILe für seine PARTei und Schwachstellen beim Gegner – oder bei künftigen Gegnern – auszumachen sucht, wird in der Mediation der »Supervisionsblick« eingenommen: die Draufsicht, der Über-Blick, von dem aus man sieht, wo es aus dem Labyrinth der aufgestauten Emotionen herausgeht. Deshalb muss ein/e Mediator/in ja auch deklariert bestellt werden. Denn wenn eine der StreitPARTeien diesen Blickwinkel spontan einnimmt, wird ihre »Über-legenheit« mit Sicherheit mehr oder weniger rebellischen Widerstand auslösen. Und möglicherweise einen Ostrakismos samt Verbannung.

Wie ich dann am Ende meiner Geduld pointiert habe, die Abstimmungsfrage laute im Klartext: »Totaler Krieg oder kooperatives Verhandeln«, fiel mir der junge Mann mit »Das ist eine Frechheit!« ins Wort. Ich konterte mit »Mäßigen Sie Ihre Sprache!«, während die

»dritte Frau« (Nobodys Sprechpuppe) sofort säuselte: »Also lass doch den jungen Mann ausreden!« und »Er wird doch noch seine Meinung sagen dürfen!« und »Was bist Du denn so aggressiv?« Zwischenzeitlich hatte sich der junge Mann aber bereits für seinen Verbalausrutscher entschuldigt (und die Anschmiegeversuche der »dritten Frau« ignoriert).
Was mich so ungeduldig gemacht hat (und immer wieder macht), ist das Erleben von inflexiblen Denkmustern. In diesem Fall zuerst die Journalistin, die nicht von ihrem Klagen über die Kulturschande abweichen wollte, dann die Juristin, die »nur« den Streitweg gelten lassen wollte, dann das Fehlen einer Präzision des Abstimmungsprozesses. Zuletzt stellte der Moderator zwei Fragen zur Wahl: entweder alles zu unternehmen, dass an diesem Standort überhaupt keine Gaststätte errichtet werde (Ziel der Juristin und, wie ich unterstelle, des von ihrem Mann angebotenen Rechtsanwalts, dem schon etliche ihre 218 Euro abgeliefert hatten) – oder das Angebot der Betreiberfirma als Verhandlungsbasis annehmen und schauen, ob noch mehr Zugeständnisse (einzeln oder kollektiv) drinnen wären. Als langjährige Bezirksrätin wusste ich, dass die Gaststätte nicht zu verhindern war, aber ich wusste auch, dass es bei großem Energieaufwand auch Wunder gibt (siehe das Atomkraftwerk Zwentendorf, das schlussendlich auch nicht in Betrieb genommen wurde).
Die Abstimmung ergab 15 für den »totalen Krieg« (meine »freche« Formulierung) gegen 11 für friedlichere Vorgehensweisen. Ein Architekt stimmte beide Male mit Ja, weil er, wie er nachträglich erklärte, sowohl für die eine als auch die andere Strategie sei. Das war für mich ganz O.K., weil ich ja in intellektualisierter Distanz war. Nicht O.K. war, dass dann die »dritte Frau« mir weitere Belehrungen zuTEIL werden lassen wollte, wie ich mich anderen Menschen gegenüber zu benehmen hätte, im Klartext: nicht selbstbehauptend. Dabei säuselte sie mich an: »Du bist ja erst zwei Jahre bei uns, aber ich wohne seit 36 Jahren hier!«
Darauf ich: »Was soll der Untergriff? Alter ist kein Verdienst! Das kommt mir ja vor wie Palästina gegen Israel!« Darauf sie: «Das war jetzt ein Untergriff!« Ich frage Dich: war das einer? Ich habe jedenfalls wieder einmal die Kommunikation mit ihr abgebrochen …

> Von Max Frisch stammt der Satz, jede Kommunikation hängt vom Wohlwollen des anderen ab. In der Mediation hält der/die Mediator/in zu allen Beteiligten gleichbleibendes Wohlwollen. Deshalb muss er/sie ja auch unbeTEILigt sein – sonst geht das ja nicht. Und deshalb ist diese Dienstleistung auch harte Arbeit – wie Psychotherapie auch: sich mit der jeweiligen KonfliktPARTei identifizieren und dennoch neutral zu sein, ist ein Balanceakt, den man nicht unbezahlt für zwei Stunden auf sich nehmen sollte! Deshalb nenne ich Mediation auch eine Geisteshaltung – eine Haltung, die Halt geben und Halt setzen soll, für die man aber auch Halt braucht.
> Hofstätter schreibt: »Welche Züge ihres Wesens einer Person bewusst und daher zu Merkmalen des Selbstbildes werden können, hängt sehr wesentlich von den sprachlichen Objektivierungsmöglichkeiten ab, die eine Gesellschaft ihren Angehörigen in Form einer ›Psychologie‹ zur Verfügung stellt.« Er erinnert dabei an Worte wie »Ödipuskomplex« oder das »Modewort ›Frustration‹, das Sachverhalte akzentuiert und höchst interessant erscheinen lässt, die man früher einmal mit dem schnöden Hinweis ›so nimm dich halt zusammen!‹ quittiert hätte.«

Ich zum Beispiel weise immer wieder darauf hin, dass wir im Deutschen kein Wort für den Begriff »fair« haben. Und in der leider vergriffenen Originalausgabe von »Management macht impotent«[17] – Du hast noch ein Exemplar von mir geschenkt bekommen – habe ich im Kapitel »Anerkennung wollen sie auch noch – Wie es Mitarbeitern von Führungskräften ergeht« am Beispiel des Rumpelstilzchens das Gefühl thematisiert, das es vor seinem Selbstmord hat – denn es ist eine Selbsttötung, wenn sich das Männchen in seiner Not entzwei reißt: »Diese Verzweiflung über das Nicht-verstanden-Werden, über den gefühllosen, ›sachlichen‹ Umgang mit Menschen, die einem geholfen haben und fairen Umgang erwarten, können wir wieder und wieder erleben. Ich suche einen passenden Namen und finde keinen. Warum gibt es keine treffende Bezeichnung für dieses Gefühl? Ein Gefühl des Missbraucht-worden-Seins (aber nicht so unfair, demütigend), des Enttäuscht-Seins (aber mit mehr Wut denn Resignation), Ausgebeutet-worden-Seins (aber mit dem Bewusst-

sein, doch gerne geleistet zu haben) … Ist dieses Gefühl so gefährlich, dass es keinen Namen haben darf? Oder soll es keinen Namen haben, damit nicht möglicherweise viele Menschen draufkommen, dass sie genauso fühlen und zu rebellieren beginnen?« Dann habe ich betont, dass ich dieses Gefühl von Mitarbeitern von Führungskräften kenne und – von Ehefrauen, die ihr »satter« – oder saturierter – Ehemann nicht mehr benötigt. Auch für meine Gefühle für Dich finde ich kein allgemeines Wort, nur in manchen Augenblicken – die ich natürlich verlängern kann, die Techniken dazu kenne ich ja alle zur Genüge! – kann ich präzisieren: Jetzt finde ich Dich interessant, jetzt bist Du mir unverständlich, jetzt bist Du mir vertraut, und Du weißt ja, wenn ich Dich gerade lieb hatte, habe ich Dich angerufen und kurz angebunden gesagt: Jetzt habe ich Sie gerade so lieb! Das war bevor wir uns gefunden hatten. Ja und dann gab es immer wieder die kostbaren Sekunden, in denen ich mich mit Dir EINig fühlen konnte, aber was es alles zusammen ist, kann ich nicht benennen.
Hast Du den Artikel im »profil« über Seele und Bewusstsein als Fiktion gelesen? Da berichtet das Autorenduo von Forschern und Forschungen, die ergeben hätten, menschliche Identität und Bewusstsein sei nichts anderes »als eine gut funktionierende Fiktion, erzeugt von insgesamt 340.000 Kilometer Nervenbahnen.«[18] Sind also die naturwissenschaftlich orientierten Gehirnforscher endlich auch darauf gekommen, was beispielsweise systemisch ausgerichtete Psychotherapeuten schon lange wissen und vor ihnen schon Plato oder Buddhisten usw.? Was sie alle nämlich nicht verstehen, ist, dass wir ja nur in Sprache symbolisieren, was wir wahrnehmen – »für wahr nehmen«. Und was wir wahrnehmen, hängt eben von unseren Neuronen und ihren Signaturen ab.

> Das besagt etwa der Satz Rudolf zur Lippes: »Die Organe eines Lebewesens bilden sich als Funktionen durch Funktionen seiner Existenz in einem Beziehungsfeld, auf das es eben nur in seinen ganz besonderen Weisen antwortet.«[19]
> Alexander Lurija, der als Begründer der Neuropsychologie gilt, hat in den 1930er-Jahren durch Forschungen im Kulturvergleich (mit Analphabeten und in Kurzlehrgängen eingeschulten Kolchosemitgliedern aus Usbekistan und Kirgisien) festge-

> stellt, dass ohne spezifisches Training des Denkens in Worten abstrakte Formen – wie Kreis, Viereck etc. – nur konkret als Gegenstände des vertrauten Alltags wahrgenommen werden konnten.[20] Beispielsweise sagten die »ungebildeten« Versuchspersonen hinsichtlich eines vollständig geschlossen dargestellten Kreises und eines Kreises, der oben offen gezeichnet war: »Nein, sie sind sich überhaupt nicht ähnlich ... weil das erste eine Münze ist, und das zweite ist der Mond.«[21] Personen mit elementarer Ausbildung hingegen klassifizierten diese Figuren aufgrund ihrer allgemeinen Merkmale. Lurija schreibt: »Gebildete Versuchspersonen ordnen Objekte nach ihren ›idealen‹ Eigenschaften, darin kommt jedoch kein natürliches Gesetz der menschlichen Wahrnehmung zum Ausdruck«, sondern die Wiederholung von Eingelerntem.

Umdenken ist sicherlich nicht leicht für Menschen, die wenig Training darin haben. Dazu zähle ich auch Dich. Ich hingegen habe schon oft »umgelernt«. Das psychoanalytische Denk-Ahnen ist doch schon ganz anders als das juristisch-strategische Zielverfolgen, und das systemisch-komplexe Denken wiederum anders, und im Geistheilen schalten wir überhaupt das Denken aus und öffnen uns nur für »den Geist« – und es ist uns egal, ob jemand Ruah dazu sagt oder Chi oder Prana, es sind nur verschiedene Worte für EIN und dasselbe EINe.

Was ich aber wichtig finde, ist, dass die Menschen erkennen, dass in der globalen Wirtschaft nicht die EINzelne Produktion egal wo oder der EINzelne Umsatz in dem einen kleinen Geschäft zählt, also nicht die TEILe der realen Wirtschaft, sondern der virtuelle Wert des GANZen, und der wird repräsentiert durch den Kurs an der Börse. Das ist Shareholder Value. Dazu muss man aber diese »Wertschätzungen« nicht nur als Folge realer Bemühungen, sondern als irreale Bewertungen erkennen. Als Fiktionen, die durch ebensolche Fiktionen – Proteste gegen tatsächliche Miss-Handlungen ebenso wie auch »bloße« Gerüchte – bekämpft und vernichtet werden können.

Deswegen finde ich es ja so wichtig, dass wir miteinander reden und unsere Sprachen austauschen! Deswegen suche ich ja auch immer wieder den Kontakt zu Dir, weil Du aus einer so anderen Welt

stammst als meiner, und weil ich nun schon aus Erfahrung weiß, dass in unseren »lucida intervalla«[22] ich Dich verstehen kann und Du mich, und das tut unser beider Weiterentwicklung gut.
In der Sitzung der Bürgerinitiative Franziskanerviertel prallte ich mit meinem komplexen Bedenken möglicher EINigungen auf die traditionelle lineare Denkweise der juristischen Rechthaberei: Es kann nur EINen Sieger geben. Im mediatorischen Denken sind aber alle Sieger. Deswegen heißt es ja auch Win-win-Strategie: Allen soll es gut gehen. Nicht nur EINem (männlich). Ist das typisch weiblich?
Mit dieser Frage schließe ich. Der Brief ist recht lang geworden. Das nächste Mal fasse ich mich kürzer. Ich versuch es zumindest.
Immer gesprächsbereit

Deine
nicht UnbeTEILigte

VerTEILen

Von der Möglichkeit, seine Arbeit gemEINsam zu gestalten

Lieber Dušan!

Kannst Du Dich erinnern, dass wir einmal darüber geredet haben, dass Du als Hardliner giltst, der Leute, die es sich an ihrem Arbeitsplatz gemütlich einrichten wollen, mit quasi chirurgischen Schnitten entfernt? Du hast damals gesagt, Du fühlst Dich der Wirtschaftlichkeit verpflichtet, unnötige Kosten zu sparen. Ich denke, dafür haben sie Dich auch geholt. Manche der von Dir überfallsartig Entfernten haben sich mit all ihren Möglichkeiten gewehrt. Ich hatte den Eindruck, Dich habe das nicht berührt. Mich schon. Ich habe da eine andere Einstellung – weniger hierarchiebewusst, auch wenn ich keineswegs zu den Feinden von Hierarchien gehöre. Du weißt, ich sehe ihn ihnen nützliche juristische Konstruktionen, Strukturen, die Menschen Sicherheit geben sollen, z. B. Beamt/innen ebenso wie Bürger/innen. Sicherheit – und nicht eine Arena für Machtspiele.

> Die meisten Menschen können sich eine Arbeitswelt der symmetrischen Nähe und Entscheidungsfindung im gleichberechtigten Dialog nicht vorstellen. Ich führe das auf das traditionelle Denken in klassischen juristischen Strukturen zurück: Ein Meister leitete Lehr-linge an und verfügte über dieses »Humankapital« quasi wie ein altrömischer Patriarch über seine »familia«. Dieses Herr-schaftsmodell findet sich in allen Gesellschaftsbereichen – von der Hausordnung im Genossenschaftsbau bis zu der KompetenzverTEILung eines Staatswesens. Es ist das Modell des quantitativ Mächtigeren gegenüber den potenziell oder manifest (Fremd- oder Selbst-)Unterworfenen. Mit wenigen Ausnahmen herrschaftlicher Großzügigkeit oder

Dankbarkeit (meist auf den nahenden Todesfall bezogen): Im Grunde war jede Emanzipation ein mühselig erkämpfter Zugewinn von Rechten. Wenn Christine Bauer-Jelinek in ihrem penibel aufgebauten Überblick über Erscheinungsformen und -orte der Macht meint, im »Haus« gälten andere Werte, Ziele und Kommunikationsformen als auf dem »Markt« (in der Wirtschaft), in der »Burg« (im Staatswesen) und im »Tempel« (in den Bereichen des Geistes), dann fehlt ihr das rechtshistorische Wissen und die biografische Erfahrung, dass und wie auch im »Haus« bis vor kurzem noch die gleichen Werte, Ziele und Kommunikationsformen wie »draußen« erwartet, rechtlich vorgesehen und durchgesetzt wurden.[1] Es waren harte Kämpfe, die wir ältere Politikerinnen in den 1960er- und frühen 1970er-Jahren strategisch planen und durchführen mussten, um die häusliche Sphäre von paramilitärischem Drill und männlicher Befehlsgewalt zu befreien. Um in Bauer-Jelineks VierTEILung der Welt zu bleiben: Es ist uns progressiven Mandatarinnen damals gelungen, zumindest das Viertel neu zu definieren, das die Machthaber am leichtesten loslassen konnten. Das darf uns aber nicht zufrieden machen und träge werden lassen! Es gilt auch die anderen TEILbereiche von Herr-schaftsstrukturen zu befreien.

Es ist nämlich falsch, an eine natürliche Trennung der Lebensbereiche und ihrer jeweiligen Spielregeln zu glauben. Die Welt und wir sind EINs, verbunden durch ein und dieselbe Atemluft – es ist immer nur eine Frage von Raum und Zeit, bis uns die Auswirkungen einer Handlung erreichen. Wir selbst sind es, die künstliche Trennungen schaffen, wir selbst sind es, die die Berechtigungen zu trennen vergeben, wir selbst sind es, die die Strukturen und Rituale der Trennungsvorgänge festlegen – und ebenso können wir EINigungen gestalten.

Als ich in den frühen 1960er-Jahren Rechtswissenschaft studierte, hörten wir ungemein viel Interessantes, wie sich die damals geltende Rechtslage entwickelt hatte, welche Rechtsphilosophie jeweils die Basis des Gestaltungswillens bildete, wer konkret wann welche Reformen durchgeführt hatte, und auch – ein wenig – über vorausgegangene Machtkämpfe. Aber darüber, welche alternativen rechtsphilosophischen Ansätze zum

Geltendrecht es gegenwärtig gab oder geben könnte – darüber erfuhren wir ebenso wenig wie über den konkreten Prozess, wie man eine Gesetzesänderung betreiben könne. Und schon gar nichts erfuhren wir über Meinungsmache, Öffentlichkeitsarbeit, Gruppendynamik und Massenhysterie, kurz Demagogie. Möglicherweise deshalb, weil einige der Universitätsprofessoren noch nicht genug Abstand zu ihren Karrieren im Dritten Reich besaßen. Sicherlich aber deswegen, weil interdisziplinäres oder gar ganzheitliches Denken damals zumindest an österreichischen Hochschulen noch völlig unbekannt war.

Weißt Du, Dušan, das ist auch ein Grund, weswegen ich die Gespräche mit Dir suche: Dein anderer Blickwinkel, Dein Nachfragen, auch Deine Abwehr gegenüber »meinen« Themen bereichern mich und beseitigen Unschärfen in meinem Über-Blick. Wenn Du Dich aber nicht rückmeldest, wenn ich Kontakt zu Dir aufzunehmen versuche, fühle ich mich in meiner Arbeit blockiert, verliere Zeit – Wartezeit, Lebenszeit – und vermisse den Respekt, der meiner Ansicht nach jedem Menschen zusteht. Zum Re-spekt – zu deutsch: Rück-sicht – gehört auch, andere nicht im Dunkeln zu lassen. So verstehe ich die »dunkle Seite der Macht«: keinen Raum und keine Zeit für Selbstbestimmung zu geben. Und »Licht ins Dunkel« bringen, heißt für mich, genau diese Mechanismen in der konkreten Situation oder so bald wie sinnvoll nachher anzusprechen. Du weißt, ich nenne das die Exorzismus-Technik[2]: Man muss den Namen sagen, sonst kann man den jeweiligen Teufel nicht wegschicken. Er fühlt sich nämlich sonst nicht angesprochen.
Juristisch – de iure – wie beziehungsdynamisch – de facto – betrachtet, zeigen sich in jeder Hierarchie vielfältige Kommunikationsschranken: übergeordnete Funktionsträger schützen sich vor Belästigung durch Wünsche und Kritik von unten, erfinden Ebenen für Zwischenträger, die so genannten »Sandwichpositionen«, und beschränken ihren Kontakt zur Basis auf mehr oder weniger öffentliche Auftritte zwecks Einholung von Huldigungen.
Als ich noch Führungskraft im Verein Jugendzentren der Stadt Wien war, hatte ich so eine Sandwichposition inne: In der Hierarchie der Angestellten stand der geschäftsführende Obmann an der

Spitze, meist ein »vertrauenswürdiger«, nicht zum politischen Mandat gekommener Parteifunktionär mit jahrelanger Erfahrung aus einer Jugendorganisation, während der eigentliche Obmann immer ein Landtagsabgeordneter und Gemeinderat aus dem Jugendwohlfahrtsausschuss war. Ihm direkt untergeordnet waren zu meiner Zeit der Personalreferent – wieder ein Ex-Jugendfunktionär – und der Pädagogische Referent, damals ein durch wissenschaftliche Forschung und Publizistik ausgewiesener Experte. Als der von mir schon zitierte langjährige geschäftsführende Obmann Peter Reinelt von dieser Funktion nahtlos Leiter eines Pensionistenheimes wurde, weil seinen Job der Hausleiter des Jugendzentrums Erdberg, Helmut Laska, erhalten sollte, verlor der Pädagogische Referent Manfred Pawlik – der Soziologe, Psychologe, Pädagoge und Politikwissenschaftler ist heute Systemischer Familientherapeut – seine Aufgabe. Ich denke, er war der neuen Leitung zu intellektuell, zu problembewusst und vor allem: zu wenig politikerhörig. Ich habe ihm damals die von mir aufgebaute Familienberatungsstelle Favoriten zur Leitung überlassen – auch eine Form von Arbeit TEILen: Ich war ohnedies mit Arbeitsaufträgen über-, er hingegen unterversorgt, warum also nicht den TEIL meiner Unternehmungen wie eine Stafette an jemand weitergeben, von dem ich wusste, dass er das selbe Ziel anpeilte wie ich – und der weiter mit mir zusammenarbeiten würde, meine geistigen »Kinder« also nicht verkommen müssten?
Unter diesen Referenten rangierten die vier Projektleiter/innen sowie die über 20 Hausleiter/innen; zwischen diesen war keine Hierarchiestufe. Wir – der Diplomsozialarbeiter und spätere Grün-Parlamentarier Manfred Srb für die Arbeit mit behinderten Jugendlichen, die türkische Soziologin Mag. Jacqueline Freigang für Arbeit mit Gastarbeiterkindern, Max Koch für Arbeit mit Jugendlichen ohne Job und ohne Schulabschluss und ich für Arbeit mit Jungfamilien und Generationenintegration – saßen zuletzt in einem nasskalten Zubau in der Zentrale, dem ehemaligen »Mauthner-Schlössl« in Wien-Floridsdorf und weil Srb im Rollstuhl saß, Freigang einen kürzeren Fuß hatte und ich seit meinem »Aufstieg« in diesen »Projektleiterpavillon«, wo ich am ersten Tag auf der Rollstuhlrampe hinfiel, von einem Hexenschuss zum anderen hinkte, Koch aber ohnedies kaum anwesend war, nannte man unser Domizil das »Krüppelzimmer«. Unsere interdisziplinäre Zusammenarbeit funktionierte her-

vorragend. Ohne jegliche Konkurrenz TEILten wir uns Büroorganisation, Telefondienste, besprachen fachliche Zusammenarbeit, sorgten abwechselnd für unser leibliches Wohl und gaben uns offen und förderlich Feedback. Ich habe solch gute Kooperation – in diesem Fall zwischen Psychotherapeut/innen unterschiedlichster Herkunftsberufe und Methoden – nur mehr in der Sexualberatungsstelle 1 in der Lustkandlgasse erlebt.

Die Probleme des Vereines, wie sie sich mir damals darstellten, lagen auf zwei Ebenen: einerseits in den Interventionen der Politiker/innen, die Kritik – vor allem von Seiten der Medien – nicht ertragen konnten und unsere ohnedies schwere Arbeit mit vielfach sozial belasteten Jugendlichen durch mehr oder weniger sanfte Drohungen in Aktivitäten zu ihrer Glorie umfunktionieren wollten; andererseits in den »Verführungsversuchen« der Geschäftsführung, die uns Hausleiterschaft mit der Taktik »Angst vor Strafe – Hoffnung auf Belohnung« dazu gewinnen wollte, nicht zu unseren jungen oder erwachsenen Besucher/innen der Zentren, sondern zu den übergeordneten Funktionär/innen zu halten. Sie delegierten die »Wünsche« vor allem der Bezirksmandatar/innen an uns – und wir wussten, dass unsere Budgets von unserem »Wohlverhalten« und dem unserer Besucherschaft, für die wir verantwortlich gemacht wurden, abhing.

Manchen Hausleitern wie z. B. dem späteren SPÖ-Bundesgeschäftsführer Andreas Rudas vom »Neuner Haus« – damals noch Medizinstudent und Sekretär der Sozialistischen Jugend (SJ), deren Obmann zu dieser Zeit der gegenwärtige Klubobmann der SPÖ Josef Cap war – gelang der Slalom zwischen den Bedürfnissen der Jugendlichen und denen der Politiker bravourös; mit anderen wie z. B. dem unorthodoxen Liesinger Hausleiter »Mucki« Schuller, dem eigentlichen Mentor der Gemeinwesenarbeit in den Jugendzentren, gab es immer wieder Schwierigkeiten. Er hat dann auch bald gekündigt und werkt heute in Oberösterreich. Meiner Ansicht nach ein schwerer Verlust für die sozialpädagogische Wiener Schule der 1980er-Jahre. Aber so war das damals: Wem es nicht gelang, Jugendliche für den Aufmarsch am 1. Mai oder den Tag des Kindes zu mobilisieren – oder wer sich gar nicht darum bemühte –, galt nicht als kooperativ, sondern subversiv. Und das waren wir ja auch: Wir bemühten uns nicht, wie Dolmetscher die Sprache der Macht in die

Sprache der freiwilligen Unterwerfung zu übersetzen, sondern sahen unsere Aufgabe darin, unsere »Klientel« zu lehren, die Sprache der Macht zu entschlüsseln und die Sprache der Selbstbehauptung zu erlernen.
Es war damals die Zeit der AllEINregierung Kreisky und Mitbestimmung war angesagt: erst in den Betrieben, dann im Familienrecht, dann in der Schulorganisation – alles traditionellerweise konservative Einflussgebiete. Bei der Mitbestimmung auf kommunaler Ebene erlitten die Partizipationsbestrebungen einen Stopp: Da waren ja die Kommunalpolitiker des »Roten Wien« bedroht, an Macht und Einfluss zu verlieren. Kein Wunder, dass sich aus den damals entstehenden Bürgerinitiativen die PARTei der Grünen entwickelte – auch wenn der damalige Bürgermeister Leopold Gratz in seinen Reden auf Bezirkskonferenzen unermüdlich betonte, »Die erste Bürgerinitiative überhaupt ist und bleibt die SPÖ!«
Dieses Nicht-TEILen-Wollen von Wissen und Entscheidungsprozessen (gar nicht einmal Entscheidungsmacht!) mit dem Bürger und schon gar nicht der Bürgerin ist meiner Ansicht nach die Ursache, dass so viele Alt-Linke zu anderen PARTeien abgewandert sind: die Etablierteren zu den Paradeintellektuellen der ÖVP wie dem ehemaligen Vizebürgermeister und Vizekanzler Erhard Busek, die sozial Engagierten zu den Grünen, die verbitterten Unzufriedenen zur FPÖ.
Jetzt haben wir eine blau-schwarze Regierung und von TEILen – von Mitbestimmung, Partizipation, Emanzipation und Bürgerinitiativen, vom Grundeinkommen ohne Arbeit und sozialpädagogisch betreuten Arbeitsprojekten für Langzeitarbeitslose – ist nicht die Rede, und auch nicht von UmverTEILen. Verständlich: Wer der Wertschöpfung der Wirtschaft als Basis der Volkswirtschaft Vorrang gibt vor dem Sozialfrieden als Basis der Motivation der die Wertschöpfung erarbeitenden Menschen, wird die Energien des Staates – und Geld ist auch Energie! – in Richtung verbesserter Wettbewerbsfähigkeit der Unternehmen lenken (und nicht in Richtung UmverTEILung der Produktionsmittel). Dass sich dabei auch prächtig die Verwaltung umorganisieren lässt, Politgegner in die Pension geschickt werden und ihre Posten mit Vertrauensleuten besetzt werden können, ist willkommener Nebeneffekt und Begleiterscheinung jedes radikalen Regierungswechsels. Und je schneller das

alles vor sich geht, desto weniger kann davon wahrgenommen und Widerstand geleistet werden. Speed kills.
Versteh mich nicht falsch, Dušan: Ich respektiere die Ziele und Durchsetzungsstrategien demokratisch gewählter Mehrheiten, die dann Regierungen bilden, was nicht heißt, dass ich sie billige oder gar unterstütze. Ich beobachte. Falls ich Widerstand leisten will, will ich primär die demokratisch vorgesehenen Mittel nutzen – Protest einlegen, aber auf jeden Fall auch Gegenvorschläge machen, Verbündete suchen, Mehrheiten anpeilen. Bei jedem dieser Schritte kann man natürlich auch in die Öffentlichkeit gehen; das tue ich selten, weil meine direkten Anregungen an die jeweiligen Adressaten fast immer ernst und angenommen werden. Ich führe das darauf zurück, dass ich erkennbar mache, dass mein Ziel eine sachlich bessere – gerechtere – Problemlösung ist und nicht meine Profilierung in der Öffentlichkeit. Und: ich lasse meinen Adressaten Zeit und Raum, meine Anregungen in Ruhe – ohne den sofortigen emotionalen Widerstand, weil etwas »Anderes«, »Fremdes« entgegenkommt – auf ihre Zukunftstauglichkeit zu überprüfen. Das gehört für mich auch zu einer Kultur des TEILens.
Im Jänner 1998 hielt ich einen Vortrag an der Evangelischen Akademie in Wien. Ich gab ihm den Titel »Vom Verschwinden der Zeit«® und wollte aufzeigen, wie Menschen durch immer mehr Planung der Zukunft entweder eigenen Visionen oder fremdbestimmten Vorgaben nachhetzen und dabei das Gefühl für die reale Zeit der Gegenwart verlieren.
Gegenwart muss aber erfühlt werden, will man erkennen, welche Entwicklungsmöglichkeiten sie in sich birgt.
Während ich also in meinem Vortrag gemächlich meine Gedanken entwickelte, merkte ich, wie ein neues Thema immer mehr von meinem Denken Besitz ergriff: Wir hetzen auch so und lassen uns hetzen, weil wir damit vermeiden können, die Gefühle anderer Menschen zu spüren.
Und je mehr sich die Gesellschaft in Schnelle und Langsame – in die nach oben Gelangten und die unten Gebliebenen – TEILt, desto mehr besteht die Gefahr, dass es zu mehr oder weniger kriegerischen Zusammenstößen zwischen den beiden oppositionellen Gruppen kommt. Oft nur deshalb, weil die überlasteten Raser den Durchschnittslangsamen auf die Nerven gehen …

Will man solche »Bürgerkriege« vermeiden, muss man ganzheitliche Kommunikation zwischen den beiden »PARTeien« herstellen, postulierte ich sodann – eine Form des Dialogs, die nicht nur körperliche Anwesenheit und Aktion beinhaltet, sondern auch Geist und Seele. Und die braucht Zeit und die sollten wir uns auch nehmen und geben.

Als ich den Vortrag beendet hatte, fragte mich ein Mann in der ersten Reihe: »Und wie halten Sie es selbst?« Und dann zählte er präzise auf (und ich fühlte mich wie von einem Detektiv observiert!): »Sie arbeiten doch auch sehr viel – Sie haben eine psychotherapeutische Praxis, sind Gerichtssachverständige, Hochschullehrerin, bilden Angehörige psychosozialer Berufe aus, halten Managementtrainings ab, coachen in Wirtschaft und Politik, veröffentlichen jedes Jahr zwei Bücher, etliche ehrenamtliche Funktionen bekleiden Sie auch, verheiratet sind Sie, Kinder haben Sie – wie gehetzt sind Sie denn eigentlich?« Und ich antwortete ganz spontan und aus vollem Herzen: »Ich bin überhaupt nicht gehetzt, denn ich TEILe Arbeit!« – »Aha!«, replizierte darauf der Fragesteller, »Sie delegieren!« – »Nein!«, konterte ich, »ich TEILe wirklich – symmetrisch, nicht von oben nach unten!«

Mir war plötzlich klar geworden, dass das Geheimnis meines perfekten Zeitmanagements darin liegt, dass ich immer vorab erspüre und auch überprüfe, welche TEILe der jeweils anstehenden Arbeit ich wann und wie selbst machen muss (oder will) und wer in welcher Zeitfolge welche TEILe zuliefern, übernehmen oder nacharbeiten könnte. (Außerdem bin ich sehr erfinderisch beim Weglassen und alternativen Ersetzen, beim Standardisieren und Recyclen und ich habe auch keine Probleme damit, Arbeitsrückstände – oder anders formuliert: Arbeitsvorräte! – zu verantworten.)

In den Seminaren, die ich nunmehr seit Anfang der 1970er-Jahre gestalte, mache ich immer wieder eine Erfahrung: Seit etwa Mitte der 1980er-Jahre klagen die Seminarteilnehmer/innen über immer stärkere Versuche, sie zu unbezahlten Mehrleistungen zu verlocken. Vor allem zu zeitlichen. So erinnere ich mich noch genau an die Zeit, kurz bevor ich im Verein Jugendzentren der Stadt Wien gekündigt habe: Damals standen wir Hausleiter/innen plötzlich dem Druck gegenüber, unsere sozialpädagogischen Projekte und damit auch die Belegschaft massiv einzuschränken; man brauche doch ohnedies nur eine Person, die die »Häuser« auf- und zusperre, vermeinten die politisch für die Finanzierung Verantwortlichen, und jemand für die Raumpflege, alles andere könnte ja von den – politisch ausgerichteten – Jugendgruppen ehrenamtlich organisiert werden. Ich habe damals den Vergleich geprägt: Auch eine Familie könne man so organisieren, dass man den Kindern morgens Essen hinstellt und abends den Dreck wegräumt und die »Selbstorganisation« der Kinder als Beitrag zum Einüben von Selbstbestimmung auffasse – das Strafgesetz nennt dies allerdings Vernachlässigung. Übrigens: ein Hausleiterkollege von damals bezeichnete als das eigentliche Ziel städtischer Kindergärten: »fette Kinder, schöne Zimmer«. (Wird heute wahrscheinlich nicht mehr stimmen. Hoffe ich zumindest!)

Jede gelungene Selbstorganisation innerhalb eines sozialen Rahmens bedeutet ein Mehr an Dialog. Wenn einer an der Spitze Befehle ausgibt und nur seine eigene Problemsicht gelten lässt, wird er vermutlich auch die »Spielregel« »Widerrede wird nicht geduldet« ausgeben und/oder tatsächlich durchsetzen. Ist zwar unklug – so erfährt er wahrscheinlich nichts von dem, was an der Basis schief läuft –, spart aber kürzestfristig Zeit. Langfristig werden ihn die regelmäßig früher oder später aufbrechenden Fehlläufe und Fehlleistungen zwingen, die eingesparte Zeit zur Störungsbehebung aufzubringen.

Ähnlich geht es unserem »Betrieb« Leibseelegeistganzheit: Wer im Geschwindigkeits-, Harmonie- oder Perfektionswahn[3] die Protestzeichen des Körpers ignoriert, wird früher oder später gezwungen sein, sich viel Zeit zu nehmen, um den beleidigten Körper wieder zur Kooperation zu motivieren.

Der amerikanische Psychobiologe Ernest L. Rossi plädiert für regelmäßig 20 Minuten Pause nach 90 Minuten Arbeit, um zu verhindern, dass man infolge eines »Workers High« – dem grandiosen und suchtdisponierenden Hochgefühl, was für eine ausdauernde, disziplinierte, belastbare Arbeitskraft man doch wäre – nicht mehr auf die Körpersignale achtet, die Hunger, Bewegungs- oder Entspannungsbedarf oder einfachstes Schlafbedürfnis »anmelden«.[4] Die Berücksichtigung dieser »ultradianen Rhythmen« verhindert die Übersäuerung des Organismus und damit Selbstvergiftung durch zu geringe Stoff-

> wechseltätigkeit. Wenn aber schon dieser psychosomatisch krankmachende Zustand eingetreten ist, rät Rossi zu einer Art Heilfasten durch Verzicht auf »Zeitgeber« – Weckrufe, allgegenwärtige Uhren oder Strukturhilfen wie Arbeitsschlüsse, Fernsehprogramme etc. Man sollte nur mehr nach den Bedürfnissen des Körpers leben – am besten fernab jeder Zivilisation, damit einen nur ja niemand nach dessen Bedürfnissen manipuliert – bis man wieder genau spüren kann, wann man essens-, schlaf- oder bewegungslustig ist.

Solche Pausen fallen üblicherweise weg, wenn man in TEILzeit arbeitet. Habe ich Dir schon einmal erzählt, dass ich meine Führungsposition im Verein Jugendzentren der Stadt Wien in TEILzeit ausgeübt habe? Und KAPOVAZ[5] dazu? Damals waren meine Söhne noch im Kindergarten, Schulbeginn stand vor der Tür und mir war es nur recht, täglich vormittags die Konzeptions-, Organisations- und Supervisionsarbeit zu erledigen, und wenn nachmittags oder abends Veranstaltungen oder Sitzungen anfielen, nahm ich eben irgendwann Zeitausgleich (oder verzichtete darauf und belog mich selbst, indem ich mir eben suggerierte, Führungskräfte seien eben »immer« im Einsatz. Jetzt weißt Du auch, was ich mit dem grandiosen Hochgefühl vorhin andeuten wollte ...). Taten ja alle. Erst als ich mein erstes Buch über Burn-out las, wurde mir klar, weswegen so viele Kolleg/innen im Verein frustriert »das Handtuch warfen« und für eine auffallend hohe Fluktuationsquote sorgten ... Es war die permanente Selbstausbeutung, zu der wir durch unsere wenig fürsorglichen – weil im »Wiederholungszwang«[6] agierenden – Arbeitgeber nach dem Motto »Angst vor Strafe – Hoffnung auf Belohnung« verführt wurden.
Genau dieselben erpresserischen Führungsmuster erlebe ich derzeit im Krankenanstaltenbereich: es wird von der Ärzteschaft ebenso wie von den Krankenpflegepersonen als selbstverständlich erwartet, dass sie die Arbeit übernehmen, die infolge fehlender Besetzungen von Dienstposten in Menschengestalt »übrig« bleibt – ohne Rücksicht auf körperlichen Zusammenbruch. Deswegen kritisiere ich ja auch die üblich gewordene Praxis, Unternehmensberatung zwecks Auslotung von Einsparungsmöglichkeiten einzusetzen: qualitative Arbeit – und der Umgang mit Menschen ist immer ein qualitativer,

allerdings nicht immer von befriedigender Qualität! – kann man nicht quantifizieren.
Da fällt mir ein: 1994 gestaltete ich ein Zeitmanagement-Seminar für evangelische Pfarrer/innen und einer davon erzählte, er habe sich angewöhnt, wenn er Samstag nachmittags zu irgendwelchen Feiern gehen müsse, obwohl er sich lieber auf den Sonntag einstimmen würde, immer ein T-Shirt anzuziehen, auf dem steht: »Pfarrer im Dienst« – damit alle gleich wissen, er kommt in Ausübung seines Berufes – und nicht privat.
Die TEILung zwischen beruflich und privat ist ja an und für sich etwas Künstliches und entsteht erst durch die Trennung der Orte und Zeiten. Solange die Wohnstätte mit allem, was dazu gehörte – Schuppen, Scheune, Stall, Garten, Wiesen, Äcker, Wälder, Gewässer etc. – als eine Wirkungsstätte betrachtet wurde, werkte man eben mal da, mal dort. Und schlief auch mal da und dort. Wer »im Dienst« war, wohnte auch bei der »Herrschaft« – ein Rest des Leibeigentums. Und: Landwirtschaft und Gewerbe spielten sich meist hinter dem Wohnhaus, der Handel eher vor oder unter den Wohnräumlichkeiten ab – ein deutliches Zeichen, womit man »Aufsehen« erregen wollte. Erst mit dem Bau von Fabriken im Zuge der Industrialisierung wurde die Trennung von Produktions- und auch Verwaltungsstätten üblich.
Heute beginnt eine Gegenbewegung: Mit Wortneuschöpfungen wie Home Office oder Wohnbüro wird die neue Heimarbeit am Computer beworben und damit ein weiterer Schritt zur entpersönlichten Kommunikation angeregt. Dass sich die Arbeitgeber damit die Kosten des realen Arbeitsplatzes ersparen, indem sie sie auf die Arbeitnehmer/innen überwälzen, sehe ich weniger als Problem – als selbständige Unternehmerin muss ich ja auch meinen Arbeits-Platz selbst finanzieren.
Da fällt mir ein, wie eine Gemeinderätin, kurz nachdem ich freiberuflich zu arbeiten begann und über Existenzängste klagte, mit Neid in der Stimme sagte: »Du kannst ja jedes Klopapier von der Steuer absetzen!« und ich konterte: »Stimmt schon – aber dafür habe ich mir früher das Papier für den Privatgebrauch abgerollt und jetzt rollen sich meine Klienten mein Klopapier ab!« Weißt Du eigentlich, Dušan, dass es – wissenschaftlich nachgewiesen! – ein Zeichen für Demotivation und »innere Emigration« von Angestellten ist, wenn

sie Papier, Ordner, Bleistifte etc. dem Dienstgeber »entwenden« und nach Hause transferieren?
Ich sehe das wesentliche Problem bei den Wohnbüros darin, dass kaum mehr Erfahrungsaustausch mit »Gleichen« – auch eine Form des TEILens – möglich wird. Aufgefallen ist mir diese Gefahr in einer jahrelangen Supervision der Mitarbeiterinnen einer BildungsabTEILung einer großen Institution im Gesundheitswesen, die ihre Aufträge mit der elektronischen Post bekamen, bearbeiteten und rückmeldeten und deren Fantasien übereinander und über ihre Vorgesetzten trotz jahrelanger Bekanntschaft in unendliche VorurTEILe auszuwachsen drohten. In der Supervision kam sehr bald ans Tageslicht, dass unter dem Vorwand »Wir sind alle gleich – daher erhalten alle zur gleichen Zeit die gleiche Information« die kritische Überprüfung der eigenen Reaktionen unterbunden wurde bzw. werden sollte.
Ich meine, dass elektronische Kommunikation durch regelmäßige Aussprachen erGÄNZt werden muss, erstens, damit Kontakt und Vertrauen erhalten bleibt, zweitens aber, damit die Effizienz der eigenen Arbeit gemEINsam überprüft werden kann: Was ist/war unser Ziel, wie wollten wir es erreichen, hatten wir alles, was wir dazu brauchen, haben wir es erreicht, was war dabei dienlich, was war hinderlich, was soll bleiben wie es ist, was soll geändert werden und wer übernimmt welche ArbeitsanTEILe ... Und drittens: Wie ist es uns dabei gegangen, welche emotionalen Störfaktoren haben wir übergangen. Dazu gehören vor allem auch die jeweiligen Bedürfnisse nach Nähe oder Distanz.
»Steile« Hierarchien haben auch den Effekt, dass Nähe und damit Energieaustausch verhindert wird. Je größer die Nähe, desto eher kommt es aber auch zu »Reibung« – Zuwachs an sexueller und/oder aggressiver Energie – und damit zu »Reibungsverlusten«, nämlich Zeitverlust. Entweder es wird gekämpft (z. B. gemobbt) und nicht gearbeitet oder es wird geturtelt und nicht gearbeitet oder man muss Verletzungen heilen, und das kostet auch Zeit, in der nicht gearbeitet wird. Wenn elektronisch kommuniziert wird, kann man sich die Wahrnehmung dessen, was man anrichtet, und damit Betroffenheit ersparen. Denn Technologie hat »ein wesentliches Ziel«, weiß Theodore Zeldin, »nämlich Kraft zu sparen«[7]. Kraft ist aber auch wieder Energie, und die fehlt, wenn Menschen beziehungslos zusammenarbeiten sollen.

> Zeldin schreibt: »In der Vergangenheit war Arbeit sowohl eine soziale wie auch eine wirtschaftliche Tätigkeit und oft eine gemeinsame Tätigkeit der ganzen Familie. Besuchen Sie einen traditionellen orientalischen Basar und Sie werden feststellen, dass die Händler ebenso daran interessiert sind, freundlich mit Ihnen zu verkehren, was bis zu einem Angebot einer Tasse Kaffee geht, wie daran, ein Geschäft zu machen. In den Augen moderner Manager ist dies ineffizient, wobei sie aus wirtschaftlicher Sicht vielleicht recht haben, aber wenn man das Leben der Händler insgesamt betrachtet, bei dem es um mehr als nur den kommerziellen Zusammenhang geht, ist es sehr effizient.« Und er zeigt auf: »Der orientalische Basar erinnert uns daran, dass die Entwicklung des Menschen nicht nur hin zur Konsumgesellschaft geht, auch wenn Überfluss und Wohlstand für alle ein fast universelles Ziel ist. Auf der anderen Seite haben wir uns zu einer Dienstleistungsgesellschaft entwickelt, in der persönliche Bekanntschaft – beinahe Vertrautheit – mit den eigenen Kunden von größter Bedeutung ist, im Gegensatz zur Konsumgesellschaft, in der man anonym einkaufen kann, ohne mit der Kassiererin auch nur ein Wort zu wechseln.« Dabei werde doch das Spektrum unserer Neugier breiter, je mehr wir von der Welt sehen, erinnert der Historiker und mahnt: »Gegenwärtig wird diese Neugier mehr durch die Medien als durch Universitäten oder die Arbeit angefacht. Wir werden das Gesprächsfeld beider erweitern müssen, wenn wir an ihnen nicht ersticken wollen.«[8]

Jeder Mensch kann irgendetwas besonders gut – und wenn es »nur« das ist, einen unbefriedigenden Zustand auszuhalten. In vielen der Seminare, die ich in letzter Zeit abgehalten habe, ist die Kritik an den so genannten »Minderleistern« aufgetaucht. Das ist neu – das gab es vor etwa zehn Jahren noch nicht. Ich vermute, dass dies mit den immer wiederholten Suggestionen zu mehr Geschwindigkeit, mehr Disziplin, mehr Leistung zusammenhängt, wie sie im Zuge der Propaganda für das »Nulldefizit« – oder richtiger: dem Stopp der Neuverschuldung – mit transportiert werden. Dadurch werden Arbeitende in »Anständige und Tüchtige« – so eine wiederkehrende Formulierung des freiheitlichen Alt-Parteiobmanns – und in diejenigen geTEILt, denen die, die sich dafür halten, diese Positivbenennung absprechen. In meinen Seminaren frage ich dann immer, ob die TEILnehmer/innen für die Schaffung geschützter Arbeitsplätze seien, und das wird regelmäßig befürwortet; und dann erkläre ich, dass es nicht nur körperlich behinderte Menschen gibt und geistig behinderte, sondern auch sozial behinderte – und dass auch die arbeiten können sollen und nicht ungefordert in Depressivität verkümmern.

Der Volksmund schimpft »Am Abend wird der Faule fleißig« – aber wer sich nur ein bisschen mit der Symptomatik der Depression beschäftigt hat, weiß, dass sie am Morgen am schwersten ist und sich im Laufe des Tages mildert. Depressive sind oft erst am Abend »lebendig« genug, um arbeiten zu können.

> Jede Depression hat ihre Historie: Bei der so genannten reaktiven Depression liegt meist klar zu Tage, welche »gesunden« Impulse nicht ausgelebt werden konnten und als Blockaden im Denken, Fühlen, Handeln »vergiften«. Bei der neurotischen Depression muss schon tiefer in die Vergangenheit und in die erstarrte Gefühlswelt hinabgetaucht werden, um den »Giftbrocken« zu finden, der ausgespieen werden muss. Und bei der so genannten endogenen Depression findet man zwar die Äußerungsformen, aber ein erkennbarer »Auslöser« bietet sich nicht so leicht (was nicht heißt, dass es keinen gibt, sondern eher, dass die zur Verfügung stehende Zeit nicht ausreicht, ihn zu finden).

Wir sollten für die Zukunft damit rechnen, dass immer mehr Menschen Schwierigkeiten mit dem sprachlichen Ausdruck haben werden – nicht nur ihrer Gefühle, sondern auch ihrer Gedanken. Ich führe das vor allem auf die »Einwegkommunikation« von TV-Sendungen, andererseits auf die verkürzte Sprache des schnellen Mailens zurück. Und wiederum auf mangelnde Vor-Bilder. Deswegen war mir auch so wichtig, wieder eine Rundfunksendung[9] zu gestalten, in der mir Hörer/innen Briefe schreiben, die ich auch alle – auch wenn sie nicht in der Sendung bearbeitet werden – schriftlich beantworte. Ich möchte (m)einen AnTEIL an einer Kultur des MitTEILens leisten. Deswegen schreibe ich ja auch Dir.

»Man sieht nur mit dem Herzen gut«, weiß der Fuchs im Kultbuch »Der kleine Prinz«. Um mit dem Herzen »sehen« zu können, braucht man eine bestimmte Nähe. Man muss den anderen Menschen spüren – sich von seinen Gefühlen[10] »berühren«, »betreffen« lassen. Das bedeutet aber auch, zu spüren, wie es jemand geht, der in der sozialen GemEINschaft benachTEILigt wird. Frauen zum Beispiel, denen Aufstiegsmöglichkeiten verweigert werden, weil man(n) sich eine Frau in führender oder entscheidender Funktion nicht vorstellen kann – oder will. Weil vielleicht unbewusste Erinnerungen an die strenge Mutter der frühen Kindheit auftauchen und der »männliche Protest« gegen Unterlegenheitsgefühle. Oder die Abwehr von Rachegedanken, die man nicht haben darf, wenn man jemand liebt. Die hat man aber. Und Gefühle haben und Gefühle ausagieren ist zweierlei. Ist das nicht auch unser Problem? Wir haben doch beide Probleme, unsere Gefühle auszudrücken – Du wirst dann oft aggressiv oder verstummst auf Wochen, ich schwanke zwischen Einhaltung meiner Prinzipien – immer mitEINander reden zu versuchen, auch wenn es noch so schwierig ist – und Erschöpfung, Resignation, weil Du so ein Granitbrocken und schwer zu bewegen bist. Ist das Selbstdisziplin, nur nicht zu dynamisch, zu e-motion-al zu werden (auch eine Form von Depressivität übrigens!)?

Wenn es einem TEIL eines Ganzen nicht gut geht, wissen systemische Therapeut/innen, geht es dem Ganzen nicht gut. Das betrifft einen TEIL des Körpers genauso wie einen TEIL eines Paares, eines Teams, einer Firma, eines Volkes. Der Begriff »gut« hat selbstverständlich auch eine Bandbreite von hinreichend bis optimal. (Übrigens: Mir geht es mit Dir immer sehr gut, außer Du rührst Dich nicht, wenn ich Dich um Rückmeldung bitte. Aber Du bist nicht der/die Einzige, bei denen es mir so geht, und ich höre dies auch bei der überwiegenden Mehrzahl meiner Klient/innen, die darunter ebenso leiden wie ich und in ihrem sozialen Wohlbefinden – einem wesentlichen TEIL ganzheitlicher Gesundheit! – geschädigt werden. Deswegen widme ich dieser Respektlosigkeit auch so viel Augenmerk! Und noch etwas: andere ohne Not warten zu lassen gehört auch zu diesen Power Plays.)

Ich entschlüssele es als Statusspiel,' anderen Menschen Respekt zu verweigern – und als Abwehr der Angst, selbst gesellschaftlichen Status zu verlieren, sozusagen die soziale Stufenleiter abzurutschen.

Ich erinnere mich an ein mehrtägiges Seminar in einem Spital, an dem auch eine sehr aufstiegsorientierte Krankenschwester mit deklariertem Engagement für die Freiheitliche PARTei sowie ein Krankenpfleger mit zumindest hörbarer sprachlicher Behinderung TEILnahmen. Als der Mann am zweiten Tag an der TEILnahme verhindert war, ließ die Frau ihrem Ärger, dass »so einer« den voll fitten Kolleg/innen den Arbeitsplatz wegnähme, freien Lauf. In der Bearbeitung dieser Antipathie kamen wir darauf, dass die junge Frau unter großen Entbehrungen nicht nur den anstrengenden Beruf und die alleinerziehende Betreuung ihres scheidungsgeschädigten Kindes balancierte, sondern auch ewige Streitigkeiten um seine finanziellen Verpflichtungen mit ihrem Ex-Mann auskämpfen musste und dennoch Zeit und Energie in freiwillige Fortbildung investierte, um weiter zu kommen – vor allem in eine bessere Entlohnungsstufe. Der sprachlich schwer verständliche Kollege bedeutete für sie eine Provokation: Sie sah nur, dass er »nichts tat«, um »besser« zu werden, wohingegen sie sich doch so darum bemühte – die Möglichkeit, sich mit ihm als auch einem, der sich anders schwer tat und mühte, zu solidarisieren, sah sie nicht.

Ich mache mir heute schon Sorgen, was wir hinsichtlich der prognostizierten Zweidrittelgesellschaft tun können. Ich befürchte, dass es zu einer AufTEILung kommen wird zwischen einem Drittel, das Arbeit hat und wirtschaftlich existenzgesichert ist – Du merkst, ich drehe die übliche AufTEILung um! – und zwei Dritteln ohne Arbeit, die sich von dem einen Drittel ihren TEIL holen wollen und es damit in seiner sozialen Existenz gefährden. Meiner Einschätzung nach werden diese zwei Drittel ohne Berufseinkommen einerseits aus gut qualifizierten Fachleuten ohne passende Überlebenstechniken und andererseits aus schlecht oder gar nicht ausgebildeten Überlebenskünstlern bestehen. Ich verstehe Kultur des TEILens so, dass wir neue Modelle des MiteinanderTEILens entwickeln müssen, beispielsweise durch Akzeptieren von Familiengründungen im Sinne von »family of choice« – wie es sie ja schon in früheren Zeiten, etwa in den landwirtschaftlichen Hausgemeinschaften bis zu Ende des 19. Jahrhunderts, gegeben hat – anstelle der ideologisch propagierten »family of blood«.

Ich habe Dir, glaube ich, noch nie erzählt, dass ich Mitte der 1990er-Jahre sehr viel für die Allgemeine Unfallversicherungsanstalt (AU-

VA) gearbeitet habe. Dabei bin ich immer wieder auf das Problem familienloser Singlefrauen gestoßen, die nach Unfall und Querschnittslähmung von ihren Lebensgefährten verlassen wurden und damit außer dem Verlust ihrer körperlichen Unversehrtheit und der Person, von der sie sich geliebt gewähnt hatten, auch noch das Problem zu bewältigen hatten, wer ihnen die Basisunterstützung im Alltag gewähren könnte. Umgekehrt wurden mir häufig »liebevoll betreuende« PARTnerinnen, Mütter inbegriffen, zur therapeutischen Unterstützung geschickt, weil sie so depressiv waren. Kein Wunder: Die einen litten an Erschöpfungsdepressionen, die anderen ließen Gefühle der Aggression keinesfalls hochkommen – nicht gegen die belastende Situation, nicht gegen die hilf-lose Person, die im Gegensatz zu ihnen alle Bezugsscheine für Hilfeleistungen in Besitz hielt, und schon gar nicht gegen all diejenigen Zuschauer/innen, die die stete Aufopferung priesen und gar nicht wissen wollten, wie es den pflegenden Familienangehörigen selbst erging.

All diejenigen, die entsprechende Berufe erlernt und/oder ausgeübt haben und anderen damit Unterstützung geben könnten, könnten ja von Staats wegen ehelich angetrauten Unterstützungspersonen gleichgestellt werden. Es müssten nur all diejenigen, die diesen Beistand in Ehegemeinschaften (er)leben, auf ihr Privilegienbewusstsein verzichten! Auch das gehört für mich zu einer Kultur des TEILens: Dass man ehrlich zugibt, dass sich hinter dem bürgerlichen Ehemodell das Vor-Bild einer schiefen ArbeitsTEILung verbirgt und vor allem romantische Argumente, die selten der Realität entsprechen, eingesetzt werden, um von Menschen – vor allem Frauen zu verlangen, »aus Liebe« zu anderen zu halten anstatt zu sich selbst.

Zusammen-arbeit sollte gemEINsam verEINbart werden können. In dem Film mit dem unsäglichen deutschen Titel »Mit den Waffen einer Frau« (im amerikanischen Original »Working Girl«) spielt Melanie Griffith die Heldin. Am Schluss des Films sagt sie ihrer jungen Assistentin, die so wie sie zu Beginn mit dem Laptop unterm Arm ihren Dienst antritt, was sie von ihr erwartet: keine »niederen Dienste« wie Kaffeeservieren usw., sondern Mitdenken und Gedankenaustausch. Wie hat mich diese Szene berührt! Sie hat mich daran erinnert, wie mir an meinem ersten Arbeitstag als junge Mitarbeiterin in der Oesterreichischen Nationalbank vom Chef ein Akt mit dem

Befehl »Machen Sie mir dazu eine Erledigung!« hingeknallt wurde und ich mich erst durchfragen musste, was unter einer »Erledigung« zu verstehen sei – eine akzentuierte Kurzfassung nämlich. Heute würde man Briefing dazu sagen.

Mitdenken setzt voraus, dass man alle relevanten Informationen besitzt, um das überhaupt zu können, und die müssen einem erst mitgeTEILt werden. Ich habe den Managementfehler, auf das Mitdenken der Kolleg/innenschaft zu verzichten, früher auch begangen, und bin heute noch meiner Kollegin Birgit im Club Bassena, damals gerade in Ausbildung zur Bioenergetik-Therapeutin, dankbar, dass sie mich vom hohen Ross herabgeholt hat. Ich hatte nämlich in einem Konfliktgespräch über Inhalte und Zielsetzungen unserer Arbeit versucht, Wissen, das sich auf Erwartungen von Politikern bezog, zurückzuhalten. Ich wollte »nach oben« loyal sein und tat dies, indem ich ziemlich überheblich meinte »Die Ziele brauchst Du nicht zu wissen!« und sie konterte, »Wie soll ich dann mitdenken können?« und ich parierte noch überheblicher, indem ich mich im Bewusstsein meiner völlig anderen Indoktrination zu der Behauptung hinreißen ließ: »Das verstehst Du nicht!« Und sie antwortete: »Dann erklär es mir!«

Ja, lieber Dušan, wir hatten damals in den Teams auch heftige Diskussionen – so wie wir beide – und wir haben uns zusammengerauft und dieses Bemühen um eine Zusammenschau hat der Qualität unserer Arbeit nur genützt.

> »Nur erfüllte Menschen sind langfristig belastbar, einsatzfreudig, verantwortungsbewusst und kooperativ«, wissen die Wirtschaftspsychologin Anneliese Fuchs und der Gewerkschafter Josef Himmelbauer aus jahrelanger Erfahrung.[11] Aber kann jemand erfüllt sein, der nicht mit vollem Herzen beTEILigt ist? Die Mitarbeiter heute »haben ein anderes Bewusstsein als noch vor zehn Jahren, sie wollen mitgestalten, wollen die Sinnhaftigkeit ihrer Arbeit erleben, wollen nicht nur arbeiten, um zu überleben oder einen besseren Lebensstandard zu erwerben.«, bestätigen Fuchs und Himmelbauer und betonen: »Vertrauen, Loyalität und Identifikation der Mitarbeiter sind psychische Kraftpotenziale, auf die kein Unternehmen verzichten kann.« Aber nicht nur seelisch tragen vom Sinn ihrer Ar-

beit erfüllte Mitarbeiter zum Wohlergehen des Unternehmens bei, sondern auch geistig, denn »Was oft ein rein funktional agierender Manager nicht schafft oder nur mit großem Druck durchsetzen kann, schlagen die Angestellten selbst vor, wenn sie sich akzeptiert und als Menschen behandelt fühlen. Das Überleben der Firma ist in ihrem eigenen Interesse. Dann steht auch für sie Gemeinwohl vor dem Eigenwohl. Ausschließlich egozentrierte Maßnahmen, ganz gleich, ob sie von Angestellten, Managern oder der Gewerkschaft kommen, führen nicht zu langfristig befriedigenden Lösungsansätzen.« Und sie schlagen vor, »Gewinn« neu – nicht ausschließlich monetär, sondern beispielsweise als Zufriedenheit der Mitarbeiterschaft – zu definieren.

Leider werden auch Mitarbeiter/innen vielfach in höher bewertete theoretisch Qualifizierte und meist minderbewertete »Praktiker«, denen man nur »Hausverstand« zubilligt, eingeTEILt. Über das Expertentum von Unternehmensberatern schleicht sich eine vergötzte Pseudowissenschaftlichkeit ein, die den Shareholder Value unterstützen soll: Wichtig sind nur mehr die Aktienkurse, nicht die reale Produktion und schon gar nicht die Menschen, die sie erarbeiten.

Der deutsche Betriebswirtschaftsprofessor Wolfgang Berger erzählt, wie er in der Abschiedsfeier den verdienten Jubilar, der nach 40 Jahren in den Ruhestand tritt, fragt, ob er in den 40 Jahren nie an »Scheidung« von der Firma gedacht hätte, und dieser antwortet: »Heute brauche ich zum ersten Mal seit 40 Jahren nicht mehr diplomatisch zu sein. Wenn ich hier herausgehe, bin ich ein freier Mann, und deshalb kann ich jetzt die Wahrheit sagen, die keiner von Ihnen kennt ... An Scheidung habe ich in diesen 40 Jahren nie gedacht – aber an Mord.«[12]

Was ich von vielen meiner Klienten in höchsten Führungspositionen kenne, ist zwar nicht die gedachte Bereitschaft zum aktiven Mord, sondern die reale Entscheidung, Vorgesetzte oder die Firma passiv sterben zu lassen. Wenn Berger mit seiner 20-jährigen Erfahrung als Geschäftsführer, Vorstand und Aufsichtsrat rund um den Globus aufzeigt, »der größere TEIL der Energie der Führungskräfte wird nicht in die Lösung von Problemen gesteckt, sondern in die Lösung von Machtfragen«, dann wird klar, weswegen so viele Menschen engagiert beginnen und resigniert aufhören, sich an der VerTEILung der Arbeitsaufgaben zu beTEILigen: Wer immer gebremst wird, verliert seine Startkraft, Ausdauer und letztlich Substanz. Ich habe das in zahlreichen Supervisionen miterlebt: Immer wieder stürzen sich Mitarbeiter/innen beispielsweise einer neu aufzubauenden Stabstelle »Qualitäts-Management« auf Innovationskonzepte – bekommen aber nie Gelegenheit, ihre Produktion den Auftraggebern vorzustellen, geschweige denn durchzudiskutieren, weil es denen gar nicht darum geht, etwas zu verändern, sondern nur »auch so etwas« im Jahresbericht vorweisen zu können, damit sie nicht Konkurrenzbetrieben nachstehen. Erst wenn sich Geld verdienen lässt – beispielsweise mit der Organisation eines Kongresses –, entsteht ein Anschein an Interesse. Zwar noch immer nicht am Produkt, aber zumindest an der rhetorischen Wirkung der hauseigenen Referent/innen.

> Berger schreibt in weiterer Folge: »Unsere Staaten sind zu Institutionen verkommen, mit deren Hilfe jeder versucht, auf Kosten von anderen zu leben. Unsere Unternehmen sind zu Institutionen verkommen, mit deren Hilfe jeder versucht, auf Kosten von anderen Geld zu verdienen. Auf Kosten von anderen bedeutet, mit deren Energie. Wer anderer Energie ›verbrennt‹, lässt sein eigenes Potenzial ungenutzt. Diese anderen – ausgebrannt und körperlich anwesend – sind nur mit einem BruchTEIL ihres eigenen Selbst präsent … Viele Großunternehmen könnten einige Milliarden Dollar im Jahr einsparen, wenn die mentale Anwesenheit vollständig, ganz, integer wäre; wenn jeder Einzelne im Unternehmen für das Ganze die volle Verantwortung übernähme.« Und er hebt hervor: »Verantwortung übernehmen heißt, Ursache sein für das, was geschieht.«[13]

Unter Kultur des TEILens verstehe ich heute, dass Mitarbeiter wie Vorgesetzte ihre Ziele klar und unmissverständlich darlegen und regelmäßig überprüfen, ob sich etwas geändert hat – vor allem, wo es Konflikte gibt. Und wenn es solche gibt, eine ebenso klare VerEINbarung zu treffen, wie man mit ihnen umgehen will. Keine Kultur des TEILens sehe ich darin, sich auf Positionen zu versteifen anstatt die dahinter liegenden Interessen offen zu legen – z. B. auf die Position »Du sagen – ich tun!« Damit macht man sich zum Kind und delegiert alle Verantwortung auf »die da oben« – eine Position, die dem Bildungsstand des 19. Jahrhunderts entsprochen haben mag, nicht dem des 21.!

> »Im gesellschaftlichen Leben spielt Macht eine zentrale Rolle bei der Zuweisung von Chancen und damit bei der Produktion von sozialer Ungleichheit«, heißt es bei Oliver König[14], der weiters ausführt, dass in der beruflichen wie privaten Realität Machtfragen zwar gehandhabt werden – aber sie zu reflektieren oder zu verändern, stößt auf Widerstände. Und zwar nicht nur, wie König weiters darlegt, »weil Personen, die innerhalb von Machtstrukturen obere Positionen einnehmen, im gesellschaftlichen Leben in der Regel nicht freiwillig dazu neigen, ihre Macht zur Disposition zu stellen, und sei es auch nur zur kommunikativen Disposition.«, meine ich, sondern weil es VorTEILe bringt, sich auch dort zum armen Opfer zu stilisieren, wo hautnahes Zusammenarbeiten regelmäßige Abstimmungen unumgänglich machen, um dann mit Hilfe von Arbeiterkammer oder Gewerkschaft die fantasierten »Expropriateure« zu »expropriieren«.

Arbeit TEILen heißt für mich, nicht nur nach Arbeitsorganisation, sondern auch nach Art und Sicherheit der Auftragslage zu differenzieren, wie weit ein Arbeitgeber Sicherheit weitergeben kann – oder auch Unsicherheit geTEILt werden muss. Aber gerade über Sicherheit wird kaum gesprochen, und wenn, dann oft mit gespaltener Zunge. »Es sind die Dinge, über die man üblicherweise nicht spricht, die letztlich zu Trennungen führen«, weiß Reinhard Sprenger. Er schreibt aber auch: »Nichthandeln heißt zustimmen«.[15]
Ich denke oft darüber nach, wie man Arbeit besser verTEILen kann als bisher, wenn ich die Schlagworte von der Zwei-drittelgesellschaft höre oder lese. Ich denke, unsere derzeitige Arbeitsverfassung entstammt der Zeit der frühen Industrialisierung, als Großindustrielle noch zu Lasten einer unmenschlich ausgebeuteten, unwissenden

und unorganisierten Arbeiterschaft vom Reichtum zum Luxus kamen. Diese Ära gibt es heute noch in Entwicklungsländern und manchmal überlege ich ernsthaft, ob ich nicht meine Praxis zusperren und in der Entwicklungshilfe arbeiten will; aber dann denke ich wieder, dazu – für die klimatische Anpassung, das Eingewöhnen in eine fremde Kultur – bin ich wahrscheinlich schon zu alt.

Als vor einigen Jahren die »neuen Selbständigen« erfunden wurden, dachte ich, das wäre eine gelungene Mittelform, Arbeit zu TEILen: Wenn man zu viel hat, EINigt man sich mit PARTner/innen, welche TEILe davon sie selbständig übernehmen könnten. Dann wurden den ZuTEILungsbereiten so viele bürokratische Hürden gelegt, dass der VorTEIL der Regelung mehr bei den Sozialversicherungsträgern als bei den BeTEILten zu liegen kam, und ich kann mich des Gedankens nicht erwehren, die Gewerkschafter/innen im Parlament wollten nur verhindern, dass sich nun eine Vielzahl von Menschen im Bereich der Wirtschaftskammer organisieren und diesen Machtblock vergrößern könnte, und wollte daher eine Regelung, die ihren Einflussbereich zumindest finanziell stärken würde. Andererseits höre ich auch immer wieder von Kolleg/innen und Klient/innen, die selbständig oder freiberuflich arbeiten, dass sie nicht verstehen, wieso sie für Minimalarbeit im Stundenlohn für gewerkschaftlich durchorganisierte Institutionen, die ohnedies nur Honorare zahlen, die keiner kostendeckenden Kalkulation Selbständiger entsprechen, plötzlich für diese Gelder zusätzlich zu ihrer ohnedies bestehenden Gesamtsozialversicherungspflicht Beiträge an die Sozialversicherungsanstalt der Privatangestellten zahlen sollen, nur weil diese darauf bestehen, sie als minimal Beschäftigte anzumelden, obwohl ihre Tätigkeit sich überhaupt nicht von der auf eigene Rechnung unterscheidet. Ich erkläre mir das als Beitragsbeschaffungsaktion für die zitierte Sozialversicherungsanstalt – zu Lasten einer anderen. Auch keine Kultur des TEILens, sondern der Rivalität.

Überhaupt meine ich, dass zu einer Kultur des TEILens gehörte, dass endlich alle Sozialversicherungsanstalten zusammengeführt – zusammen geführt – werden, und dass man die dadurch voraussichtlich unnötigen Arbeitsplätze der Mehrfachdatenverwaltung durch Arbeitsplätze für persönliche Beratung und Betreuung ersetzen sollte. Solche brauchen nämlich all diejenigen, die »Fleckerlteppich-Karrieren« zu Eigen nennen, vor allem mit Auslandszeiten.

Vielleicht bin ich von den Jugendzentren her verwöhnt, wo wir weitgehend unsere Arbeitszeiten, Arbeitsorte, Arbeitsinhalte im dialogischen Einvernehmen gestalten konnten, und unser Personalreferent, wenn er die Arbeitsdokumentationen überprüfen kam, mehr Service als Überprüfung vermittelte. Ich bin daher auch eine Befürworterin individueller ArbeitsverEINbarungen auf gleichberechtigter Basis, beispielsweise auch, was Laden- oder Institutionenöffnungszeiten anbelangt mit Einspruchs- und Überprüfungsrechten für den Fall von Missbräuchen – aber innerhalb aktueller Fristen, zwei, drei Wochen etwa und nicht erst Jahre später.

Gerade als Psychotherapeutin erlebe ich immer wieder, wie Menschen, die aus ihrer Biografie Unterlegenheits- oder BenachTEILigungsgefühle mitschleppen, diese auf alle Mutter- oder Vaterersatzfiguren übertragen und oft im Klagsweg von ihren Arbeitgebern die – finanzielle – Zuwendung zu erstreiten suchen, die ihnen als emotionelle im Privaten versagt geblieben ist. Ich denke dabei z. B. an einen Arzt, dessen Ordinationsgehilfin von einem neuen Lover, dem sie offensichtlich eine bessere Position vorgeflunkert hatte, unter Druck gesetzt wurde, zu behaupten, sie hätte höherwertige Arbeit verrichten »müssen« als sie tatsächlich getan hatte, und beanspruche daher rückwirkend höheres Gehalt, oder eine Verkäuferin in einem Fliesengeschäft, die wegen Depressionen im Dauerkrankenstand jegliche Behandlung verweigert hatte, kaum gekündigt aber auffallende Aktivitäten entwickelte, um finanziell »Energie« abzuziehen, wie wenn sie nicht Kosten verursacht, sondern Profit erarbeitet hätte. Dem ohnedies überlasteten Arzt wie der um die Existenz ihres Geschäftes bangenden Kauffrau blieb nichts anderes übrig, als zähneknirschend ihre Arbeitsleistungen ins Gesundheitsschädliche zu beschleunigen, um nicht in den Konkurs zu schlittern.

Da Juristen in ihrer Ausbildung noch immer keine praxisgerechten Psychologievorlesungen angeboten bekommen (sondern nur das Grundwissen, das für künftige Psychologen dienlich ist), können sie selten Rachegelüste von legitimen Gerechtigkeitsbemühungen unterscheiden.

Ich nenne es die »Hasenfalle«, wenn jemand immer schneller und schneller werden muss, um nur ja alles an sich ziehen zu können, was sich als »Beute« anbietet – und um nicht selbst Beute zu werden.

Ich erinnere mich dabei an längst vergangene Zeiten zu Beginn meiner Ehe, als mein Angetrauter mich gerne mit dem weißen Kaninchen aus »Alice im Wunderland« verglich: Das saust gleich zu Beginn des Buches mit der Uhr in der Hand an Alice vorbei und keucht »Jemine! Jemine! Ich komme bestimmt zu spät!«[16] Meist trafen mich diese Vergleiche, wenn wir in die Oper gehen wollten, ich schon drängend an der Wohnungstür mit einem Fuß wippte und er noch seelenruhig im Badezimmer an der Erhöhung seiner Attraktivität werkte. (Erst Jahre später begriff ich, dass er als langjähriger Rundfunkjournalist ein anderes Zeitverständnis besaß als ich: Ins Studio geht man, wenn die Sendung beginnt – und keine Minute vorher. Ich dagegen, die in ihrer Studentinnenzeit 50 Kilometer nach Wien pendeln musste, hatte gelernt: Man hat mindestens eine Viertelstunde vor Abfahrt des Zuges am Bahnhof zu sein.) Jahre später, als mir bewusst wurde, dass wirklich alles seine Zeit hat und gegenläufige Beschleunigung zu Unfällen oder Krankheit führt, war nur zu logisch, dass ich auch »bekennendes« Mitglied im »Verein zur Verzögerung der Zeit« wurde.[17]

> Es gibt aber noch einen weiteren Hasen, der schon bald den gedanklichen Bilderschatz der frühen Kindheit bereicherte, und den findet man in den Märchen der Gebrüder Grimm. In »Der Hase und der Igel« wettet der überhebliche Hase mit dem Igel, den er wegen seiner schiefen Beine verspottet, um einen goldenen Louisdor und ein Fass Branntwein, dass er mit seinen Beinen »mehr ausrichten« kann. Der Igel schlägt in das Wettrennen ein – nur will er erst zu Hause frühstücken. Dort spricht er sich mit seiner Frau ab, dass sie gleich gekleidet am anderen Ende der Rennstrecke stehen soll und wenn sie den Hasen herannahen sieht, rufen: »Ich bin schon hier!« Da ein Igel wie der andere aussieht, merkt der eitle – »narzisstische« – Hase den Trick nicht, fordert immer neue Wiederholungen, um doch noch zu siegen, bis er vor Erschöpfung tot zusammenbricht: Speed kills – bereits in den Volksmärchen.
> Das Märchen endet: »Die Lehre aber aus dieser Geschichte ist erstens, dass keiner, und wenn er sich noch so vornehm dünkt, sich über einen Geringeren lustig machen soll, und wär der auch ein Igel. Und zweitens, dass es angeraten ist, wenn

man freit, eine Frau aus seinem Stande zu nehmen, die einem gleicht. Wer also ein Igel ist, muss zusehen, dass seine Frau auch ein Igel ist, und so weiter.«

Als ich damals in der Evangelischen Akademie über Zeit sinnierte, wurde mir diese Differenz im Zugang zu Problemlösungen bewusst: Auch in meiner Ehe hatte ich meist die Turboherausforderungen übernommen und mein Mann die sinnlich-genüsslichen Mußearbeiten. Wenn ich daher zu dem in der Fabel von La Fontaine so treffend niedergeschriebenen, häufigen Partnerschaftskonflikt zwischen ewig musizierenden und tanzenden »Grillen« und hurtig schaffenden »Ameisen« publiziert habe: »Die Absicht hinter diesem Lehrstückchen ist deutlich erkennbar: Arbeit ist gut, Freizeit ist schlecht. Die Ameise hat zwar ihre Lebensmittel gesichert, aber nur im Zusammenwirken mit der Grille kommt sie zu einer Pause und zu Musik.«[18], dann habe ich dabei auch all denen, die nicht im zwänglichen Sinn roboten, Respekt erweisen wollen. Mein Ehemann gehört auch zu diesen.

Hatte ich ihm ursprünglich vorgeworfen, er arbeite zu wenig, nämlich viel weniger als ich (was hieß, er sei nicht rastlos tätig), hatte ich später erst begriffen, dass er mich durch sein Anderssein erGÄNZte (indem er für meine Erholung sorgte – und die dazu nötigen Raststationen ausfindig machte). Allerdings wurde er durch diese Erkenntnis – zumindest in diesem Bereich – weitgehend überflüssig, denn nun konnte ich selbst darauf achten: Ich hatte von ihm gelernt. Als er allerdings später krankheitsbedingt mehr rasten musste, als ihm selbst lieb war, und wir unsere private ArbeitsTEILung neu portionierten, bekam er die gesellschaftliche Minderachtung zu spüren, die Menschen zuTEIL wird, die nicht in irgendein hierarchisches Schema oder »Ranking« einordenbar sind: Vor allem Männer wollen durch quantitative Kriterien – mehr Besitz, mehr Umsatz, mehr Einkommen, mehr Untergebene, mehr Auszeichnungen (Orden!), mehr Nennungen in den Medien, auch mehr Frauen – wissen, wer sicherheitshalber respektvoll behandelt werden muss – und wo man(n) sich gehen lassen kann. Nach qualitativen Kriterien zu beurTEILen, wer einen bereichert und wer einem bloß »Zeit stiehlt«, »kostet« vielen schon zu viel Zeit. Dass man nämlich auf jeden Fall einen Lernprozess erleben könnte – z. B. den, eigene Gren-

zen zu erfahren –, erleben sie nicht als Bereicherung, sondern als Schwächung. »Was bringt mir das?«, lautet die zugrunde liegende unbewusste Frage und die ungeliebte – qualitative – Antwort »Jedenfalls Selbsterkenntnis« wird durch die quantitative »Nichts!« ersetzt.
Es zeugt wieder von »schiefem« – von oben nach unten bzw. umgekehrtem – Denken zu glauben, man könnte nur von »den Besten« lernen und nicht von jedem Menschen. Deswegen plädiere ich immer für Arbeit in Quality Circles anstelle klassischer Unternehmensberatung: Ich meine nämlich, Qualität kann nicht nur als Erfüllung von Anforderungen im Konkurrenzsinn verstanden werden, sondern auch als Ursache von Wirksamkeiten.
Die Bevölkerungsgruppe, die am wenigstens respektiert wird, sind die nichtberufstätigen Frauen – sofern sie nicht Erbinnen großer Vermögen sind (egal ob durch Todesfall oder Scheidung) oder in Begleitung eines »schützenden« Mannes mit hohem Status.
Es liegt wohl an der Hausarbeit, die historisch Sklavinnen, Mägden oder anderen »Leibeigenen« zugeTEILt wurde – wenn man(n) sich das leisten konnte. Mangels derartiger dienstbarer »Geister« – vom Geist des Dienens beseelt, vielleicht auch von einem Geist der Demut – pflegten auch sonst wo Herr-schende sich zu den »niederen Diensten« herabzulassen: in der Wildnis, beim Fischen und Jagen, überall dort, wo es heißt »Selbst ist der Mann«.
Demütig zu sein verstehen viele Menschen als Annäherung in einer bestimmten Geistes- wie Körperhaltung. Als dienende Unterordnung unter jemand oder etwas Größeres, Mächtigeres. Und manche glauben, eine ausdrückliche Demütigung zu brauchen, um demütig sein zu können.
Ich hingegen verstehe unter Demut den bewussten Verzicht auf Hochmut und der setzt das Bewusstsein der SeelenanTEILe voraus, die groß und mächtig sein wollen. Auch im Dienen kann man groß und mächtig sein und andere beschämen, die nicht so »selbstlos« für andere da sind.

Über die Bedeutung des Wortes »Selbst« hat der zu Lebzeiten medial omnipräsente Volkspsychiater Erwin Ringel gerne sinniert: »Es ist übrigens ein merkwürdiges Phänomen in unserem Sprachgebrauch, dass viele Worte, die mit ›selbst‹ beginnen, einen negativen Beigeschmack haben. Denken wir zum Beispiel an den Gebrauch der Worte selbstgefällig, selbstherrlich, selbstbewusst, Selbstbefriedigung, Selbstbehauptung. In diesen Wortkombinationen hat das Wort ›Selbst‹ einen eher negativen Charakter. Dagegen wird selbst-los als besonders positiv bewertet, obwohl das eine sehr problematische Sache sein kann.«[19]

Das Selbst ist eine EINheit: Nach C. G. Jung balanciert es die vier Grundformen des Bewusstseins, Denken und Fühlen, körperliches Empfinden und Intuieren. Es bildet den Kern hinter einerseits der »Persona«[20] – der öffentlich präsentierten »Maske« – und andererseits dem »Ego« – dem PersönlichkeitsTEIL, der im Inneren Absichten, Wünsche, Ängste und Ziele verheimlicht – verbirgt.

So wäre die Maske eines Menschen etwa sein perfektes öffentliches Auftreten, sein Ego dahinter könnte vom Wunsch nach Bewunderung und der Angst vor Kritik erfüllt sein, und sein Selbst hätte Klarheit über den Schmerz erlittener Verletzungen, unerfüllter Sehnsüchte UND der Mühsal UND der Aggression, die die Herstellung von Perfektion erfordert UND der ungelebten Lust, sich gehen zu lassen und auf Perfektion zu verzichten. Findest Du Dich da wieder, Dušan? Ich mich schon … Und ich meine, dass wir alle viel besser zusammenarbeiten können, wenn wir auf unsere Maskenspiele verzichten und unsere Ego-Bedürfnisse offen und klar im Dialog einbringen.

Wenn ich von Selbstbewusstsein spreche oder schreibe, meine ich immer das Bewusstsein dieses Selbst und seiner vielen TEILe, aus denen es zusammengesetzt ist; sich dieser AnTEILe bewusst zu werden, ist ein immer wieder aufs Neue zu wagender und niemals abgeschlossener Prozess – außer man verzichtet auf Lebendigkeit und erstarrt. Er ist aber auch die Voraussetzung von Umweltbewusstsein, und dazu zähle ich eben auch das, was ich Beziehungsbewusstsein nennen will. Unentwegt entscheiden wir uns zwischen mehreren, darunter auch gegensätzlichen Verhaltensweisen. TEILen gehört immer dazu. Die Frage ist immer nur, wer bekommt welche Portion und wie groß ist sie, und hat er/sie diesen TEIL selbst bestimmen können oder nicht.

Exkurs: Während ich diese Zeilen schreibe, unterbreche ich von Zeit zu Zeit und bügle meine Vorhänge, die ich wieder einmal gewaschen habe. Das langsame Darüberstreifen mit dem Bügeleisen begleitet die Entwicklung der nächsten Gedankenabfolgen, die ich meinem Laptop anvertrauen will. So TEILe ich meine Berufs- und meine Hausarbeit in fließendem Wechsel und freue und motiviere mich an dem, was unter meinen Händen und Augen entsteht.

> Die biblische Legende von Maria und Martha fällt mir ein: »Es begab sich aber, da sie wandelten, ging er in einen Markt: da war ein Weib mit Namen Martha, die nahm ihn auf in ihr Haus. Und sie hatte eine Schwester, die hieß Maria; die setzte sich zu Jesu Füßen und hörte seiner Rede zu. Martha aber machte sich viel zu schaffen, ihm zu dienen. Und sie trat hinzu und sprach: Herr, fragst du nicht danach, dass mich meine Schwester lässt allEIN dienen? Sage ihr doch, dass sie es auch angreife. Jesus aber antwortete und sprach zu ihr: Martha, du hast viel Sorge und Mühe; eins aber ist not. Maria hat das gute TEIL erwählt, das soll nicht von ihr genommen werden.«[21]

Ich verstehe diese Geschichte so, dass die beiden Schwestern die ZweiTEILigkeit des Lebens symbolisieren: die Arbeit – die Muße. Sie symbolisieren aber auch zwei Beziehungsformen: Martha tut etwas (aktiv) für die Person, die ihr lieb und wert ist, Maria nimmt sie in sich auf (passiv). Aus den Worten Marthas erhellt sich eine Werthaltung, die wohl jede/r kennt: das materielle und daher sichtbare und messbare (quantitative) Handeln wird hoch geschätzt, das immaterielle und daher nur intuierbare (qualitative) »Nichtstun« hingegen abgewertet. Jesus korrigiert diese materielle Einstellung: Er wertet die seelisch-geistige Weiterentwicklung höher.
Gibt das aber nun das Recht, nunmehr den materiellen TEIL minder zu schätzen? Und alle, die mit körperlicher Arbeit ihren Lebensunterhalt verdienen, gleich dazu (außer sie sind Spitzensportler und Schönheitsköniginnen)? Oder geht es nicht vielmehr darum, die verlorene GANZheit wiederherzustellen, damit das Ungleichgewicht der Kräfte nicht weiter wächst und Kriege und Revolten hervorruft?

In der Hoffnung, dass Du nicht nur die Vernunft wertschätzt, sondern auch Empfindungen und Gefühle, erlaube ich mir Ahnungen von einem großen Ganzen

Deine
TEILungsbereite

AnTEILnehmen

Von der Möglichkeit, PARTnerschaft gemEINsam zu gestalten

Lieber Dušan!

Heute hat sich eine Klientin bei mir beklagt, dass weder der eine noch der andere ihrer beiden – auf einanderfolgenden, nicht gleichzeitigen! – Liebhaber sich je um die Frage der Empfängnisverhütung gesorgt habe. Die Männer haben sozusagen an der Lösung des gemEINsamen Fortpflanzungsproblems keinen AnTEIL genommen. Ist ja auch schwierig, besonders außerhalb einer Ehe. (Aber ich höre auch immer wieder die Klagen von Ehefrauen, ihre Männer setzten sie unter Druck, wenn sich ein – weiteres – Kind anmeldet, sie wären »schuld« an diesem »Malheur« – wie wenn sie selbst daran gar nicht beTEILigt gewesen wären!)

Den Begriff von »Schuld« versuche ich in meiner beraterischen oder therapeutischen Arbeit zu eliminieren; er ist in der Juristerei von Bedeutung, wenn man zivil- oder strafrechtliche Folgen überprüft – ob jemand »schuldhaft«, also vorsätzlich oder grob bzw. leicht fahrlässig gehandelt hat, was wiederum bedeutet, nachzuprüfen, ob für die konkrete Person die Schadensfolgen absehbar gewesen wären – oder in der seelsorgerischen Auseinandersetzung mit Gott, und das heißt für mich: mit dem eigenen Gewissen, denn der lebendige Gott spricht aus der Tiefe des eigenen Herzens.
Ich ersetze Klientensätze von »du bist« oder »ich bin schuld« durch Fragen nach möglicher Verursachung, BeTEILigung, AnTEILen am Geschehen – ich lasse also die Bewertung in richtig oder falsch, gut oder böse fürs Erste fort und frage erst später, wie die Klient/innen selbst ihr eigenes Handeln – ihr eigenes BeTEILigtsein – bewerten.

Ich weiß allerdings, dass nicht die Rechts- oder Unrechtsform der »Kohabitation« – der »Beiwohnung« des Geschlechtsverkehrs – die Schwierigkeit, über Verhütung zu sprechen, ausmacht, sondern zwei Dinge: einerseits das Fehlen gelungener Kommunikationsvorbilder (»Nimmst eh die Pille?« ist keines!), andererseits die Verdrängung der eigenen Fortpflanzungsfähigkeit.
»Je länger der Schwanz, desto kürzer der Verstand« unkt der Volksmund und schiebt damit den Männern die Verantwortung für verantwortungsloses Verhalten zu. Wie wenn es nicht auch bei Frauen die »geistige Deckungsstarre«[1] gäbe! Ab einem bestimmten Grad – sexueller wie auch aggressiver – Erregung »überlappt« das urtümliche Stammhirndenken ja das Großhirndenken, und dann sind wir »blind« verliebt oder »blind« vor Zorn – oder Schmerz.
In den von mir erarbeiteten Ausbildungslehrgängen für Sexualpädagogik, -beratung und -therapie[2] lade ich die Teilnehmer/innen ziemlich bald nach Beginn ein, in einem Rollenspiel zu zweit herauszufinden, welche Gefühle es bei ihnen auslöst, wenn eine/r gegen den Willen des anderen auf Kondom besteht und zu welchem Zeitpunkt dieser Interaktion ihnen das Wohlwollen dem anderen gegenüber verloren geht – sie »zu« machen – oder umgekehrt, wann sie merken, der/die andere nimmt mich ernst und geht auf meine Ängste/Wünsche/Prinzipien ein.
Die meisten Menschen denken ja nicht an die Zukunftsfolgen – oder anders gesagt: jede/r denkt an eine andere Zukunft. Denn auch die Frage, wer setzt sich gegenüber dem anderen durch, ist ja eine Zukunftsfrage – die Zukunftsperspektive ist halt eine sehr sehr kurze …

> Die Rhetorik mache das jeweils Gesagte überzeugend, betont der britische Historiker Theodore Zeldin: »Sie wurde zuweilen als Trickkiste genutzt und sollte andere bewegen, zuzustimmen, in Verzückung zu geraten und zu bewundern, was immer man sagte.«[3] Ein klassischer Fall einer Kommunikation von oben nach unten, meine ich, wobei offen bleibt, ob oben der Elternblickwinkel, die Showbühne oder die Kanzel ist – die unten sollen gebannt nach oben blicken und »empfangen«. In sexuellen Beziehungen ist diese Unterordnung aber unangebracht – außer man will keinen partnerschaftlichen, sondern

> einen sadomasochistischen Umgang! »Man errang Macht durch Gebrauch von Worten«, setzt auch Zeldin fort, »die Rhetorik wurde zu einer Kost, fast wie die einfache Küche, die die Speisen mit Saucen und Gewürzen überzieht und das verbirgt, was darunter ist. Die Menschen hatten Freude daran, weil sie sich gerne umgarnen ließen, und sie wurden die Sklaven dessen, was sie für Schönheit hielten.« Und er enttarnt: »Eine Auseinandersetzung zu gewinnen wurde zum Ersatz für das Herausfinden der Wahrheit. Andere zur Zustimmung zu zwingen wurde zur Quelle der Selbstachtung …«

Für viele Menschen beginnt Verantwortung erst, wenn sie mit den Schadensfolgen ihrer Handlungen konfrontiert sind. Für mich beginnt sie mit der Bewusstmachung des willentlichen Denkens. Verstehst Du jetzt, weswegen ich so oft formuliere: »Du unterstellst mir jetzt, ich wollte …, aber das ist nicht mein Ziel, sondern mein Ziel ist …« Wenn ich mich so »erkläre«, habe ich bereits meinen innerseelischen Klärungsprozess hinter mir und den ablaufen zu lassen geht bei mir routiniert blitzartig und daher glauben mir andere oft nicht, dass ich bedächtig bin. Ich habe auch schon einige Male damit experimentiert, diese Nachdenklichkeit bewusst langsam und nachvollziehbar sprachlich auszudrücken, und das ist jedes Mal gut angekommen – aber ich komme mir dabei unehrlich vor. Ich möchte so gerne darauf vertrauen, dass mein Vertrauen in das wohlwollende »Empfangen« meiner Botschaften auch bei den jeweiligen Botschaftsempfängern Vertrauen auslöst … und wenn nicht, dass das dann ebenso vertrauensvoll mitgeTEILt wird.

> Zeldin fragt zum Beispiel: »Gibt es – jenseits der Anmache – eine neue Sprache der Liebe zu erlernen, die uns hilft, einander mit mehr Achtung zu begegnen?« Und er spannt seinen Gedankenbogen über die Zweierbeziehung hinaus: »Den meisten Religionen fällt es schwer, mitEINander zu kommunizieren. Gibt es wenigstens die Möglichkeit, zu lernen, sich mit Wohlwollen zu unterhalten?«[4]

Ich erinnere mich an die Aussage von Max Frisch, die lautet, dass grundsätzlich jede Kommunikation vom Wohlwollen des anderen

abhänge. Verstehst Du jetzt, Dušan, dass ich, wenn Du auf meine Anfragen nicht antwortest, daraus schließe, dass Du mir Dein Wohlwollen entzogen hast? Denn wenn Du nur keine Zeit, keine Lust, keine passende Wortwahl hättest, könntest Du mir das voll Wohlwollen sagen – und ich wäre nicht in meiner selbstbestimmten Zeitgestaltung blockiert. Das bin ich nämlich, wenn ich auf Deine Antwort warte. Und ich habe noch genau im Ohr, wie Du, als Du Dein Leben neu orientieren musstest und Dir allzuviele Freunde wohlmeinende Ratschläge für Deine Zukunft gaben, gesagt hast: »Ich möchte schon das Objekt MEINER Lebensplanung sein!« Das war wieder so einer Deiner Sätze, die mich begeistern. Inspirieren. Ich habe ihn sofort für mich übernommen.
Dass heutzutage so viele – private wie berufliche – Partnerschaften nicht gelingen, hängt meiner Ansicht nach vor allem damit zusammen, dass an der Lebensplanung des jeweils anderen nicht AnTEIL genommen wird. Nicht kommunikativ, nicht emotional, nicht finanziell. Ich habe noch den Satz eines Klienten im Ohr, der sagte: »Wie komme ich dazu, ein ganzes Leben für eine fremde Frau zu sorgen?!« Dass er mit der »fremden Frau« im Laufe von gut 20 Jahren drei Kinder gezeugt hatte, »übersah« er – er hatte ihnen ja auch nicht sein Augenmerk gewidmet. Das lag mehr in seiner individuellen Lust und Bequemlichkeit. Und individuell heißt bekanntlich »ungeTEILt«. Erst im Zusammenhang mit der drohenden Scheidung wurde ihm bewusst, dass er ja mit seinen Familienangehörigen eine EINheit bildete – gebildet hatte, auch wenn er sich dessen nicht bewusst gewesen war –, die nun in TEILe zerfiel, und dass er nun jedem dieser TEILe etwas von seinem beanspruchten TEIL, nämlich dem gesamten großen Ganzen, abgeben müsse … und das wollte er eben nicht.
Ich erinnere mich noch an ein Foto, ich vermute, es war in dem ehemaligen satirischen Magazin »Pardon«, auf dem zwei deutsche Spitzenpolitiker die Köpfe zusammenstecken und der eine sagt ganz nett mittels Sprechblase dem anderen ins Ohr: »In unserer Beziehung ist nur Platz für einen!«

Eine Beziehung kann »chemisch« oder romantisch beginnen, weiß Theodore Zeldin, »aber das Gespräch verleiht ihr etwas ungemein Kostbares. Der verbale Austausch, der unsere Ideen herausfordert und verändert, macht uns bewusst, wie viel wir anderen schulden, wie viel ein Partner zu unserer geistigen, moralischen und emotionalen Entwicklung beisteuern kann, auch wenn man ein eigenständiger, EINmaliger Mensch bleibt.«[5]

Zur Ganzheitlichkeit des Erlebens – Körper, Seele, Geist in EINheit – muss sich zur »Chemie« und zur Romantik – den Beglückungsfantasien – das vernünftige Denken dazugesellen. Darunter verstehe ich ein klares Zukunftsbild, was an Planungsvorhaben realistischerweise in Realität umgesetzt werden kann.
Dorothea, die Jusstudentin, von der ich Dir schon erzählt habe, ist sich beispielsweise völlig klar darüber, dass ihre Beziehung zu Paul nicht ewig dauern wird; allein der Altersunterschied von über 20 Jahren spricht gegen Dauer, und ebenso die Tatsache, dass sie nach Beendigung ihres Studiums und damit Eintritt in eine neue Lebensphase wahrscheinlich auch anderen Menschen mehr Stellenwert in ihrem Leben einräumen wird. Außerdem kann sie sich ausrechnen, dass der prominente Arzt von vielen Patientinnen umschwärmt wird und da schon die eine oder andere darunter sein wird, die als »Gespielin für zärtliche Stunden« in Frage kommt. Dorothea ist zwar körperlich in Hitze und seelisch schwer verliebt, aber vom Hirn her genug Realistin, um sich nicht in Fantasien zu verlieren. Paul hingegen ist körperlich »ansprechbar«, seelisch im Zwiespalt zwischen erregendem Eustress und sorgenspendendem Distress und vom Hirn her voll Angst, welche Kalamitäten ihm aus seiner Affäre noch erwachsen könnten. Dass man(n) mit einer Frau auch Verträge schließen kann, was keinesfalls eintreten soll, und dass eine Frau die auch einhält, kommt in seinem Weltbild – zumindest bisher – nicht vor. Da kapselt er sich lieber ab und verweigert die Kommunikation – wie ein Zweijähriger, der seinen Kopf in den Kopfpolster drückt – »Ich bin nicht da!« – und meint, wenn er nichts mehr sieht, sieht man ihn auch nicht mehr und er erspart sich Stress und damit Kritik.

Zeldin hingegen mahnt: »Im Privaten kann man am besten lernen, Kritik anzunehmen. Zwei Menschen, die aufrichtig mitEINander reden, können vom Gefühl beseelt werden, an

> dem gemEINsamen Unterfangen beTEILigt zu sein, eine Kunst des Zusammenlebens zu erfinden, die noch nie erprobt wurde.«[6]

Diese Angst vor Kritik, vor dem Verlust der »narzisstischen Balance« (oder auch einem unrealistischen Größenselbst), vermute ich, lässt viele Menschen das »aufrichtige miteinander Reden« scheuen. Dich auch, Dušan. Da lobe ich mir Freunde wie Helmut A. Gansterer, die immer wieder nonchalant UND humorvoll ins Gespräch einstreuen, wie wenig sie damit zurechtkommen wollen, den von Kritik unberührbaren bzw. unverletzlichen Helden zu »geben«. Und die ohne Neid anerkennen, wenn andere Meister der Sprache gelungen Kritik anbringen. So erzählte mir Gansterer einige Male voll glucksender Bewunderung, wie er als ganz junger Journalist auf einer Arabienreise vom ehemaligen Bundeskanzler, »Sonnenkönig« Bruno Kreisky, mit den liebevollen Worten »Mach Dich nicht so klein – so groß bist Du auch nicht!« geadelt wurde.
Siehst Du, Dušan, deswegen begeistern mich solche Worte wie auch die von Zeldin, wenn er formuliert: »... der Held unserer Generation ist nicht das Individuum, sondern das Paar, zwei Menschen, die zusammen mehr auf die Waage bringen als jeder für sich allein. Das anregendste Theaterstück findet heute bei uns zu Hause statt, wenn unsere improvisierten Gespräche uns das Gefühl vermitteln, dass der Mensch kein verachtenswertes Geschöpf ist, sondern anregend, mutig und auch hoffnungsvoll sein kann.«[7], nur meine ich: nicht nur zu Hause, sondern überall, und nicht nur auf den Brettern, die die Welt bedeuten. Unsere Welt schaffen wir uns tagtäglich selbst – und wir können sie neu und besser schaffen.

> Wenn Zeldin aber schreibt, »In der Vergangenheit hatten die meisten Menschen zu große Angst, viel zu reden, in der Öffentlichkeit und selbst privat. Es war zu gefährlich, peinlich oder schmerzlich.«[8], und dann ein Plädoyer für Großmut statt Kleinmut hält, so glaube ich heute in unserem Kulturkreis einen Umkehrtrend zu beobachten: Gefahr, Peinlichkeit und auch das Risiko des narzisstischen Schmerzes nehmen Menschen heute sogar kalkuliert in Kauf – denken wir nur an die selbstbewussten Coming Outs im Zuge politischer Aktionen

(dabei denke ich an – oft unwahre – Selbstbezichtigungsdemonstrationen wie »Ich habe abgetrieben!« oder die Selbst-Outings schwuler Männer) oder die oft mehr als selbstschädigenden Auftritte in Talk-Shows.
Wir leben in einer »Gesellschaft des Spektakels« (Guy Debord) und so wie bei uns in den größeren Städten die Sexualmoral fast schon gänzlich verschwunden ist, so ist es auch das Prinzip des Gewaltverzichts des Einzelnen zu Gunsten des Staates. Überhaupt scheinen Grenzen zu verschwinden. Nicht nur infolge der Errichtung des weltweiten Informationsaustauschs im »global village« und folglich zunehmenden Globalisierung der Wirtschaft, sondern auch was den Schutz der eigenen leibseelischgeistigen Integrität betrifft und analog den Respekt anderen gegenüber. Und da sehe ich die große Bedeutung der PAARbeziehung – nicht nur der Mutter-Kind-Dyade der frühen Kindheit, sondern überhaupt: Auch wenn wir oft meinen, etwas oder jemand ginge uns nichts an – wir wehren ab, was wir nicht in unserem Leben und daher auch nicht in unserem Denken haben wollen. Hingegen halten wir in unseren Gedanken fest, was wir auch in unserem Leben haben wollen,

- weil wir es gewohnt sind und nicht loslassen wollen (wie ein Kleinkind die Mutter),
- weil es uns ohnedies daran mangelt (z. B. an einer unentwickelten Eigenschaft),
- weil es uns mehr Ansehen und daher mehr Macht vermitteln würde,
- weil es uns verboten wurde und wir es dennoch begehren.

Ich erinnere mich an ein Ausbildungsseminar in einer der Sexualberaterausbildungen. Das Thema war Fortpflanzung, Kinderwunsch, Abtreibung. Unter den TEILnehmer/innen war ein schwuler Mann aus dem weiten Feld der AIDS-Beratung. »Das interessiert mich nicht, das geht mich nichts an«, wollte er sich gleich zu Beginn des Seminars abschotten. Die Referentin musste ihn erst an die HIV-positiven Frauen erinnern, die schwanger waren oder werden wollten, damit er darauf kam, dass das, was er abgewehrt hatte, wohl das geistige Bild des heterosexuellen Fortpflanzungsaktes war, dass aber Fortpflanzung mehr umfasst als nur den Zeugungsakt. Es gibt immer auch ein Vorher und ein Nachher und dazwischen eine Fülle von »Eingriffs«-Möglichkeiten.

Das GegenTEIL zur Ignoranz liegt vor, wenn eine/r wähnt, es ginge sie/ihn alles an.

Heute hatte ich zum Beispiel wieder eine Stunde mit dem einen TEIL eines Paares, der genau dieses Problem hat: Es ist diesmal der Mann und in Paartherapie sind er und seine Ehefrau vor etwa zwei Monaten gekommen, weil er sich von ihr vernachlässigt, nicht genug wahrgenommen und geliebt gefühlt hat. Sie hat um ihren Freiraum gekämpft – die Ausübung einer Sportart, die ihr wichtig war und die fast meditativ selbstbezogen ausgeübt wird. Das hat ihm wenig Freude gemacht – er wollte seine Freizeit mit ihr TEILen; »wenn schon Sport, dann einer, wo ich nah bei ihr sein kann«. Wir vereinbarten dann, dass er allein weiter zu mir kommen solle und sie nur auf ihren persönlichen Wunsch; das zeigte sich bald als weiser Vorgriff auf das Zukunftsgeschehen, denn er kam durch Zufall darauf, dass es nicht die neue Sportart war, die sie so faszinierte, sondern der dazugehörige Sportlehrer. Der war zwar nach seinen Worten alt, dick und schütterhaarig, und konnte ihm, dem elegant bärtig behaarten, schlanken Jüngeren, nicht das Wasser reichen – aber: Er erwies sich als ernstliche Gefahr für die neunjährige Ehe.

Marietheres, so kam der Mann darauf, erfand tagtäglich neue »Wahrheiten«, sich dem »Zugriff« des Ehemannes zu entziehen – und dort sah ich auch das Problem: Er verstand TEILen als Methode, mitEINander ganz eng, fast wie zusammengeklebt, ein Paar zu bilden, sie hingegen als Tatsache, dass es auch noch jemand Zweiten gab, der immer da war, wenn man gelegentlich nach Hause kam. »The cat that walked by himself« – die Katze als Einzelgängerin – heißt eine der »Very Short Stories« von Rudyard Kipling. Marietheres war so eine Katze: Sie TEILte zwar die Wohnung, nicht aber ihr Leben. Oder richtiger: Sie TEILte nicht sein Leben, sondern ihres bestand aus einem großen TEIL ohne ihn und einem kleinen mit ihm, und diesen TEIL wollte sie aktuell noch kleiner machen. Das kündigte sie aber nicht an, sondern tat es überraschend und aus dem Hinterhalt.

Mir fiel auf, wie sehr er emotional von ihr abhängig war und offensichtlich wie ein kleines Kind die Bestätigung seines Liebens-wertes brauchte. Denn kaum war Marietheres – um sich selbst »ohne Beeinflussung« endlich wieder einmal spüren zu können – ausgezogen, kreisten seine Gedanken um eine Arztgehilfin, die ihm schöne Augen machte, sowie eine halbwüchsige Nachbarstochter, die offensichtlich ihre aufblühenden Reize an ihm zu erproben begann – Vertreterinnen der holden Weiblichkeit, nämlich der, der gegenüber er die übergeordnete, die kontrollierende Position innehat. Unholdinnen wären demgegenüber diejenigen, bei der man(n) sich anstrengen muss und die sie daher scheuen – Frauen, die PARTnerschaft einfordern, oder, um wieder Zeldin zu zitieren: Frauen, die das Gefühl haben, »recht behalten zu müssen, um zu beweisen, dass sie dem Mann ebenbürtig« sind[9] – der Satz eines Mannes! – oder anders formuliert: »die recht bekommen wollen, um den Beweis zu erhalten, dass sie als gleichberechtigt respektiert werden« – und das ist mein Satz und der Satz einer Frau.

Gleichberechtigung kann juristisch verstanden werden, als ZuTEILung gleicher Rechte. Sie kann aber auch psychohygienisch »erfühlt« werden, als Sicherheit, als gleichwertiger Mensch respektiert zu werden. Und sie kann »gelebt« werden, als Zugang auf andere ohne Über- oder Unterordnung, sondern aufrecht und aufrichtig, geradlinig, symmetrisch – Auge in Auge.

In privaten PARTnerschaften beobachte ich diese Symmetrie selten. Zu häufig schleicht sich nach der Zeit des ersten triebhaften Begehrens das Vor-Bild der Eltern-Kind-Beziehung ein: Da wird dann erwartet, dass die Frau wie eine Mama sorgt, der Mann wie ein Papa schützt, oder beide wie Brüderlein und Schwesterlein am Familienausflug harmonisch nebeneinander durchs Leben wandern.

> Wenn man einige Jahre Erfahrung in Paartherapie gesammelt hat, weiß man, dass die übliche Partnerwahl auf ErGÄNZung zielt: Man findet das an einer Person so attraktiv, was man bei sich selbst – noch – nicht entwickelt hat. Wenn die Paarbildung gelingt, übernimmt man im Laufe der Zeit diese erGÄNZenden Eigenschaften und Verhaltensweisen und wird der Partnerperson immer ähnlicher, meist auch äußerlich, und entwickelt sich hoffentlich gemeinsam weiter. Dann erfahren beide GANZwerdung innerlich UND äußerlich und erleben Heilung. »›Heilung‹ – auch als Vorgang existentieller Kommunikation – basiert nicht auf Polarität, sondern auf ›Ähnlichkeit‹ und

dem Bewusstsein dieser Ähnlichkeit«, schreibt der Wiener Publizistikprofessor Maximilian Gottschlich in Hinblick auf die Arzt-Patienten-Beziehung.[10] Psychotherapeut/innen der analytischen oder humanistischen Schulen wissen das schon lange – und sie wissen auch, dass geglückte Liebesbeziehungen oft »die beste Therapie« darstellen.
In den von mir immer »schiefe« PARTnerschaften genannten PAARungen verhindert das innewohnende Machtgefälle, dass sich beide auf gleicher Ebene begegnen können. Damit entsteht aber nicht Liebe und schon gar nicht der die Polarität der sexuellen Anziehung überwindende sakramentale Energieaustausch, sondern Abhängigkeit.
Bei Barbara Stromberger lautet die Botschaft so:

Wie einsam neben Dir, wie stumm.
Wie weit entfernt von mir,
wie weit entfernt von mir.
Wie anders neben Dir, darum,
so ganz entkernt aus mir,
so ganz entkernt aus mir.

Aber ich häng an Dir, und jeder Fluchtversuch
Ist ein Beleg für »Segen kontra Fluch«.
Ich möchte, dass Du gehst,
Und wenn Du weggehst, fehlst Du mir,
Ich häng' an Dir,
ich häng' an Dir,
ich häng' an Dir,
ich häng' an Dir.

Wie ziellos neben Dir, wie fremd.
Wie schlecht gespielt von mir,
wie schlecht gespielt von mir.
Wie schmerzlich neben Dir, gehemmt.
So lahm und wild in mir,
so lahm und wild in mir.

Aber ich häng' an Dir und weiß, Dir geht es gleich:
Näher der Hölle als dem Himmelreich!
Du hast wie ich schon lang ein
andres Denkbild im Visier.
Du hängst an mir,
Du hängst an mir,
Du hängst an mir,
Du hängst an mir.

Wir hängen fest und ein Verhängnis nennt man das.
Die Zeit erklärt ein Wie, Warum und Was.
Verschweigt sie es, so Gnade Dir wie mir:
Dann hängen wir,
dann hängen wir,
dann hängen wir,
dann hängen wir.

Viele Menschen scheuen Entwicklung. Ich mag dieses Wort, weil es so treffend doppelsinnig ist: einen verwirrten Knäuel entwickeln oder die Spirale eines Keimblattes – Du weißt. Frauen als potenzielle Gebärerinnen haben weniger Probleme mit Entwicklungsprozessen als Männer. Man müsste ja sich selbst gegenüber zugeben, nicht perfekt zu sein. Von Thomas v. Aquin stammt die Aussage, das Weib verhalte sich zum Mann wie das Unvollkommene und Defekte (Imperfectum, deficiens) zum Vollkommenen (Perfectum). Ich übersetze hingegen: Das Weib verhält sich zum Mann wie das, was noch Entwicklung zulässt, zu dem, was abgeschlossen (verschlossen) ist.[11] Und offen und geschlossen sind für mich Symbole für die Genitalien im Zeugungsgeschehen – dort, wo Mann Mann und Frau Frau sein muss; alle anderen Tätigkeiten und Verhaltensweisen erfordern keine Geschlechterdifferenz – außer, einer will den/die ander/n dominieren. BeHERRschen.

Ich unterscheide GANZheitlichen Geschlechtsverkehr, bei dem nicht nur Körpersekrete ausgetauscht werden, sondern auch Gefühle und Gedanken – und gerichtete Gedanken sind spürbare Energie – von dem bruchstückhaften, rein körperlichen Geschlechtsakt, bei dem oft nicht einmal die Körpersäfte geTEILt werden.

Ein Fehler, weswegen heute so wenige Beziehungen »halten« – weder auf Dauer noch die PARTner – sehe ich darin, dass auf die erste Phase der PAARbildung, die Kontaktphase, meist gleich die vierte Phase, die der geschlechtlichen VerEINigung, folgt.[12] Die zweite – die Beziehungsphase, in der die oberflächlichen Denkmuster, Interessen, Prinzipien und Gewohnheiten mitgeTEILt und anEINander angepasst werden – und die dritte – die Phase der Intimität, in der man dem jeweils anderen Menschen seine tiefsten Gefühle offenbart – werden ausgelassen. Ausgelassen heißt aber immer auch unkontrolliert und ohne Kontrolle, ohne Strukturierung, bleibt Chaos – Gefühlschaos aber wird nur zu oft für Liebe gehalten.
Bei der PAARbildung dominiert in der heutigen Image-Gesellschaft die Optik: Wie der oder die Erwählte aussieht, ist wichtiger als die Erfahrung, wie er oder sie denkt und fühlt – denkfühlt oder fühldenkt. Und da jeder Gedanke einen chemisch-elektrischen Prozess im Gehirn darstellt und die chemischen Botenstoffausschüttungen zumindest für »Spürnasen« riechbar sind, zeigt es von massiver Desensibilisierung, dass Geruchs- oder Geschmackswarnungen – »Nicht näher als Geruchsdistanz!«, »Nicht näher als Kussdistanz!« – nicht mehr als Hinweis auf UnverEINbarkeit der Immunsysteme registriert, sondern – meist von Frauen – aus Höflichkeit ertragen werden.
Der PARTner, die PARTnerin dienen oft nur dem großen Auftritt vor der neidischen Bezugsgruppe von privaten oder beruflichen Rival/innen und/oder der narzisstischen Zufuhr von Größengefühlen bzw. der Vermeidung von Unzulänglichkeits- und Einsamkeitsempfindungen. Barbie und Ken als lebendige »Übergangsobjekte«[13].

Männer denken in – vertikalen – Herrschaftskategorien, Frauen in – horizontalen – Austauschkategorien: Sie »schenken« Liebe und erwarten umgekehrt auch Liebe.[14] Da sie einander meist nicht an ihren höchstpersönlichen Beglückungsvisionen TEILhaben lassen, sind Missverständnisse unvermeidlich. So höre ich von vielen Klientinnen im Falle der Untreue ihres Mannes die depressive Dauerfrage, was an ihnen nicht gut genug sei, was die Rivalin mehr habe oder könne und das Bestreben, »nachzulernen«, während Männer im umgekehrten Fall sich eher beklagen, was die Frau ihnen angetan habe und sich in aggressiven Rachefantasien ergehen, denn »wie stünden sie nun da« – nämlich vor der unsichtbaren Männerjury.

Es liegt am Selbstwertgefühl, ob »beTEILigte Dritte« eine PAARbeziehung gefährden oder ob sie krisentauglich genug ist, die Wellenbewegungen eines längerfristigen Zusammenlebens zu überstehen. »In guten wie in schlechten Zeiten« besagt ja schon, dass es auch Tief-Zeiten geben wird, nicht nur Hoch-Zeiten. Meine Erfahrung geht dahin, dass die Tiefs am besten überwunden werden, wenn man sie

- als augenblicklichen Zustand zugibt,
- nachprüft, wann und womit dieser Zustand begonnen hat,
- nachprüft, ob das ursprüngliche Ziel (z. B. Zusammenleben) noch gilt,
- nachprüft, wo sich Abweichungen eingeschlichen haben,
- nachprüft, welcher Lernbedarf (z. B.: der andere ist fremd geworden, weil man seine/ihre Entwicklung übersehen hat) dadurch entstanden ist,
- das Neue, Fremde mit Interesse erforscht und zu verstehen versucht und
- eine neue VerEINbarung für die Zukunft trifft (wie auch immer die aussehen mag).

Es gibt ein Sprichwort, das sagt, Frauen heirateten in der Hoffnung, dass sich die Männer dann ändern würden, während Männer in der Hoffnung heiraten, dass ihre Frau sich nie ändert. Diese Ansichten gehören ins 19. Jahrhundert, als es keine außerhäuslichen Arbeitsplätze für Frauen gab außer »im Dienst« – in der Landwirtschaft, im Haushalt, als Gouvernante etc.– und Eltern daher versuchten, ihre Töchter so gut wie möglich zu verheiraten. Dazu war es primär nötig, dass die künftige Ehefrau arbeitsam war, dienstbar, treu bis zur Unterwürfigkeit und ja nicht zurückredete. Schönheit oder Bildung waren sekundär, letztere sogar unerwünscht – frau könnte auf romantische Gedanken kommen und aus wäre es mit der Monogamie »in Gedanken, Worten, Werken«.
Der Mythos von der Monogamie der Frau gehört endlich enttarnt.

Ich sehe in ihm primär den »wissenschaftlichen« TEIL einer Verteidigungsstrategie gegen Angriffe, in denen die Ehelichkeit eines Kindes in Zweifel gezogen wurde.
In heutiger Zeit, wo Frauen nicht mehr einschichtig leben müssen wie Postmeisters Dunja bei Puschkin, die auf einen durchreisenden Rittmeister hoffen muss, um endlich einen anderen Mann als den Vater zu erleben, wo Frauen selbst mobil sind und wählen können, wessen Bett sie für die Durchreise wählen, gibt es Monogamie aus Mangel an Gelegenheit nicht mehr. Ganz im GegenTEIL: Viele Frauen wünschen sich, ihre Anerkennung als begehrenswerte Frau wäre nicht an sexuelle Willfährigkeit geknüpft.
Meiner Erfahrung nach ist die Suche nach einem »Mangel« bei einer beziehungstreuen Frau wieder nur Suche nach Argumenten, sie erstens von ihrem sexuellen und zweitens von Widerstand überhaupt abzubringen. Denn Monogamie als Lebenshaltung signalisiert heutzutage nur:

- frau hat keine Lust an der Aktion, am – selten – balzenden oder – meistens – fordernden »PART«ner, was nicht bedeutet, sie litte an Lustmangel – meist ist nur etwas anderes lustvoller als Bettakrobatik mit einer »Gelegenheits«bekanntschaft,
- frau hat keinen Mut, was nicht bedeutet, sie litte an Mutmangel, sondern sie bedenkt die möglichen Folgen und entscheidet sich gegen ein vermeidbares Risiko,
- frau hat keine Zeit, was nicht bedeutet, sie litte an Zeitmangel, sondern sie TEILt ihr Zeitbudget anders ein – oder
- frau liebt innig und so tief, dass sich in ihrem Seelenschacht kein Platz für einen Zweiten oder gar Dritten findet.

Was es heute aber immer noch gibt, ist

- Monogamie aus Angst. Ich kenne sie von Frauen aus ländlichen Gebieten mit hoher sozialer Kontrolle, wo es noch Spott und üble Nachrede bedeutet, wenn eine Frau es »nicht schafft«, ihren ungetreuen Mann zu »halten«. Ihr wird noch immer die ganze Verantwortung für das Gelingen der »Zähmung« in diesem Fall des Widerspenstigen zugeTEILt – und ihm sein AnTEIL in kollektiver Nachsicht erlassen.
- Und dann gibt es noch die Monogamie des »magischen Denkens« – der erhofften Reziprozität: »Wenn ich treu bin, wird er/sie auch

treu sein.« Dahinter verbirgt sich ein AllEINbesitzanspruch, und der hat mit Liebe wenig gemein.

Ich habe ein Lieblingsgedicht zu diesem Thema: es stammt von Erich Mühsam, einem Dichter der Vorkriegszeit:

An dem kleinen Himmel meiner Liebe
Will – mich dünkt – ein neuer Stern erscheinen.
Werden nun die andern Sterne weinen
An dem kleinen Himmel meiner Liebe?

Freut euch, meine Sterne, leuchtet heller!
Strahlend steht am Himmel, unverrücklich,
Eures jeden Glanz und macht mich glücklich.
Freut euch, meine Sterne, leuchtet heller!

Kommt ein neuer Stern in eure Mitte,
Sollt ihr ihn das recht Leuchten lehren.
Junge Glut wird euer Licht vermehren,
Kommt ein neuer Stern in eure Mitte.

An dem kleinen Himmel meiner Liebe
Ist ein Funkeln, Glitzern, Leuchten, Sprühen.
Denn ein neuer Stern beginnt zu glühen
An dem kleinen Himmel meiner Liebe.

Michael Lukas Moeller enttarnt die vermeintliche Einzigartigkeit von Liebesgefühlen: »Liebe ist schon Geschichte, bevor sie beginnt.«[15] Er meint damit, dass alle erlebten Beziehungen in die aktuelle Liebesbeziehung einfließen – sozusagen eine »innere Gruppensexualität« darstellen: »Jeder bringt als Mitgift seine gesamte Lebensgeschichte, alle seine erlebten Beziehungen mit in die PARTnerschaft ein.«

Wer sich auf seine PARTnerperson wirk-sam einlassen will, TEILt also wirk-lich deren – bisheriges – Leben. Auch das gehört zu einer Kultur des TEILens: mit der Kränkung fertig zu werden, nicht der einzige PARTner zu sein.

Moeller sagt sogar noch deutlicher: »Wir sind eine Wahl unter vielen möglichen. Wir sind stets eine nachfolgende Wahl, ein

Moment in der Lebensgeschichte. In der Psychoanalyse sagt man scherzhaft, selbst wenn wir allererste Wahl wären, eine spektakuläre Rarität, wären wir dennoch zweite Wahl. Denn die erste und intensivste Liebesbeziehung haben wir als Kind zu unserer Mutter oder zu unserem Vater erlebt …«[16]

Ist die Sehnsucht nach der Monogamie – der Frau! – die Sehnsucht nach einer Mutter ohne zugehörigen Mann, der in sie eindringt, eingedrungen ist, sie mehr als nur für den Augenblick erfüllt hat, nämlich mit Zukunftsfolgen, sie daher in einer Weise besessen hat, die den Kindern verwehrt bleibt? Und liegt darin nicht auch die Idealisierung der »unbefleckten« Empfängnis?
Ich erlebe so oft, wie Frauen, kaum sind sie Mutter geworden, den Mann – den Störenfried – abwehren, und wie Männer leiden, »Kaum hat sie ihr Kind, bin ich nicht mehr wichtig!« Da geht es nicht nur um Eifersucht auf die Liebe, die das Neugeborene »abzieht«, sondern um die Unfähigkeit, Liebe (und Versorgungsarbeiten!) zu TEILen: Es fehlt einfach an Informationen und Vorbildern, wie man im Intimbereich ohne Kampf und senkrechte Hierarchisierung TEILungen verEINbart.
Damit Du mich nicht gleich wieder missverstehst, Dušan: Intimbereich verstehe ich als die Nähe, in der man emotional kaum mehr Rückzugsmöglichkeiten besitzt und einander daher vertrauen muss. Das trifft für Augenblicke sexueller Hingabe zu, aber nicht nur. Ich sehe in der gelungenen ganzheitlichen sexuellen Hingabe und Verschmelzung einen Kraftzuwachs für beide daran BeTEILigten und erkläre damit auch die traditionelle Tabuisierung: Kraftquellen sollten vor Verunreinigung geschützt werden,[17] und zu diesen Kraftquellen gehören »heilige« Orte oder Personen, aber auch Institutionen, z. B. die Familie, auch die Symbolfamilie Staat.
Diese Unfähigkeit zu TEILen können wir in Österreich auch seit der letzten Nationalratswahl beobachten, aus der erstmals drei PARTeien fast gleich stark hervorgingen: Staatsmacht zu zweit TEILen kann auf Gewohnheitsmethodik zurückgreifen, ein Zusammenwirken zu dritt liegt außerhalb des Vorstellbaren. Übrigens auch bei den medial hochgespielten angeblichen Rivalitäten um die Reisediplomatie: Unser gegenwärtiger Bundespräsident eignet sich ja auch zu gut als »homme entre deux femmes«! Waren es vorerst Klestils

erste und die nachfolgende zweite Ehefrau, deren Zusammentreffen auf Wahlkampffotos den Zeitungsboulevard mobilisierten, variieren jetzt die Dreiecksgeschichten zwischen letzterer, deren Qualifikation als hochrangige Diplomatin meist nur in Nebensätzen ausgewiesen wird, und der Außenministerin, oder der Thematik »Frau zwischen zwei Männern«, nämlich dem ehelich angetrauten Bundespräsidenten und dem Bundeskanzler.
Wir können mit Triangulierungen nicht umgehen: nicht als Kinder, nicht als Staatsbürger, noch weniger als BeTEILigte.
Dabei würden wir uns viel Leid und auch Geld ersparen, gäbe es die Möglichkeit der Drei- oder Vier- oder Fünfheitsbildung beispielsweise im Familienleben. Wäre unsere Kultur des Nicht-TEILens nicht auf Konkurrenz und Rivalität aufgebaut, sondern auf Solidarität und Synergie, könnten wir staatlich gebilligt und unterstützt Großfamilien bilden, in denen erste, zweite und allenfalls weitere EhePARTner/innen offiziell zusammenleben und zusammenhalten. Ich kenne solche als vorübergehende Wohngemeinschaften getarnte scheinbar polygam Vergangenheit und Gegenwart umfassende Familien: Es sind wir – die Beobachter/innen –, die Haremsfantasien frönen! In der Realität funktionieren diese Beziehungen so, dass die ErstPARTner ihre Trauerarbeit über das Misslingen ihres PARTnerschaftsversuches bereits hinter sich haben und daher herzoffen sind für die Unterstützung der nachfolgenden Schwestern oder Brüder im Bett des/der Verflossenen.
Im Endeffekt ist es ja wiederum nur Angst, von den unsichtbaren Juroren – oder der sichtbaren angeblichen Freundschaftsriege – schlechte Zensuren zu bekommen. Kein Wunder – sind wir doch alle schulgeschädigt, weil wir nur – mehr oder weniger gerechte – Noten bekommen, aber keine verbale MitTEILung, wo wir uns verbessern sollten bzw. wo es »passt«.
Als mein Ehemann vor gut 20 Jahren fast gleichzeitig zwei außereheliche Kinder zeugte und lange vor Boris Becker glaubte, sich mit dem Argument Samenraub vor ohnedies nicht vorhandenen Anklägern verteidigen zu müssen, machte ich zwei grundlegende Erfahrungen: Die erste bestand darin, dass es mir leichtfiel, mich in die beiden Mütter und ihre gegenwärtige wie vergangene emotionale Situation einzufühlen, und dass die eine das auch spürte und sich mit mir gesprächsweise besser EINigen konnte als mit ihm. Die andere

verweigerte jegliche Aussprache zu dritt; sie wollte nicht klären, wie wir alle mit der neuen Lage umgehen wollten, so dass es für alle akzeptabel wäre. Sie brauchte offensichtlich die Racheposition der »unsichtbaren Gegner« – ein Filmtitel von Valie Export, in deren nächstem Film »Menschenfrauen« ich übrigens die gerade geschilderte damalige eigene »Beziehungskiste« TEILweise wiedergegeben finde (und da eine der Darstellerinnen, Susanne Widl, eine gute Freundin meines Ehemannes ist, vermute ich sogar, zu Recht!). Die Dritte hat ihre Racheaktionen über die Jahre übrigens perpetuiert und verfeinert. Und das kann ich nicht verstehen. Meine Ethik des TEILens wird dadurch verletzt. Ich tröste mich wieder mit Strotzkas Satz, wenn er die übergewichtige Frau verstehen wolle, müsse er sie analysieren, wenn er ihr helfen wolle, schicke er sie zu den Weight Watchers. Den Gang zur analogen »Hilfseinrichtung« Jugendamt hat die Rachefrau wohl auch gemacht, wurde dort aber nur in ihren Racheaktionen verstärkt, was wohl daran gelegen sein mag, dass der damalige Leiter des für sie zuständigen Amtes selbst einer ihrer Verehrer war und seine eigenen Rachegelüste gleich mitbefriedigen konnte. Mediation war damals ja auch noch kein Begriff – und damit die Idee, dass sich alle BeTEILigten an einen Tisch zusammensetzen und eine Zukunftslösung erarbeiten könnten, unvorstellbar.

Racheimpulse entstehen aus dem Gefühl der BenachTEILigung und die kann real oder illusionär emotional, real oder illusionär rechtlich oder real oder illusionär »mythologisch« sein. Wenn beispielsweise ein Mann aus der Liebe einer Frau VorTEILe zieht, sich aber dem Gespräch entzieht, wenn er Verantwortung übernehmen soll, die er nicht eingeplant hatte, wird sich die Frau real benachTEILigt fühlen: Er hatte den VorTEIL, sie den NachTEIL. Wenn sie (oder er) hingegen den AnTEIL Verständnis für die Abwehr »Keine Zeit!« verweigert, die sich aus zeitintensiver beruflicher Anspannung ergibt, spreche ich von illusionärer emotionaler BenachTEILigung: Entweder mangelt es an Realitätssicht – eine der Voraussetzungen seelischer Gesundheit – oder sie wird verweigert. Es beginnt ein Machtspiel: So wie ein kleines Kind mittels Trotz versucht, seine Mama am Weggehen zu hindern, wird mit Drohungen oder anderen

»unfreundlichen Akten« – ein Begriff aus der Diplomatie – erprobt, den eigenen Willen durchzusetzen.
Reale rechtliche BenachTEILigung trifft derzeit beispielsweise homosexuell liebende Menschen, denen manches vorenthalten wird, was Heterosexuellen selbstverständlich gewährt wird. Zu den illusionären rechtlichen BenachTEILigungen zähle ich die im Psychiaterjargon so genannten »Begehrlichkeitsneurosen«; darunter versteht man das oft unverständliche, dafür aber insistierende Bemühen um eine selbstbezifferte Rente oder Abschlagszahlung für Unfälle oder Krankheiten, die jemand anderem als Verursacher angelastet werden. Man verrennt sich – oft von honorarbegehrlichen Rechtsanwälten »in den Krieg geschickt« – in eine »fixe Idee« und verabsäumt dadurch die notwendige Trauerarbeit zur Integration des Verlustes in die eigene Biografie.
Mit »mythologisch« bezeichne ich BenachTEILigungen, die sich aus VorurTEILen ergeben. Wenn beispielsweise Roma und Sinti real in der Dorfgemeinschaft benachTEILigt werden, fußt das auf unhinterfragt überlieferten Legenden oder gezielten Diskriminierungen durch Legendenbildung wie z. B. aus der NS-Zeit. Wenn hingegen eine Frau ihren entbehrten Aufstieg im Beruf nur auf die Tatsache ihrer Weiblichkeit zurückführt, ohne mögliche andere Faktoren zu prüfen, wäre das eine Illusion auf Grund des Weiblichkeitsmythos, Frauen würden eben (immer) im Beruf benachTEILigt.
Der Freud-Schüler Karl Abraham TEILt Frauen je nach »Äußerungsform«[18] ihres »verdrängten« Wunsches, männlich zu sein, in drei Gruppen:

- Der »Wunscherfüllungstypus« ersehnt männliche Körperlichkeit und bevorzugt ersatzweise die »männlichen Interessen geistiger, beruflicher und anderer Art«, aber betont, »die von ihnen gepflegten Interessen seien keineswegs männliche, sondern ebensowohl weibliche.« Und er meint auch: »Sie lieben es, ihre Männlichkeit in Kleidung und Haartracht, im Auftreten usw. zur Schau zu stellen.«
- Im »Rachetypus« bezieht sich die unbewusste Ablehnung der weiblichen Rolle im Wunsch nach »Vergeltung auf das vom Vater erlittene Unrecht«. Oft fände man bei ihnen »Ver-

schiebungen« der auf das ersehnte männliche Genitale gerichteten Erregung auf andere KörperTEILe, die – dauergerötete/n – Nase oder Augen etwa, oder »sie stellen … das männliche Organ als nebensächlich und entbehrlich dar.« Dazu gehörten auch Fantasien im Sinne einer unbefleckten Empfängnis. (Heute würde Abraham wohl schreiben: Kinder alleine aufzuziehen.) Auch proklamierten diese Frauen durch ihre Neurose »Ich kann es allein!« Und er pointiert: »Denn wenn dem männlichen Organ seine Bedeutung abgesprochen wird, so liegt darin bereits eine Entmannung des Mannes, wenn auch in einer sehr gemilderten Form.« Was Männlichkeit in ihrer Sexualrolle betrifft, ist der Autor sensibel – aber um die Entmenschlichung der Frau, der »Interessen geistiger, beruflicher und anderer Art« abgesprochen werden, macht er sich keine Gedanken!

Zu den Äußerungsformen des Rachetypus zählt er auch die Tendenz, den Mann zu enttäuschen: »Enttäuschen heißt: Erwartungen in jemandem erregen und sie nicht erfüllen.« Ein NLP-Therapeut würde den Psychoanalytiker Abraham da wohl fragen, »Wie konkret macht eine Frau denn die Erregung dieser Erwartung?« und damit aufzeigen, dass wir für unsere Erwartungen schon selbst verantwortlich sind. Wenn wir enttäuscht sind, heißt das, dass wir uns einer Täuschung hingegeben haben – aber nicht unbedingt, dass uns jemand täuschen wollte! Denn wenn beispielsweise jemand nichts erwarten will, kann man noch so suggestive Versprechungen antönen, sie werden die andere Person nicht aus ihrem Gleichmut bringen!

- Als dritte Äußerungsform zeichnet Abraham das Bild einer psychosexuellen Entwicklung, in der der Wunsch nach einem Kind an die Stelle des Wunsches nach Männlichkeit tritt: »Das kleine Mädchen nährt nun die Hoffnung, vom Vater – als Ersatz für das ihm nicht gewährte Glied – ein Kind zu bekommen, und zwar wiederum als ›Geschenk‹. Der Wunsch nach dem Kinde ist erfüllbar, wenn auch erst in Zukunft und mit Hilfe eines späteren Liebesobjektes; es bedeutet also eine Annäherung an die Wirklichkeit … Zugleich wird durch die Identifizierung mit der Mutter die Entwicklung mütterlicher Regungen ermöglicht. Der erhoffte Besitz eines Kindes ist also

berufen, dem Weibe eine Entschädigung für seinen körperlichen Defekt zu gewähren.«[19]
Allein diese Sprache verewigt schon den Androzentismus, das Fixiert-Sein auf den Mann, in dem das Andere – das Fremde – als minderwertig definiert wird. Es hatte bis damals ja auch wenig Möglichkeiten gegeben, »anständige« Frauen in anderen Funktionen als anbetungswürdige Geliebte, Mütter, Pflegerinnen und Dienstboten zu erleben; Schauspielerinnen oder Tänzerinnen galten ja noch immer als anrüchig und andere Berufe auszuüben, gelang nur wenigen »Exotinnen«. Dazu darf man nicht vergessen, dass Abrahams Sichtweise aus dem Jahr 1921 stammt, als soeben erst viele Frauen die Arbeitsplätze der im Kriegsdienst verpflichteten, verstümmelten oder gefallenen Männer übernehmen mussten, sich bewährten, aber nach deren Rückkehr wieder abgeben sollten. Es ist der Blickwinkel eines privilegierten Mannes, der nicht verstehen mag, dass Frauen anfangen, sich selbst bestimmen zu wollen, und folglich in der Tatsache, dass sie dies noch verEINzelt, nicht organisiert, und vor allem nicht strategisch perfektioniert taten, eine Abweichung von der »gesunden« Norm sah – denn nur wenige Frauen hatten bereits erkannt, dass ihr Begehren nach eigenem Entfaltungs-Raum als »Beschneidung« des traditionellen Großraums Männerwelt gesehen würde.

Die zweite Erfahrung, die mir damals sehr bewusst wurde, war, mit welch unterschiedlichen Sichtweisen unsere nähere Umgebung auf die Krise reagierte: Die meisten seiner Journalistenkollegen amüsierten sich über seine Naivität, nicht mit weiblicher Raffinesse – auch ein Weiblichkeitsmythos, den wir Boccaccio und ähnlichen Verfassern erotischer Novellen verdanken – oder zumindest dem Zyklus seiner Liebhaberinnen gerechnet zu haben. Andere bewunderten bzw. beneideten den »Zuchtbullen«, bei dem jede schon schwanger war, ehe er noch seinen Slip vollständig ausgezogen hatte. Wieder andere rätselten, welche selbstzerstörerischen Tendenzen es ihm unmöglich gemacht hätten, sich auch in anderer Hinsicht »abzugrenzen« – zeitlich oder mit sozialen, handwerklichen, auch pseudofinanziellen Unterstützungsleistungen. Bedauert wegen der Schlechtigkeit der Frauen, wie er es wohl erwartet hatte, hat ihn keiner – ich auch nicht. Ich stellte nur lapidar fest: wer konsumiert, zahlt irgendwann die Rechnung.

> Was Männer und Frauen in der Liebe suchen, sei heutzutage kein romantischer Luxus mehr, prognostiziert der deutsch-amerikanische »Streitexperte« George Bach, sondern ein entscheidender BestandTEIL der emotionalen Gesundheit: Immer weniger wollten nur die Jagd nach aufregenden Liebesabenteuern oder Sicherheit in der Ehe. »Aber immer mehr hoffen, in einer dichteren Liebesbeziehung etwas wie persönliche Wertigkeit, persönliche Geltung und die Stärkung der eigenen Existenz zu finden.«[20]

Ich bleibe bei der »Stärkung der eigenen Existenz« hängen. Das andere kann – und soll – man auch in größeren Gemeinschaften erzielen. Aber die eigene Existenz, ganzheitlich verstanden, erfordert den Energieaustausch mit jemandem, der oder die sich voll auf einen einlässt. »To rescue each other.« TEILungen sind dem nicht förderlich. Nicht TEILungen zwischen Körper, Seele und Geist, und nicht die TEILung auf zwei oder mehr PARTner/innen; sehr wohl förderlich sehe ich aber das TEILen zwischen Zeiten der Nähe und Zeiten der Ferne, oder zwischen einem »NebenEINander auf ein gemEINsames Ziel zu« und dem »AufEINander zu« mit dem Ziel: Dich erreichen, berühren, erspüren, erfahren, erkennen.
Sich voll auf jemand einlassen sollte aber auch von diesem anderen Menschen bejaht werden – sonst würde sich Beglückungsterror einschleichen und wiederum ein Machtspiel beginnen. Bejahung setzt aber wiederum voraus: sich einander mitzuTEILen.

> In seinem Buch »Positive Familientherapie« zitiert der in Deutschland lebende iranische Psychiater und Psychotherapeut Nossrat Peseschkian eine Legende seiner Heimat, in der ein Rechtgläubiger zum Propheten Elias kommt und fragt: Wo ist die Hölle und wo der Himmel? Der Prophet nimmt ihn daraufhin an der Hand und führt ihn durch dunkle Gassen in einen Palast. »Durch ein Eisenportal betraten sie einen großen Saal. Dort drängten sich viele Menschen, arme und reiche, in Lum-

pen gehüllte und mit Edelsteinen geschmückte. In der Mitte des Saales stand auf offenem Feuer ein großer Topf voll brodelnder Suppe … Um den Topf herum drängten sich hohlwangige und tiefäugige Menschen, von denen jeder versuchte, sich seinen TEIL Suppe zu sichern. Der Begleiter des Propheten Elias staunte, denn die Löffel, die diese Menschen in den Händen hielten, waren so groß wie sie selbst. Ganz am Ende hatte der Stiel des Löffels einen hölzernen Griff. Der übrige Löffel, dessen Inhalt einen Menschen hätte sättigen können, war aus Eisen und durch die Suppe glühend heiß. Gierig stocherten die Hungrigen im Eintopf herum. Jeder wollte seinen TEIL, doch keiner bekam ihn. Mit Mühe hoben sie ihren schweren Löffel aus der Suppe. Da dieser aber zu lang war, bekam ihn auch der Stärkste nicht in den Mund. Gar zu Vorwitzige verbrannten sich Arme und Gesicht oder schütteten in ihrem gierigen Eifer die Suppe ihren Nachbarn über die Schultern. Schimpfend gingen sie aufEINander los und schlugen sich mit den Löffeln. Der Prophet Elias fasste seinen Begleiter am Arm und sagte: ›Das ist die Hölle!‹ Nach langer Wanderung traten sie in einen weiteren Saal ein und auch dort saßen viele Menschen und in der Mitte des Raumes brodelte ebenfalls Suppe im Kessel, und auch hier hatte jeder so einen riesigen Löffel. »Aber die Menschen waren hier wohlgenährt und man hörte in dem Saal nur ein leises, zufriedenes Summen und das Geräusch der eintauchenden Löffel. Jeweils zwei Menschen hatten sich zusammengetan. Einer tauchte den Löffel ein und fütterte den anderen. Wurde einem der Löffel zu schwer, halfen zwei andere mit ihren Esswerkzeug, so dass jeder in Ruhe essen konnte. War der eine gesättigt, kam der nächste an die Reihe. Der Prophet Elias sagte zu seinem Begleiter: ›Das ist der Himmel!‹«[21]

Wenn wir nicht mitEINander reden, schwächen wir die Existenz des anderen, aber auch die eigene. Die TEILung der Geschlechter, so der österreichische Mystiker Jakob Lorber (1800–1864), dient nämlich der Überwindung der selbstsüchtigen Eigenliebe.[22]

Kennst Du das Märchen vom selbstsüchtigen Riesen von Oscar Wilde? Der seinen Garten nur für sich allein haben will und eine hohe Mauer darum baut, damit die Kinder nicht darinnen spielen können? Und alle Pflanzen verkümmern darob, und es ist immer Winter darinnen? Und eines Morgens bemerkt er ein Fleckchen, an dem wieder Gras sprießt, rund um einen einzigen Baum, und auf dem sitzt ein einziges Kind, das hat Wundmale auf den Händen und den Füßen. Und dann bekehrt er sich … Wie heißt es doch im Ersten Buch Moses in der Heiligen Schrift: Es ist nicht gut, dass der Mensch allEIN sei. Das verstehe ich nicht als Forderung, dass immer viele Menschen um einen herumwuseln, sondern als Hinweis, sich nicht in sich selbst zu verschließen, sondern offen zu sein für das Göttliche, das uns in jedem Menschen entgegentreten kann. Wie Gott will.
In diesem Sinn freue ich mich schon, Deine Sichtweisen zu erfahren,

Deine
AnTEILnehmende

MitTEILen

Von einer Kultur des TEILens

Lieber Dušan!

Eigentlich wollte ich in diesem letzten Brief schreiben: Wenn Du schon nicht mutig genug bist, Dich meiner Kritik an Deinem Nicht-Gesprächsstil zu stellen, so erwarte ich wenigstens das Minimum an Kultur, eine solche Schweigephase, wie Du sie offensichtlich durchsetzen willst (durch-setzen! Eine Penetration – aber was für eine!), gemEINsam mit mir zu verEINbaren. Das brauche ich jetzt nicht mehr, denn Du hast Dich von Dir aus gemeldet – wie wenn es keine Misstöne zwischen uns gegeben hätte. So freundlich, so liebevoll, so mitTEILsam. Ich fühle mich gut respektiert.
Keine Spur von einem Machtspiel. Weißt Du, mir ist wichtig, wenigstens ein paar Freund/innen zu kennen, die sich im Gespräch korrekt verhalten. Auch ich brauche eine Oase für meine Seele. Sonst würde ich nicht durchhalten bei den andauernden Konfrontationen mit unzulänglichen Gesprächsverläufen. Beispielsweise in der Arbeitswelt. Da tauchen ja genau die gleichen Machtspiele auf: Erst neulich habe ich wieder einmal ein Seminar zum Thema vorbildliches Verhalten von Führungskräften gestaltet, diesmal für Führungskräfte der Gemeinde Wien, und mein Auftrag lautete, für sprachliche Gleichbehandlung von Frauen und fremdsprachigen Wiener/innen zu sensibilisieren. In der Erwartungsrunde haben die TEILnehmer/innen den Wunsch nach Bearbeitung von Konfliktsituationen geäußert, und als ein Beispiel kam die Schwierigkeit, unangenehme Auskünfte »an den Mann zu bringen« – konkret: an türkische Muslime, die nicht mit Frauen reden wollen, die permanent wegschauen und weghören und überhaupt jegliche Kommunikation mit hochrangigen Juristinnen verweigern.
»Diese Verhalten kenne ich auch«, habe ich relativiert, »aber von älteren österreichischen Hochschulprofessoren.« Ich kenne diese Bei-

spiele nicht nur aus dem Coaching von Wissenschaftlerinnen oder Politikerinnen, sondern auch aus eigener Erfahrung. Es braucht viel Standvermögen, sich durch solche Ignoranztaktiken nicht verunsichern zu lassen. Ich werde immer wieder gefragt, »Wieso tun die das? Das ist doch unhöflich!«, und ich antworte dann immer: »Weil es zu den Dominanzstrategien gehört.«

> Deborah Tannen – Du weißt, die Professorin für Linguistik an der Georgetown University – zitiert die Psychologin H. M. Leet-Pellegrini, derzufolge Männer das Spiel vollführten »Habe ich gewonnen?«, während Frauen »War ich hilfsbereit genug?« spielten. Tannen pointiert das: »Das Spiel der Frauen heißt ›Magst du mich?‹, das der Männer ›Hast du Respekt vor mir?‹«, und sie resümiert: »Wenn eine Frau sich mit einem Mann unterhält und bemüht ist, Gemeinsamkeiten herzustellen und jede Form von Angeberei zu vermeiden, ist es leicht möglich, dass sie – von einer Statusperspektive aus – unterlegen wirkt und unsicher oder inkompetent erscheint.« Andererseits aber zeigten ihre Studien: »Frauen, die ihr überlegenes Wissen zeigten, lösten Ablehnung und nicht Respekt aus.« Sie nimmt sich selbst als Beispiel, wenn sie schreibt: »Ich gehe davon aus, dass mein anerkanntes Fachwissen bedeutet, dass ich automatisch als Autorität respektiert werde, und bei Frauen ist das im Allgemeinen auch der Fall. Aber wenn ich mit Männern spreche und offenbare, dass ich eine anerkannte Expertin auf diesem Gebiet bin, wird meine Position häufig in Frage gestellt. Ich kann meine Autorität behaupten, wenn ich mich erfolgreich gegen die Herausforderung verteidige, wenn nicht, verliere ich das Wort.«[1]

Bei jedem Dackel kann man beobachten, wie er den Kopf zur Seite dreht, wenn er einen Bissen nicht aufnehmen will – klassische Stammhirnreaktion: »Ich will nicht!« Aber im Gegensatz zu Tieren können Menschen sprechen und sollten es auch tun. Aber die wenigstens sind mutig – und aufrichtig! – genug, jemand anderem zu sagen: »Was Du zu sagen hast, interessiert mich nicht!« oder noch deutlicher: »Ich rede nur mit meinesgleichen« – was im Klartext heißt: Was mir fremd ist, wehre ich ab.

Ich habe in dem Seminar weiters zu zeigen versucht, dass auch Geisteshaltungen wie »Der muss einfach zuhören!« oder »Wer integriert sein will, muss sich an unsere Spielregeln halten« ebenso gewalttätig sind und daher nur wieder Abblocken oder Angriff zur Folge haben werden, und dass man Zeit braucht und Abstand, um eine passende Umgangsform zu entwickeln: eine Strategie. Immer wenn etwas nicht schnell oder leicht geht, braucht man eine solche und auch gleich eine zweite dazu, wenn die erste nicht greift.
Auch heute noch werden Kinder auf Höflichkeit gedrillt, obwohl es bei uns schon lange keinen kaiserlichen, königlichen oder fürstlichen Hof – und daher auch keine Karriere als Höfling oder Hofdame – mehr gibt. Höflichkeit diente der Lebenssicherung gegenüber Tyrannenwillkür. Mit dem Rücken zur Tür zurückzuschreiten half gegen Nachwürfe oder Dolchstöße. Das entblößte Haupt zu senken, konnte als Unterwerfungsgeste absolute Herrscher milde stimmen. Als erster durch eine Türe zu schreiten und damit womöglich das »Ah!« der dahinter Wartenden auf sich zu beziehen, konnte das TodesurTEIL bedeuten, also ließ man es vorsehend bleiben … Heutzutage, wo Kinder und Jugendliche die traditionelle k. u. k.-Höflichkeit verweigern, weil sie im TV tagtäglich andere Kulturen von Zusammenleben erfahren (die auch ihre Eltern erheitern, die sie aber selbst nicht angetan bekommen mögen), scheint es mir erfolgversprechender, auf Achtsamkeit und Funktionalität Wert zu legen: Achtsamkeit, um nicht sich selbst oder andere zu schädigen (und schadenersatzpflichtig zu werden) und Funktionalität ebenfalls, um Verluste zu vermeiden – z. B. Zeitverlust.
Wir benötigen derartige Spielregeln ja primär für Konfliktfälle – und die ergeben sich immer dann, wenn sich jemand benachTEILigt oder nicht respektiert fühlt und nicht weiß, wie er oder sie reklamieren könnte. Wo Sympathie oder Liebe herrschen, sind die meisten Menschen üblicherweise ohnedies achtsam und bedacht, erhoffte künftige Beglückungen nicht durch Fehler zu gefährden. Korrektur: Was sich liebt, das neckt sich, will der Volksmund wissen, aber Menschen, die als Kinder mit so genannten Neckereien gedemütigt wurden, wissen solche Scherze selten zu schätzen. Sie reißen meist nur alte Wunden auf.
Barbara Stromberger dichtet dazu[2]:

Mein Problem bist Du.
Schon seit wir uns kennen,
waren wir nicht mehr zu trennen,
gab es weder Rast noch Ruh'.
Mein Problem bist Du.

Mein Problem bist Du.
Keine Chance zu entkommen.
Alles wurde unternommen,
nichts schloß unsre Herzen zu.
Mein Problem bist Du.

Du bringst mich so in Rage,
Du machst mir so Angst,
Du kannst mich in Tiefen stürzen.
Du raubst mir den Atem,
Du lähmst meinen Gang,
Du schaffst es, mein Leben zu kürzen.
Mein Problem bist Du.

Mein Problem bist Du.
Wie Du sagst, bin ich das Deine.
Kommen einfach nicht ins Reine,
nicht zur Rast und nicht zur Ruh'.
Mein Problem bist Du.

Ich bring Dich in Rage,
ich mach Dir Angst,
ich kann Dich in Tiefen stürzen.
Ich raub' Dir den Atem,
ich lähm' Dir den Gang,
ich schaff' es, Dein Leben zu kürzen.
Mein Problem bist Du.

Wir sind uns Bedrohung,
wir sind uns auch Sog,
wir sind arme Opfer der Triebe.
Angeblich ist dieses Übel steinalt,
angeblich heißt es schlicht Liebe.
Das Problem sind wir, das Problem sind wir.

Viele Menschen verstecken im Namen der Liebe ihre ausbeuterischen Strebungen. So sind sie erzogen worden – so geben sie ihre »Glaubenssätze« unreflektiert weiter. Werbeverhalten kann aber auch leicht in Zwangsbeglückung ausarten. Deshalb sollte Erziehung zur Achtsamkeit vor allem auch Entschlüsselung körpersprachlicher Botschaften – »Erstarren« beispielsweise – umfassen. Damit meine ich jetzt nicht, dass man sämtliche Bücher von Samy Molcho auswendig lernen sollte: Er ist Pantomime und sein Blickwinkel ist der auf die Art und Weise, wie er bestimmte Seelen- und Gedankenlagen darstellen würde. Mein Vorschlag demgegenüber lautet: Empathie – Einfühlsamkeit – schulen. Kleine Kinder besitzen sie ja, ehe sie ihnen »aus-geredet« wird. Wir sagen dann zwar: Kinder und Narren sagen die Wahrheit, aber wir verbieten ihnen das gleich darauf ganz schnell.

Empathie verstärkt man, indem man sich Zeit nimmt um zu spüren, wie und worauf konkret man körperlich und seelisch reagiert. Mit-schwingt. Mit den »Wellen«: den Gehirnstrommustern, in denen sich andere befinden. Auf diese »Befindlichkeit« Rücksicht zu nehmen, würde ich nicht unter Höflichkeit summieren – für mich gehört das zu den trivialsten Wahrnehmungserfordernissen im Alltagsdschungel. Im floralen Dschungel geht man ja auch nicht unbekümmert und barfuß, womöglich noch ein Liedlein pfeifend, damit Tiger und Riesenschlange gleich wissen, wo sie ihr Frühstück herbekommen. Wem diese Einfühlung fehlt, der wird andere darum beneiden – und sie abwerten, um der Gefahr zu entgehen, selbst entwertet zu werden. Wer selbstsicher genug ist, Entwertung nicht als Selbstzerstörung, oder besser: Zerstörung des Selbst, zu fürchten – auch wenn sie schmerzt – braucht selbst auch nicht andere zu entwerten. Was aber nicht heißt, dass man ihr Verhalten nicht kritisiert.

Roger Schutz, der Prior von Taizé, schreibt: »Wir verlieren den Frieden, wenn wir, bei alten und neuen Spaltungen unter den Christen, instinktiv die Fehler des anderen betrachten. Dann werden wir unfähig, auf den anderen zuzugehen und ihm zu sagen: Ich trage meinen AnTEIL an der Schuld für unsere Spaltungen. Ich habe geglaubt, die Kirche Christi auf eine reinere,

> kompromisslosere, von der Bürde der Jahre und der Last der Jahrhunderte besser befreite Form zu erbauen. Aber ich habe es nicht fertig bekommen, denn ich wollte es ohne dich tun, den ich nicht begriffen, das heißt nicht geliebt habe.«[3] Ohne dich – das heißt für mich nicht nur, in metaphysischer Distanz auf das Ideal Christus ausgerichtet, sondern in aktueller Nähe, im Hier und Jetzt, auf den- oder diejenigen, die mir die Reaktion vermitteln: »Mein Problem bist Du«. Denen ich den »inneren Christus« abgesprochen habe.
> Wer wird uns deutlich machen, fragt Schutz, dass bei jeder Spaltung, wie bei jedem AusEINandergehen, die Verantwortung stets auf beiden Seiten liegt. Und er klagt, Jonathan Swift zitierend: »Sollte es wirklich zutreffen, dass wir ›gerade genug Religion haben, um einander zu hassen, aber nicht genug, um einander zu lieben?‹«[4]

Nun ist der 11. September 2001 bereits Vergangenheit. Tausende Menschen sind gewaltsam zu Tode gekommen, in den entführten Flugzeugen, in den verNICHTeten Twin Towers des World Trade Centers, im zerstörten Flügel des Pentagon, in den Trümmern der Katastrophe, beim Versuch, Überlebende zu bergen. Dass fast die gleiche Zahl Menschen gleichzeitig im Sudan zu Tode gekommen sind, wurde kaum registriert – ein deutliches Zeichen, wer mit wem identifiziert ist (oder sich identifizieren soll). Zeitungsmacher etwa, die die Meldungen auswählen und platzieren. Die Vereinigten Staaten sind eben eine Groß-Macht und Quantität zählt. Ich sehe darin die Auswirkungen erfolgreicher Propaganda und damit Einladung zur Identifikation mit dem »Wir«: Wir sind die Starken und Guten – die anderen, die Bösen, müssen schwach gemacht werden.
Verstehe mich bitte nicht falsch: Auch ich sehe den undenkbaren Bruch völkerrechtlicher GrundverEINbarungen, aber ich sehe auch die Versäumnisse des Staatssicherheitsdienstes und die mangelnden Flughafenkontrollen und ich sehe die überhebliche Nichtbeachtung der »anderen« Gedankenwelt. Die Zerstörung der Buddhastatuen von Bamian hätte TEILnehmend beobachtende Fachleute aufschrecken lassen können: Achtung! Da richten sich massive destruktive Impulse gegen Wahrzeichen der Glorie anderer Kulturen.

Und ich sehe die Wirtschaftspolitik der TEILung der Welt in Gebildete und Besitzende und Ungebildete und Besitzlose. Wenn ich registriere, dass mediale Scheinwerfer auf aktuelles Unrecht und Rache gerichtet sind und damit das Unrecht der Ausbeutung im Dunkel bleibt, von der Vorgeschichte der Ausbeutbaren und der Ausbeuter abgelenkt wird, dann heißt das nicht, dass nicht auch ich das Entsetzen, das Grauen, den Schmerz und auch die Wut in mir verspüre. Nur: meine Emotionen verhindern eben nicht, dass ich noch vernünftig denken kann. Ganz im GegenTEIL – es ist mir wichtig, mein Fühlen und mein Denken in EINklang zu bringen.
Wie weit muss die Schere zwischen Reichen und Armen, Gebildeten und Ungebildeten, Nord und Süd noch ausEINander klaffen, damit wir begreifen, »dass man Geld nicht essen kann«[5]? Je mehr Börsengewinne für jede/n als Einkommen propagiert werden, desto mehr verschwindet das Bewusstsein für die reale Beziehung zwischen dem konkreten Menschen und seiner konkreten Arbeit.

Ähnlich mahnt die deutsche Psychoanalytikerin Irmgard Geiger: »Bodenschätze sind ohne Arbeitskräfte zu ihrer Erschließung und ohne Konsumenten so wertlos wie das Gold des Midas, der verhungerte, weil ihm alles, was er berührte, zu Gold wurde.«[6] Und in Herbert Gruhls »Schreckensbilanzen unserer Politik« heißt es (1975!): »Es hat noch nie einen größeren wirtschaftlichen Wahnsinn gegeben als den, die Wegwerfgesellschaft zu propagieren: die Wegwerfflasche, die Wegwerfverpackung, die Wegwerftragtasche, das Wegwerfhemd bis hin zum vorübergehend aufgetauchten Wegwerfauto und Wegwerfhaus. Dies konnte nur geschehen, weil sich die Ökonomie allein auf die finanziellen Motive des lohnendsten Kapitaleinsatzes gründete. Rohstoffe und Energien blieben außer Betracht. Bestenfalls hatte die Arbeitskraft noch Einfluss auf die Überlegungen …«[7]
Entropie lautet der Name für das Naturgesetz zunehmender Angleichungen, wonach sich alles irgendwann vermischt: Man nimmt einen Stoff und macht daraus etwas, das auf Dauer halten soll, aber durch den Gebrauch wird es zu Müll. Der Landwirt, Philosoph und Politiker Gruhl schreibt, »vor allem die industrielle Betätigung des Menschen besteht letzten Endes in

> der Umsetzung von hochwertigen Stoffen in geringwertige Abfälle, wobei eine VerTEILung zunächst in der Luft und über die Erdoberfläche und über die Gewässer stattfindet …«[8]

Passiert das Gleiche nicht auch bei unserer Zusammenarbeit? Produzieren wir in Paar- oder Teambildungen nicht ebenso humanen »Abfall«, indem wir Menschenbilder zeichnen, denen viele von vornherein, aber alle irgendwann im Zeitlauf jedenfalls nicht oder nicht mehr entsprechen? Entsprechen können? Und wie gehen wir um mit all denen, die »auf der Strecke« bleiben?
So wie man Bewilligungen für Produktionsstätten oder Produktionsvorhaben an die Kosten des dabei anfallenden Mülls koppeln kann, kann man auch menschliches Zusammenwirken mit den voraussehbar anfallenden Kosten zur Entsorgung von Seelenmüll verknüpfen. In den psychosozialen Berufen geschieht dies TEILweise schon durch die Verpflichtung zu regelmäßiger Supervision.

> Wenn Gruhl darauf hinweist, dass Wiederverwendung im Allgemeinen ökologisch viel weniger schädlich sein wird als die Verarbeitung neuer Rohstoffe und Fördermöglichkeiten des Recycling aufzeigt (Subventionierung der Wiederverwendung, Verteuerung der originären Rohstoffe, Erhöhung der Nutzungsdauer der Produkte, Produktgestaltung in Hinblick auf Wiederverwendung oder auch Unterstützung der Forschung[9]), so kann man auch hinsichtlich einer Seelenökologie das Beziehungsrecycling fördern – weil die Erneuerung zuvor konfliktbelasteter PARTnerschaften nicht nur die Kosten von Neuformungen erspart, sondern dem Erlernen von Techniken zur Regeneration der Lebenskraft der BeTEILigten und darüber hinaus auch ihrer psychosozialen Entwicklung dient. Im Bereich der LebensPARTnerschaften von Mann und Frau gibt es das auch TEILweise, nur sehen viele die Analogie nicht. Die ist
> • Subventionierung von Familien- und PARTnerberatung,
> • Verteuerung von Familienneugründungen (z. B. durch Alimentationsregelungen),
> • Ehevorbereitungskurse,
> • Positivwerbung für krisenerprobte LangzeitPARTnerschaften und

- Unterstützung der Forschung (in Österreich beispielsweise von Helmuth Schattovits und Paul Zulehner).

Mir geht es aber nicht darum, die traditionelle Ehe um jeden Preis am Leben und unglückliche Menschen in idealisierten »Privatgefängnissen« zu erhalten, sondern um genau diese Unterstützung für BerufsPARTnerschaften, selbständige ebenso wie unselbständige, oder LebensPARTnerschaften, egal wer sich entschließt, mit wem (allem) auf Dauer zusammenzuleben.

Du hast einmal in Bezug auf unsere Kooperation gesagt, Dušan, »Schauen wir, was daraus wird …«, und ich habe viel später einmal betont, dass es immer in unserer Macht liegt, was wir daraus machen. Ich meine, dass viel zu viel Menschen nicht wissen, wie man Ziele verEINbart und dann die Zielverwirklichung konstruiert. Dabei gibt es die Techniken … man muss nur die Illusion aufgeben, man selbst wäre machtlos, einem feindlichen Schicksal ausgeliefert. Oder aber auch, man müsste sich nur fürchterlich anstrengen oder kasteien, dann würde man von einem mildgestimmten Schicksalsgott beglückt.

Was ich herausgefunden habe – und mir sicher bin, dass das nichts Neues ist, aber ich bin halt für mich selbst darauf gekommen – ist, dass und wie ich mich in einen leibseelischgeistigen Entspannungszustand bringen kann, in dem ich einfach mehr herausfinde und damit dann mehr weiß als in der alltäglichen »Normalbefindlichkeit«. Ich denke und fühle dann zugleich und ahne die Zukunft, wie wenn sie bereits Gegenwart wäre. Ich habe dann einen anderen Blickwinkel, einen Überblick-Winkel, mehr Gelassenheit, aber auch mehr Geschwindigkeit und auch mehr Präzision. Im NLP spricht man oft vom »state of excellence«. Der Bewusstheitszustand, auf den ich mich jetzt beziehe, liegt weit darüber. Ich weiß, wie ich atmen muss und wie ich meine Körper- und Geisteshaltung damit ändere und dass ich dann viel mehr Kraft habe und auch Weisheit. Und weil ich jetzt weiß, »wie man tut«, habe ich mir überlegt, was ich damit anfangen will, und ich meine, ich will es weitergeben an andere, und habe dafür eine Methode entwickelt. Ich nennen sie Mesoziation® – meine persönliche Weiterentwicklung von Supervision, Selbstcoaching und Mediation. Aber bevor ich das tue, will ich es mit jemandem Punkt für Punkt durchgehen, der glaublich davon was versteht. Ich habe an Dich gedacht. Magst Du?

Mesoziation® ist nicht allEIN eine Methode zur VerMITtlung in Konfliktsituationen (wie die Mediation), sondern eine gedankliche und sprachliche Zugangsweise, das Konfliktpotenzial in gesellschaftlichen Begegnungen als Lernaufgabe zu entschlüsseln und zu bewältigen; durch dialogisches VerEINbaren der Sichtweisen aus der Fülle aller denkbaren Blickwinkel werden Verhaltensweisen für die Zukunft möglich, die lustvolles Gestalten beidseitig beFRIEDigender Beziehungen zur Natur, zur Umwelt, zu den Nächsten bedeuten. Statt der Lust, sich gegenüber anderen VorTEILe und Selbstvergrößerungen zu schaffen, kann auch die Lust treten, mitEINander an einem größeren Ganzen mitzubauen.
Ich folge der Weltschau von Teilhard de Chardin von der dynamischen EINheit des Universums, die durch innere Entwicklung und inneres Wachstum gekennzeichnet ist und Gerichtetheit enthüllt.[10] Teilhard schreibt: »Unter der verEINten Wirkung einer fast vertikalen Bevölkerungsvermehrung und einer nicht weniger raschen Vergrößerung des Aktionsradius ... jedes Individuums auf der Oberfläche des Globus beginnt die Noosphäre[11] ... sich in sich selbst zu komprimieren. Ist aber diese fortschreitende Einspannung in den Schraubstock nicht von aller Art beunruhigender Symptomen begleitet?

• rasche Erschöpfung der Nahrungs- und Rohstoffreserven der Erde.
• Verschwinden und Nivellierung unter einer neutralen und homogenen Kulturschicht der Unterschiede, die im Laufe der Geschichte die reiche Mannigfaltigkeit der menschlichen Erzeugnisse ausgemacht hatten.
• Mechanisierung (zugleich durch die Industrie, die Institutionen und die Propaganda) der individuellen Werte und des individuellen Denkens.
• Aufspaltung und Zerstückelung der Völker, die gerade durch das Übermaß an Druck voneinander getrennt werden, das sie einander annähert ...«[12]

Und Teilhard stellt dieser »Einschnürung«, der man »aus un-

ausweichlich mit den biologischen Kräften der Vermehrung, mit der psychisch sammelnden Macht der Reflexion ...« nicht entgehen könne, die Warnung gegenüber: »Wie kann man aber daran vorbeisehen, dass im gleichen Zuge das Menschsein in uns, weit davon entfernt, vollkommener zu werden, herabgewürdigt und entmenschlicht wird?«[13]
Zu Teilhards Zeiten gab es noch kein Internet. Es könnte als eine Verwirklichung der Noosphäre betrachtet werden – und es transportiert und verbreitet auch Inhalte der Gewaltverherrlichung, der Herabwürdigung und VerNICHTung von Menschen, denken wir nur an neonazistisches Gedankengut, »Kinderpornografie« oder Snuff-Pornos[14].
Immer wenn ein Mensch zur Welt kommt, erinnert Teilhard, findet er um sich herum andere, die ihm Sicherheit spenden und die Welt erklären. Er schreibt aber auch: »Umgekehrt ist es die täglich sich zuspitzende Tragödie aller Menschen zusammen, dass aufgrund der Bedingungen des kosmischen Prozesses, der sie erzeugt, sich reflektieren und sich ko-reflektieren für sie bedeutet ..., ganz allein in der Nacht zu erwachen. Denn der Mensch als Individuum ist seinem Wesen nach Familie, Stamm, Nation. Während die Menschheit noch keine anderen sie umgebenden Menschheiten gefunden hat, die sich über sie beugten und ihr erklärten, wohin sie geht.«[15]

Siehst Du, Dušan, da genau meine ich, dass wir ja die Fähigkeit haben, uns einerseits die gesamte Schöpfung als uns Umgebendes zu denken, das wäre etwas Materielles, oder aber auch den »Geist« das, was wir denken, oder aber auch die »Seele« – das, was wir fühlen. Und wenn auch unsere koordinierten Kräfte nicht ausreichen, die gesamte Materie zu fördern (wohl aber zu zerstören!) – jede/r kann am »großen Geist« und an der »großen Seele« mitbauen! Aber dazu muss man aktiv denken und aktiv wirken!

Teilhard schlägt ja auch vor: »Sehen wir also ein wenig genauer hin, ob es uns nicht möglich wäre, der Angsthaftigkeit, in die uns in diesem Augenblick das gefährliche Denkvermögen versetzt, zu entrinnen – ganz einfach, indem wir noch besser denken?«[16] (Damit meine ich aber nicht »mind ergonomisch«[17] – also noch schneller und mit noch weniger Gefühl, wie manche Gehirnforscher aus den andersartigen neuronalen Verdrahtungen der Generation der »Computer-Kids« prognostizieren.)

Im Märchen vom Schlaraffenland wird suggeriert, es wäre der Gipfel der Lust, ohne einen Finger zu rühren mit Speis und Trank versorgt zu werden wie ein Baby. In der Fernseh- und Inseratenwerbung wird derzeit suggeriert, es wäre der Gipfel der sexuellen Lust, nur an »Best of Fonds« zu denken. Finanzgewinn scheinbar ohne Gegenleistung: die Illusion, man könnte nur mehr nehmen ohne zu geben, ohne reale Leistung – ein virtuelles Leben, scheinbar unabhängig von realer Zeit und damit ohne Perspektive des eigenen Todes. Der zweiten »großen Trennung« – der Trennung vom Leben. Die erste wäre die vom Mutterleib. Die zweite kann man aber auch als Rückkehr in Staub und Asche, in den Mutterleib der Erde deuten.

Kultur des TEILens heißt für mich auch, zu wissen, dass mein AnTEIL an diesem Leben ein beschränkter ist: Meine Lebensaufgabe ist auch verbunden mit der Aufgabe meines Lebens und bis dahin möchte ich die Aufgabe meines Lebens erfüllt haben. Seit ich das weiß, mag ich meine Kraft nicht in unnötigem Habenwollen – »Kriegen« – und Festhalten vergeuden. Da müsste ich mich verengen, mich zur Waffe machen. Das will ich nicht. Ich will offen sein, aktiv und passiv zugleich, damit Wahrnehmung in mich herEIN kann und das, was ich zu geben habe, aus mir heraus.

Offen sein bedeutet für mich auch herzoffen – liebend. Wenn Teilhard de Chardin von der Mechanisierung der individuellen Werte und des individuellen Denkens u. a. durch Propaganda spricht, fällt mir sofort ein, wie sogar die Schaffung des Lebens technisiert wird: Ich mache mir Sorgen, wenn ich in den Medien verfolge, wie anstelle der Urform des TEILens, der wir bislang alle unser Leben verdanken, Zeugungen im Reagenzglas und andere »künstliche« Formen, Kinder zur Welt zu bringen, beworben werden – anstelle des Nachdenkens darüber, weshalb die eigene Lebensaufgabe vielleicht nicht im Multiplizieren der eigenen Erbmasse oder in der Aufzucht von Nachkommen bestehen könnte. Ähnlich geht es mir mit der gelegentlichen Medienpropaganda für Cyber Sex: digitalisierte Lustge-

fühle mittels Handschuh und Brille, Partner/innenwahl nach Belieben, ohne den Stress einer realen Begegnung von Person zu Person samt ihren Risken von Missverständnissen, Streit, Widerständen, Kritik und körperlichem Versagen.
TEILen verstehe ich nämlich nicht als ein AusEINander weg, sondern als ein AufEINander zu, wie nah, wie fern, kann man ja mitEINander verEINbaren. Nur muss man dafür überhaupt ein Denkmodell haben. Es liegt also an unserer Bildung, an unserem Informationsstand, ob wir nur im Kampfgeist denken können und damit in Hierarchien von Über- und Unterordnung, oder ob wir einen Friedensgeist, einen Geist der Liebe zu leben wagen (auch mit der »Gefahr«, dann gelegentlich sexuelle Erregung mit vernünftiger SelbstbeHERRschung verEINen zu müssen).

> Im UNESCO-Bericht zur Bildung für das 21. Jahrhundert heißt es ja auch: »Wir müssen uns den größten Spannungen stellen, besser noch: sie überwinden.« Dann werden Spannungsfelder umrissen, z. B. zwischen dem »Globalen« und dem »Lokalen«, dem »Allgemeinen« und dem »Individuellen«, zwischen Tradition und Moderne, zwischen lang- und kurzfristigen Überlegungen, zwischen Notwendigkeit zum Wettbewerb und der Sorge um Chancengleichheit, zwischen der extremen Ausweitung von Wissen und der Kapazität des Menschen, sich dieses Wissen anzueignen, und zuletzt zwischen dem Materiellen und dem Geistigen.[18]

Derzeit haben wir in Europa die Aufgabe, Europäer/innen zu werden. Viele Menschen haben Angst, dadurch ihre Traditionen aufgeben zu müssen, »entwurzelt zu werden«. Im Delors-Bericht heißt es wörtlich: »Die Menschen müssen schrittweise Weltbürger werden, ohne ihre Wurzeln zu verlieren. Dabei sollen sie weiterhin eine aktive Rolle im Leben der Nation und ihrer örtlichen Gemeinschaft spielen.«[19]
Siehst Du, Dušan, diese Polit-Sprache mag ich nicht. Nicht, weil ich selbst so viele Resolutionen verfasst habe! Oder der Zeit nachtrauerte, als ich selbst zu Kreiskys 1400 Experten (Frauen waren damals in der absoluten Minderzahl) gehörte, die am Parteiprogramm 1978 mit formulierten.

Ich mag diese Sprache nicht, weil sie

- dogmatisch – Widerrede nicht geduldet! –
- Forderungen an eine undefinierte Gesamtheit richtet,
- ohne dieser die angepeilte Sinnhaftigkeit zu erklären,
- auch nicht ausweist, wie die Adressat/innen der Forderung dies bewerkstelligen sollten, wenn sie wollten
- und sich selbst als Fordernde nicht deklarieren.

Jetzt weiß ich schon, dass die Fordernden die Mitglieder der UNESCO-Kommission sind, und ich weiß auch, dass die Adressaten die Mitgliedsstaaten sind, die sich jetzt die Durchführung überlegen sollen und das alles nur Empfehlungscharakter hat oder eine Standortbestimmung darstellt. Aber es stört mich, dass wieder eine Chance, sprachlich Vorbild zu sein für eine Kultur des TEILens, vergeben wurde. Die Besserwisser wissen schon wieder, was die Unwissenden lernen sollen, und sie vermitteln es mit der Pädagogik des 19. Jahrhunderts, mit den Worten »müssen« und »sollen«. Dabei gäbe es viel bessere, symmetrischere »Techniken«. Es sind die Techniken der Dichter, Wanderprediger[20] und – Hypnotherapeuten.

> Hypnotherapeutisch werden ganz entspannt Geschichten, Legenden, Märchen erzählt, in denen die Beispiele der Problemlösung beinhaltet sind. Ich selbst »male« gerne vor dem geistigen Auge der Zuhörerschaft ein Bild von einem Baum, der wächst, und je umfangreicher seine Krone wird, desto tiefer und stärker müssen seine Wurzeln im Boden verankert sein, damit ihn die Stürme nicht ausreißen können … und ich meine, dass uns, wenn wir die neue Identität als Europäer/innen erarbeiten – nicht passiv oktroyiert bekommen – wollen, das vor allem über die lustvolle Bewusstheit und Veredelung unserer Herkunftsformen gelingen wird. Dann haben wir nämlich auch etwas »zu bieten« – sozusagen eine »ordentliche« Mitgift einzubringen – und brauchen uns nicht zu fühlen wie die »arme Braut«, die von den reichen Schwiegereltern nur geduldet wird.
>
> »Wird die gewonnene Ich-Kraft für egoistische Ziele eingesetzt, für den Ausbau der eigenen Geltung und Machtposition, so werden damit Kräfte der Sonderung betätigt, die gemEINschaftszerstörend, unsozial sind«[21], hebt der anthropo-

> sophische Wirtschaftstheoretiker Beltle hervor. Ich meine: Es liegt immer noch an der Reaktion der anderen, ob sie Ego-Tendenzen bewusst aushalten wollen, ignorieren, bekämpfen oder – integrieren. Ich halte es mit dem jungianischen Psychoanalytiker Erich Neumann, der meint: »Die lebendige GANZheit lebt von der Spannung der Gegensatzpaare, die in ihr zu einer übergeordneten EINheit verbunden sind, mögen diese Gegensatzpaare gut – böse, männlich – weiblich, außen – innen, rational – irrational oder anders heißen.«[22]

Bauen wir also an unserer Ganzheit. Innen wie außen. Wagen wir uns hinein in das Spannungsfeld Leben, aber mit Liebe, und nicht mit Hass. Und gönnen wir uns Erholungspausen, den jede Spannung braucht auch Entspannung.

> »Allzu viel Dialog ist Leerlauf.«, weiß auch Roger Schutz. »Es gibt eine Zeit des Dialoges, doch dann kommt der Augenblick, in dem Zusammenarbeit und konkrete Begegnung gebieterische Notwendigkeiten werden.«[23]

Ich wünsche mir, Dušan, dass wir in unseren erGÄNZenden Berufswelten EINander zu arbeiten – und damit ein Beispiel vorleben, wie zwei gleich starke Menschen sich auf gleicher Ebene EINigen können, auch wenn sie weder die gleichen Ziele noch die gleiche Kultur, den gleichen Glauben und das gleiche Geschlecht haben.
In diesem Sinne freue ich mich auf Deine Antwort,

Deine
Hoffnungsfrohe

Anmerkungen

TEILhaben

[1] H. R. Maturana / F. J. Varela: Der Baum der Erkenntnis, S. 156 ff.
[2] Ich habe mich entschlossen, die Begriffe TEIL, PART oder EIN etc. auch in Zitaten groß zu schreiben und hoffe, die zitierten Autor/innen verzeihen mir ... Ich möchte damit für die Semantik der jeweiligen Formulierung sensibilisieren.
[3] vgl. R. A. Perner: Management macht impotent, S. 28 ff.
[4] P. Watzlawick u. a.: Menschliche Kommunikation, S. 53.

ZuTEILen

[1] F. Alberoni: Erotik, S. 22 ff.
[2] s. o. S. 36.
[3] Gesamtheit der unbewussten Reaktionen des Analytikers auf die Person des Analysanden und ganz besonders auf dessen Übertragung (J. Laplanche / J. B. Pontalis: Das Vokabular des Psychoanalyse, S. 164).
[4] G. Devereux: Angst und Methode in den Verhaltenswissenschaften, S. 17 ff.
[5] J. Hillman: Vom Sinn des langen Lebens, S. 175 ff.
[6] E. Drewermann: Kleriker – Psychogramm eines Ideals, S. 59.
[7] S. Zwettler: Warum Lehrer Lehrer werden, S. 13 ff.
[8] R. A. Perner (Hg.): Zuliebe zu Leibe, vergriffen. Meine beiden Buchbeiträge sind jedoch neuerlich veröffentlicht in R. A. Perner: Schuld & Unschuld.
[9] Mit »Skript« wird in der psychotherapeutischen Schule der Transaktionsanalyse der »geheime Lebensplan« bezeichnet.
[10] V. Satir: Selbstwert und Kommunikation, S. 85 ff.
[11] s. o. S. 95.
[12] J. Redfield: Die Prophezeiungen von Celestine, S. 161 ff.
[13] R. A. Perner: Scham macht krank, S. 179.
[14] F. Riemann: Grundformen der Angst.
[15] E. Ringel: Die österreichische Seele, S. 54.
[16] T. Zehentner: Bauchgedanken Kopfgefühle, S. 110.
[17] F. Alberoni: Erotik, S. 9.
[18] Dr. N. Sadik: United Nations Population Fund. Frauen und Männer – getrennte Welten? Weltbevölkerungsbericht 2000. Balance Verlag, Stuttgart 2000.
[19] Juristischer Ausdruck für das Recht der einkommenslosen Hausfrau, im »angemessenen« Rahmen der Haushaltsführung Schulden machen zu dürfen, die ihr erwerbstätiger Ehemann zu bezahlen hat.
[20] B. Stromberger: knack. Texte, S. 83.
[21] Österreichische Gesellschaft für Sexualforschung (ÖGS), Postfach 23, 1013 Wien, www.oegs.net

AbTEILen

[1] E. Balint / J. S. Norell (Hg.): Fünf Minuten pro Patient, S. 36.
[2] s. o. S. 22 ff.
[3] R. A. Perner: Zeugin der Lüste.
[4] E. T. Gendlin: Focusing, S. 64.
[5] s. o. S. 46.
[6] D. Tannen: Du kannst mich einfach nicht verstehen, S. 40.
[7] B. Stromberger: Saitenweise Texte, S. 59.
[8] H.-J. Seemann / R. Meier: Das Prinzip Bosheit, S. 102.
[9] Th. Kornbichler: Die Sucht, ganz oben zu sein, S. 72.
[10] vgl. R. A. Perner: Darüber spricht man nicht – Tabus in der Familie, S. 88 ff.
[11] Seelischer Vorgang, durch den jemand Gefühle, Wünsche, Ängste, die er/sie in sich ablehnt, aus sich ausschließt und in dem anderen – Person oder Sache – lokalisiert. »Es handelt sich hier um eine Abwehr sehr archaischen Ursprungs, die man besonders bei der Paranoia am Werk findet, aber auch in »normalen« Denkformen wie dem Aberglauben.« (J. Laplanche / J. B. Pontalis: Das Vokabular der Psychoanalyse, S. 399).
[12] R. Spitz: Vom Säugling zum Kleinkind, S. 167 ff.
[13] R. A. Perner: Schaff' Dir einen Friedensgeist!, S. 323.
[14] A. de Saint-Exupéry: Der kleine Prinz, S. 67 ff.
[15] vgl. R. A. Perner: Madonna UND Hure, S. 36 ff.
[16] P. P. Kaspar: Knabenseminar, S. 121 ff.
[17] Wörtlich: »Die Frau ist wankelmütig …«; man könnte statt dessen aber auch – frauenfreundlicher – übersetzen: flexibel, anpassungsfähig oder anpassungsbereit. Tatsächlich beginnt die Arie auf deutsch mit: »Oh wie so trügerisch sind Frauenherzen …«
[18] F. Schulz v. Thun: Miteinander reden 1, S. 51.
[19] P. Sloterdijk: Im selben Boot, S. 27.
[20] Der (lat.) sacerdos ist Heiler und damit Archetyp des Arztes und Psychotherapeuten, Priester und Schamanen, Kräuterkundiger, aber infolge der Künste, die er/sie beherrscht, auch Tänzer, Sänger, Dichter und Geschichtenerzähler, Lehrer und Richter und manchmal auch Anführer der Krieger, also Herrscher.
[21] P. Schellenbaum: Homosexualität im Mann, S. 53.
[22] Als Einheitswirklichkeit bezeichnet der jungianische Psychoanalytiker Erich Neumann die unbewusste Identität von innen und außen, von Objekt und Subjekt; Freud nennt dies die Phase des primären Narzissmus; oft wird sie auch als »participation mystique« oder magisches Denken bezeichnet.
[23] P. Schellenbaum: Homosexualität im Mann, S. 40.
[24] E. Neumann: Das Kind, zitiert nach P. Schellenbaum s. o.
[25] Mit »fixierter« oder »zwanghafter« Homosexualität bezeichnet Schellenbaum »das süchtige Verlangen nach dem anderen Manne, der zum Ersatz für die eigene Selbstwahrnehmung als Mann degradiert wird. Fixierte zwanghafte Homosexualität äußert sich meist in einem vorwiegend »promisken Sexualverhalten«, das alle Anzeichen einer »Sucht« aufweist: Mangel an dauerhafter Befriedigung, Überstimulierung

zur Kompensation von Gefühlsleere, zunehmende Verarmung der Beziehungsfähigkeit und Flachheit der Affektivität, wachsende Abstumpfung und somit das Bedürfnis nach Steigerung der Gefühlsreize ... Homosexualität als Begehren eines anderen Mannes gilt dem frauensüchtigen Männlichkeitswahn des Zwangsheterosexuellen als weibisch.« Im Gegensatz dazu nennt er »integrierte Homosexualität«, wenn die innere Selbsterfahrung als Mann in genügendem Maße vorhanden ist, um dem anderen Mann nicht als Ersatz für diese zu verfallen.

[26] Ch. Olivier: Jokastes Kinder, S. 52 ff.

[27] s. o., S. 60.

[28] s. o., S. 62.

[29] W. Ötsch: Haider light, S. 15 ff.

[30] s. o., S. 17.

[31] als Bezirksrätin 1987, als Mandatarin in der Wiener Handelskammer 1990.

[32] W. Ötsch: Haider light, S. 60 ff.

[33] s. o., S. 106 ff.

[34] NLP = Neuro Linguistisches Programmieren, benützt u. a. als Problemlösungsansatz die Frage »Wie konkret macht das jemand, der das kann?«

[35] W. Ötsch: Haider light, S. 109 ff.

[36] C. Rogers / R. Rosenberg: Die Person als Mittelpunkt der Wirklichkeit, S. 123 ff.

[37] Die Presse, 23. 8. 2001, S. 5.

[38] U. Sierck: NORMalisierung von rechts, S. 12 ff.

[39] vgl. meine kritischen Beiträge zu so genannten Wechselbeschwerden in »Scham macht krank« und »Madonna UND Hure«.

VerurTEILen

[1] W. Hollstein: Nicht Herrscher, aber kräftig, S. 23 ff.

[2] s. o., S. 25.

[3] N. Chodorow: Das Erbe der Mütter, S. 15.

[4] Moore / Gillette: König, Krieger, Magier, Liebhaber, S. 32 ff.

[5] R. A. Perner: Madonna UND Hure, S. 28.

[6] R. Lay: Dialektik für Manager, S. 110 ff.

[7] vgl. mein Beitrag in »Kirche Intern«, 1/96, S. 13 ff. (www.kirche-intern.at)

[8] vgl. S. Freud: Der Witz, S. 82 ff.

[9] R. A. Perner: Schaff' Dir einen Friedensgeist!, S. 23 ff.

[10] R. M. Restak: Geheimnisse des menschlichen Gehirns, S. 311.

[11] vgl. R. A. Perner: Scham macht krank, S. 290.

[12] P. Watzlawick: Anleitung zum Unglücklichsein, S. 98.

[13] G. de Becker: Mut zur Angst, S. 82 ff.

[14] R. A. Perner: Schaff' Dir einen Friedensgeist!, S. 60.

[15] E. Neumann: Tiefenpsychologie und neue Ethik, S. 8 ff.

[16] B. Stromberger: knack, S. 11.

[17] E. Neumann: Tiefenpsychologie, S. 18.

[18] H.-E. Schiller in: G. Gamm / G. Kimmerle (Hg.): Vorschrift und Autonomie, S. 165.

[19] A. Mitscherlich: Auf dem Weg zur vaterlosen Gesellschaft, S. 338.
[20] s. o., S. 337.
[21] W. Hollstein: Nicht Herrscher, aber kräftig, S. 145.
[22] E. Neumann: Tiefenpsychologie, S. 50.
[23] s. o., S. 55 ff.
[24] s. o., S. 57 ff.
[25] H.-E. Schiller in: G. Gamm / G. Kimmerle (Hg.): Vorschrift und Autonomie, S. 167 ff.
[26] R. A. Perner: Menschenjagd? Über die Möglichkeiten und Unmöglichkeiten des Umgangs mit sozial unerwünschtem Verhalten, in R. A. Perner: Menschenjagd, S. 217 ff. bzw. in R. A. Perner: Schuld & Unschuld, S. 139.
[27] E. Neumann: Tiefenpsychologie, S. 14.
[28] H. Traugott: Lilith, S. 83.
[29] T. Zeldin: Der Rede Wert, S. 108.

EinTEILen

[1] W. Gross: Sucht ohne Drogen, S. 12 ff.
[2] zitiert nach U. Lambrou: Helfen oder aufgeben?, S. 144.
[3] W. Gross: Sucht ohne Drogen, S. 20.
[4] »Good will« bedeutet die Wertschätzung, die eine Marke (ein Produkt, eine Firma, eine Person etc.) auf dem Markt – in der Bewertung der potenziellen Kundschaft – besitzt: Know-how« umfasst die theoretische und praktische Bewährtheit in einer Spezialdisziplin.
[5] W. Gross: Sucht ohne Drogen, S. 27.
[6] s. o., S. 39 ff.
[7] Märchen der Brüder Grimm S. 53.
[8] F. Riemann: Grundformen der Angst, S. 11 ff.
[9] Portmann (1944) zitiert nach R. Battegay: Die Hungerkrankheiten, S. 42 und 149.
[10] F. Riemann: Grundformen, S. 13.
[11] C. Steiner: Macht ohne Ausbeutung, S. 33.
[12] F. Schulz v. Thun: Miteinander reden 1, R. A. Perner: Schaff' Dir einen Friedensgeist!
[13] A. Wilson Schaef: Im Zeitalter der Sucht, S. 25.
[14] s. o., S. 33.
[15] Unter Co-Abhängigkeit versteht man den emotionalen Mechanismus, (sich) von sich selbst abzulenken, indem man sich andauernd oder phasenweise auf jemand anderen – bevorzugt einen »Hilfsbedürftigen« z. B. Abhängigen – kümmert. »Dann wird der PARTner/die PARTnerin wichtiger als man selbst, man denkt viele Stunden über seine/ihre Probleme nach und versucht, Lösungen zu finden.«, schreibt U. Lambrou in »Familienkrankheit Alkoholismus«, S. 112.
[16] s. o., S. 39.
[17] R. D. Laing: Knoten.
[18] Mediation ist eine Methode zur kooperativen Konfliktlösung, bei der es nicht Sieger und Verlierer gibt, sondern nur Menschen, die sich auf eine gemeinsame Vorgehensweise geEINigt haben.

[19] A. Wilson Schaef: Im Zeitalter der Sucht, S. 35.
[20] C. Gilligan: Die andere Stimme, S. 36 ff.
[21] R. Battegay: Die Hungerkrankheiten, S. 76.
[22] R. A. Perner: Ungeduld des Leibes, S. 27 ff.
[23] R. Battegay: Hungerkrankheiten, S. 76.
[24] Wiener Internationale Akademie für Ganzheitsmedizin, Sanatoriumsstraße 2, 1140 Wien, Tel. 0043/1/688 75 07.
[25] z. B. Karen Kingston: Heilige Orte schaffen mit Feng Shui« und »Feng Shui gegen das Gerümpel des Alltags«.
[26] J. Körner: Bruder Hund & Schwester Katze, S. 94.
[27] V. E. Pilgrim: Der Vampirmann, S. 70.
[28] s. o. S. 72.
[29] s. o. S. 82.
[30] s. o., S. 83.
[31] I. Weber-Kellermann in A. Massing / I. Weber: Lust & Leid, S. 118.

ZerTEILen

[1] B. Stromberger: Briefe ohne Kuvert, S. 56.
[2] Die Bibel, 1. Buch Mose 1,27 (Übersetzung Martin Luther)
[3] vgl. H. Traugott: Lilith, S. 12 ff.
[4] Szenewort für »stinknormal«.
[5] Visualisierungstechniken werden nicht nur in etlichen anerkannten Psychotherapieschulen (z. B. Analytische Psychologie nach C. G. Jung, Hypnotherapie, Katathym-imaginative Therapie) als Behandlungsmethode eingesetzt, sondern auch in schamanistisch, satanistisch oder anderswie esoterisch orientierten Gruppierungen.
[6] H. Blumenberg: Arbeit am Mythos, S. 14.
[7] N. Elias / J. L. Scotson: Etablierte und Außenseiter, S. 24.
[8] E. Fried: Gedichte, S. 55.
[9] H.-E. Richter: Die Gruppe, S. 23.
[10] U. Rauchfleisch (Hg.): Homosexuelle Männer in Kirche und Gesellschaft, S. 98.
[11] M. Gottschlich: Sprachloses Leid, S. 128 ff.
[12] P. Evans: Worte, die wie Schläge sind, S. 23 ff.
[13] K. Rutschky: Schwarze Pädagogik, S. LXII ff.
[14] E. Neumann: Tiefenpsychologie und neue Ethik, S. 15.

AufTEILen

[1] B. Zilbergeld: Männliche Sexualität, S. 36.
[2] R. A. Perner: Ungeduld des Leibes, S. 137 ff.
[3] vgl. M. L. Moeller: Die Wahrheit beginnt zu zweit, S. 121.
[4] E. Gendlin: Focusing, S. 47.
[5] R. K. Sprenger: Aufstand des Individuums, S. 13.

[6] C. R. Rogers: Der neue Mensch, S. 86.
[7] Bassena hießen die gusseisernen Gangwasserleitungen der Wiener Zinshäuser aus der Zeit um 1900.
[8] A. Khol: Durchbruch zur Bürgergesellschaft, S. 12.
[9] R. Mucchielli: Gruppendynamik/Theoretische Einführung, S. 27 ff.
[10] s. o.
[11] zitiert nach D. Jones in: H. Specht/A. Vickery: Methodenintegration in der Sozialarbeit, S. 243.
[12] The Calouste Gulbenkian Foundation: Gemeinwesenarbeit und sozialer Wandel, S. 181.
[13] J. Boer / K. Utermann: Gemeinwesenarbeit, S. 101 ff.
[14] R. Dollase / T. Kliche / H. Moser (Hg.): Politische Psychologie der Fremdenfeindlichkeit, S. 24.
[15] D. Jones: Gemeinwesenarbeit im Kontext der Sozialarbeit, in: H. Specht / A. Vickery (Hg.): Methodenintegration in der Sozialarbeit, S. 240 ff.

BeTEILigen

[1] Genius loci = lateinisch: Geist des Ortes. Damit wird die beklemmende, beruhigende, erhebende etc. Wirkung von z. B. Richtstätten, Friedhöfen, Kirchen etc. angesprochen, die auf die an diesen Orten immer wieder im gleichen Schwingungsmuster konzentrierte Gedankenenergie (Hormonausschüttung) zurückgeführt wird.
[2] R. Mucchielli: Gruppendynamik, S 5 ff. und 72 ff.
[3] V. E. Pilgrim: Dressur zum Bösen, S. 99.
[4] C. Steiner: Macht ohne Ausbeutung, S. 99.
[5] O. König: Macht in Gruppen, S. 12 ff.
[6] Beispielsweise (mit unterschiedlichen Koautoren): Streiten verbindet. Keine Angst vor Aggression. Pairing.
[7] M. Argyle: Körpersprache & Kommunikation, S. 281 ff.
[8] s. o., S. 291.
[9] zit. nach G. R. Bach: Pairing, S. 62.
[10] vom Wiener Psychoanalytiker Harald Picker Mitte der 1970er-Jahre entwickelte besondere Methode, Psychoanalyse im sozialen Feld, d. h. außerhalb des klassischen Settings auf der Couch – in Lokalen, auf der Straße, auf Sportplätzen etc. – und bezogen auf bestimmte Klient/innen, bevorzugt jugendliche Außenseiter/innen, anzuwenden.
[11] W. Förster / W. Steiner: Bürgerinitiativen Brevier, S. 91 ff.
[12] G. R. Bach: Keine Angst vor Aggression, S. 52 ff.
[13] H. R. Maturana / F. J. Varela: Der Baum der Erkenntnis, S. 170.
[14] W. Schmidbauer: Die hilflosen Helfer, S. 92 ff.
[15] s. o., S. 100.
[16] P. R. Hofstätter: Gruppendynamik, S. 95.
[17] R. A. Perner: Management macht impotent – Abschied vom Mythos Macher, Originalausgabe im aaptos Verlag, Wien 1995, vergriffen, S. 227 (Im Handel ist derzeit

eine gekürzte Ausgabe im Verlag Orell-Füssli aus 1997, die dieses Kapitel nicht enthält.)
[18] U. Kraft / J. Niehaus: Die Suche nach dem Ich. profil 31/2001, S. 116 ff.
[19] in: H. Maturana: Was ist Erkennen, S. 14.
[20] A. R. Lurija: Romantische Wissenschaft, S. 70 ff.
[21] s. o., S. 80
[22] »helle Augenblicke«: ein Begriff aus dem Römischen Recht, mit dem Augenblicke der Zurechnungsfähigkeit bei Personen, die als geisteskrank galten, von Zeiträumen der Unzurechnungsfähigkeit abgegrenzt wurden.

VerTEILen

[1] Ch. Bauer-Jelinek: Die helle und die dunkle Seite der Macht, S. 91 ff.
[2] R. A. Perner: Die Tao-Frau, S. 105.
[3] R. A. Perner: Lust Macht Mut, S. 136.
[4] E. L. Rossi: 20 Minuten Pause, S. 67 ff.
[5] Kap-o-v-Az: Kurzform für Kapazitäts-orientierte variable Arbeits-zeit.
[6] psychoanalytischer Fachbegriff für Verhaltensweisen, in denen man anderen genau das antut, was einem selbst angetan wurde.
[7] Th. Zeldin: Der Rede Wert, S. 95.
[8] s. o., S. 76 ff.
[9] »Ganz ich – ganz Du«, jeden Donnerstag 10 Minuten vor 15 Uhr auf Ö1.
[10] oder naturwissenschaftlich entschlüsselt: der Veränderung der elektrischen Ladung in der Zellflüssigkeit auf Grund der Ausschüttung chemischer Botenstoffe (Neurotransmitter) als Reaktion auf innere oder äußere »Reize«.
[11] A. Fuchs / J. Himmelbauer: Social Feeling, S. 15.
[12] W. Berger: Business Reframing, S. 156.
[13] s. o., S. 157.
[14] O. König: Macht in Gruppen, S. 12 ff.
[15] R. K. Sprenger: Aufstand des Individuums, S. 237 bzw. 253.
[16] L. Carroll: Alice im Wunderland, S. 12.
[17] Verein zur Verzögerung der Zeit, www.zeitverein.uni-klu.ac.at
[18] R. A. Perner: Ungeduld des Leibes, S. 85.
[19] E. Ringel / E. Kirchmayr: Religionsverlust durch religiöse Erziehung, S. 48.
[20] von lat. personare: durchklingen; die Schauspieler der Antike trugen meist tönerne Masken, wodurch der Klang ihrer Stimmen »sonorer« verändert wurde.
[21] Evangelium des Lukas 10,38 ff.

AnTEILnehmen

[1] »Deckungsstarre« bezeichnet das Phänomen, dass empfängnisbereite Säue bewegungslos stehen bleiben, wenn man ihnen ein mit Duftstoffen eines Ebers getränktes

Textil unter den Rüssel hält; so wird getestet, ob die Zeit für eine Befruchtung günstig ist und die Fahrt zur Deckung lohnt.

[2] An der Wiener Internationalen Akademie für Ganzheitsmedizin (GaMed), im Verein für Prophylaktische Gesundheitsarbeit in Linz und Salzburg (PGA) und im Institut für Bildung & Beratung in Vorarlberg (B&B).

[3] T. Zeldin: Der Rede Wert, S. 18.

[4] s. o., S. 24.

[5] s. o., S. 40.

[6] s. o., S. 42.

[7] s. o., S. 40.

[8] s. o., S. 15.

[9] s. o., S. 43.

[10] M. Gottschlich: Sprachloses Leid, S. 143.

[11] R. A. Perner: Madonna UND Hure, S. 10.

[12] R. A. Perner: Ungeduld des Leibes, S. 137 ff.

[13] Damit wird in der Psychoanalyse ein »geliebtes« Objekt bezeichnet, das einem kleinen Kind die Trennung von der Mutter erleichtert, besonders beim Einschlafen, z. B. eine Windel, ein Polsterzipfel, ein Teddybär etc.

[14] D. Tannen: Du kannst mich einfach nicht verstehen, S. 40 ff.

[15] M. L. Moeller: Die Liebe ist das Kind der Freiheit, S. 75 ff.

[16] s. o., S. 83.

[17] R. A. Perner: Darüber spricht man nicht, S. 86.

[18] K. Abraham: Äußerungsformen des weiblichen Kastrationskomplexes, (1921) in: Gesammelte Schriften Band I, S. 78 ff.

[19] s. o., S. 83.

[20] G. R. Bach: Pairing, S. 13.

[21] N. Peseschkian: Positive Familientherapie, S. 19 ff.

[22] Th. Ulrich: Dualseelen und Seelenpartner, S. 26.

MitTEILen

[1] D. Tannen: Du kannst mich einfach nicht verstehen, S. 136 ff.

[2] B. Stromberger: knack, S. 38.

[3] R. Schutz: Die Gewalt der Friedfertigen, S. 57 ff.

[4] s. o., S. 59.

[5] »Erst wenn der letzte Baum gerodet, der letzte Fluss vergiftet, der letzte Fisch gefangen ist, werdet ihr feststellen, dass man Geld nicht essen kann.« Weisheit der Cree.

[6] I. Geiger: Ist Krieg heilbar?, S. 92.

[7] H. Gruhl: Ein Planet wird geplündert, S. 115.

[8] s. o., S. 112.

[9] s. o., S. 116.

[10] P. Teilhard de Chardin: Das Auftreten des Menschen, S. 17.

[11] Unter Noosphäre versteht Teilhard die Fähigkeit des Menschen, »sich zu einer

einzigen biologischen EINheit über alle Kontinente hinweg zu organisieren«, der ja »seit den ersten Spuren von Werkzeugen und des Feuers« nie aufgehört hat: allmählich über die alte Biosphäre eine kontinuierliche Membran des Denkenden um die ganze Erde herum zu weben: die Noosphäre.« (S. 298).

[12] s. o., S. 311.

[13] s. o., S. 312.

[14] Mit Snuff-Pornos werden gefilmte reale Folterungen oder Hinrichtungen mit oder ohne sexualisierte »Umrahmung« bezeichnet.

[15] s. o., S. 313.

[16] s. o., S. 314.

[17] B. E. Bürdeck: Der digitale Wahn, S. 124.

[18] J. Delors: Lernfähigkeit: Unser verborgener Reichtum, S. 14 ff.

[19] s. o., S. 14.

[20] Bei E. Drewermann kann man lesen: »... Nur so würde es dem Beispiel Jesu entsprechen, der weder Mönch noch Priester war, eher Prophet und Dichter, Vagabund und Visionär, Arzt und Vertrauter, Wanderprediger und Troubadour, Harlekin und Zauberer des ewigen und unerschöpflichen Erbarmen Gottes.« (Kleriker, S. 19).

[21] Th. Beltle: Die menschenwürdige Gesellschaft, S. 108.

[22] E. Neumann: Tiefenpsychologie und neue Ethik, S. 129.

[23] R. Schutz: Die Gewalt der Friedfertigen, S. 63.

Literatur

(Die letztgenannte Jahreszahl bezeichnet die verwendete Ausgabe)

Abraham Karl: Gesammelte Schriften, Band I, Fischer TB. Frankfurt/Main 1982.

Alberoni Francesco: Erotik. Weibliche Erotik, männliche Erotik – was ist das?. Serie Piper. München 1987/1991.

Amery Carl: Marsch, zurück auf die Bäume ... oder: Wie wir es besser machen können. Hermann Schaffstein Verlag. Dortmund 1979.

Argyle Michael: Körpersprache & Kommunikation. Junfermann-Verlag. Paderborn 1979/1987.

Bach George R. / Deutsch Ronald M.: Pairing. Intimität und Offenheit in der Partnerschaft. Rowohlt TB. Reinbek bei Hamburg 1979.

Bach George R. / Wyden Peter: Streiten verbindet. Spielregeln für Liebe und Ehe. Eugen Diederichs Verlag. Düsseldorf 1980.

Bach George R. / Goldberg Herb: Keine Angst vor Aggression. Die Kunst der Selbstbehauptung. Fischer TB. Frankfurt/Main 1981/1985.

Bachmann Claus Henning (Hg.): Kritik der Gruppendynamik. Grenzen und Möglichkeiten sozialen Lernens. Fischer TB. Frankfurt/Main 1981.

Balint Enid / Norell S. J. (Hg.): Fünf Minuten pro Patient. Eine Studie über die Interaktionen in der ärztlichen Allgemeinpraxis. Suhrkamp TB. Frankfurt/Main 1977.

Battegay Raymond: Der Mensch in der Gruppe. Verlag Hans Huber. Bern Stuttgart Wien 1974.

Battegay Raymond: Die Hungerkrankheiten. Unersättlichkeit als krankhaftes Phänomen. Fischer Geist & Psyche. Frankfurt/Main 1987/1989.

Bauer-Jelinek Christine: Die helle und die dunkle Seite der Macht. Edition va bene. Wien 2000.

Berger Wolfgang: Business Reframing. Das Ende der Moden im Management. Gabler Verlag. Wiesbaden 2000

Beltle Theodor: Die menschenwürdige Gesellschaft. Fischer TB. Frankfurt/Main 1985.

Blumenberg Hans: Arbeit am Mythos. Suhrkamp. Frankfurt/Main 1979/1996.

Boer Jo / Utermann Kurt: Gemeinwesenarbeit. Einführung in Theorie und Praxis. Ferdinand Enke Verlag. Stuttgart 1970.

Brix Emil / Richter Rudolf (Hg.): Organisierte Privatinteressen. Vereine in Österreich. Passagen Verlag. Wien 2000.

Bundesministerium für Umwelt, Jugend und Familie (Hg.): Gewalt in der Familie. Wien 1991.

Bürdeck Bernhard E. (Hg.): Der digitale Wahn. suhrkamp. Frankfurt/Main 2001.

Buschenreiter Alexander: Unser Ende ist Euer Untergang. Die Botschaft der Hopi und anderer US-Indianer an die Welt. Goldmann TB. Econ. Düsseldorf 1987.

Butler Judith: Hass spricht. Zur Politik des Performativen. Berlin Verlag. Berlin 1998.

Carroll Lewis: Alice im Wunderland. insel tb 1973.

Chodorow Nancy: Das Erbe der Mütter. Psychoanalyse und Soziologie der Geschlechter. Frauenoffensive. München 1985.

Dahlke Rüdiger: Der Mensch und die Welt sind eins. Wie oben so unten: unsere Existenz zwischen Mikrokosmos und Makrokosmos. Wilhelm Heyne Verlag. München 1987/1992.

De Becker Gavin: Mut zur Angst. Wie Intuition uns vor Gewalt schützt. Wolfgang Krüger Verlag. Frankfurt 1999.

Debord Guy: Die Gesellschaft des Spektakels. Edition Nautilus. Hamburg 1978.

Delors Jacques: Lernfähigkeit: Unser verborgener Reichtum. UNESCO-Bericht zur Bildung für das 21. Jahrhundert. Luchterhand. Berlin 1997.

Devereux Georges: Angst und Methode in den Verhaltenswissenschaften. Suhrkamp TB. Frankfurt/Main 1984/1988.

Dollase Rainer / Kliche Thomas / Moser Helmut (Hg.): Politische Psychologie der Fremdenfeindlichkeit. Opfer – Täter – Mittäter. Juventa Verlag. Weinheim 1999.

Drewermann Eugen: Kleriker – Psychogramm eines Ideals. Walter Verlag. Olten 1989/1990.

Edelwich Jerry: Ausgebrannt. Das Burn-Out-Syndrom in den Sozialberufen. AVM-Verlag. Salzburg 1984.

Elias Norbert / John L. Scotson: Etablierte und Außenseiter. Suhrkamp. Frankfurt/Main 1990.

Eugster Reto / Fleisch Elmar (Hg.): Zeitzeichen Mediation. Theorie und Praxis der Konfliktvermittlung. Roderer. Regensburg 2001.

Evans Patricia: Worte, die wie Schläge sind. Verbaler Missbrauch ihn Beziehungen. Rowohlt TB. Reinbek bei Hamburg 1995.

Förster Wolfgang / Steiner Winfried: Bürgerinitiativen Brevier. Orac. Wien 1987.

Freud Sigmund: Der Witz und seine Beziehung zum Unbewussten. Fischer TB. Frankfurt/Main 1958.

Fried Erich: Gedichte. Reclam. Stuttgart 1993.

Friedmann Yona: Machbare Utopien. Absage an geläufige Zukunftsmodelle. Fischer TB: Frankfurt/Main 1978/1979.

Fries Norbert: Sprache und Emotionen. Ausführungen zum besseren Verständnis – Anregungen zum Nachdenken. BLT / Lübbe. Bergisch Gladbach 2000.

Fuchs Anneliese / Himmelbauer Josef: Social feeling – Gefühl für Menschen. Pathologisches Wirtschaften und Auswege aus dem Dilemma. Böhlau. Wien 1999.

Gamm Gerhard / Kimmerle Gerd (Hg.): Vorschrift und Autonomie. Zur Zivilisationsgeschichte der Moral. edition diskord. Tübingen 1989.

Geiger Irmgard: Ist Krieg heilbar? Anregungen für ein tiefenpsychologisch inspiriertes Politikverständnis. Verlag Wissenschaft und Praxis. Sternenfels 1998.

Gendlin Eugene T.: Focusing. Technik der Selbsthilfe bei der Lösung persönlicher Probleme. Otto Müller Verlag. Salzburg 1981/1984.

Gilligan Carol: Die andere Stimme. Lebenskonflikte und Moral der Frau. Serie Piper. München 1984/1988.

Gloor Prisca: Mediation. Ein Vermittlungsverfahren für familiäre Konflikte. verlag pro juventute. Zürich 1993.
Gloor Maung, Prisca: Mediation – Wie wir uns einigen, wenn wir uns trennen. Ein Scheidungsratgeber. Herder. Freiburg im Breisgau 1996.
Gottschlich Maximilian: Sprachloses Leid. Wege zu einer kommunikativen Medizin. Die heilsame Kraft des Wortes. Springer. Wien New York 1998.
Gross Werner: Sucht ohne Drogen. Arbeiten, Spielen, Essen, Lieben .... Fischer TB. Frankfurt/Main 1990.
Gruhl Herbert: Ein Planet wird geplündert. Die Schreckensbilanz unserer Politik. Fischer TB. Frankfurt/Main 1978/1979.
Heilmann-Geideck Uwe / Schmidt Hans: Betretenes Schweigen. Über den Zusammenhang von Männlichkeit und Gewalt. Matthias-Grünewald-Verlag 1996.
Henssler Martin / Koch Ludwig (Hg.): Mediation in der Anwaltspraxis. Deutscher AnwaltVerlag. Bonn 2000.
Hillman James: Vom Sinn des langen Lebens. Wir werden, was wir sind. Kösel. München 2000.
Hofmann Inge: Faulheit ist das halbe Leben. Wer langsam lebt, bleibt lange jung. Das biologische Gesetz der Energie. Mosaik. München 2000.
Hofstätter Peter R.: Gruppendynamik. Kritik der Massenpsychologie. Rowohlt TB. Reinbek bei Hamburg 1957/1971.
Hollstein Walter: Nicht Herrscher, aber kräftig. Die Zukunft der Männer. Hoffmann und Campe. Hamburg 1988.
Kaspar Peter Paul: Knabenseminar. Ein Nachruf. Otto Müller Verlag. Salzburg/Wien 1997.
Khol Andreas: Durchbruch zur Bürgergesellschaft. Molden Verlag. Wien 1999.
Kingston Karen: Feng Shui gegen das Gerümpel des Alltags. Rowohlt TB. Reinbek bei Hamburg 2000.
Kingston Karen: Heilige Orte erschaffen mit Feng Shui. Ein Anleitungsbuch. Econ TB. München 2000 .
König Oliver: Macht in Gruppen. Gruppendynamische Prozesse und Interventionen. J. Pfeiffer Verlag. München 1996.
Körner Jürgen: Bruder Hund & Schwester Katze. Tierliebe – Die Sehnsucht des Menschen nach dem verlorenen Paradies. Kiepenheuer & Witsch. Köln 1996.
Kornbichler Thomas: Die Sucht, ganz oben zu sein. Zur Psychopathologie des Machtstrebens. Fischer Geist & Psyche. Frankfurt/Main 1996.
Laing Ronald D.: Knoten. Rowohlt TB. Reinbek bei Hamburg 1972/1984.
Lambrou Ursula: Familienkrankheit Alkoholismus. Im Sog der Abhängigkeit. Rowohlt TB. Reinbek bei Hamburg 1990/1994.
Lambrou Ursula: Helfen oder aufgeben? Ein Ratgeber für Angehörige von Alkoholikern. Rowohlt TB. Reinbek bei Hamburg 1996.
Laplanche J. / Pontalis J.B.: Das Vokabular der Psychoanalyse. suhrkamp TB. Frankfurt/Main 1973/1986.
Lay Rupert: Dialektik für Manager. Methoden des erfolgreichen Angriffs und der Abwehr. Wirtschaftsverlag Langen-Müller / Herbig. München 1983/1987.

Lindgren Astrid: Pippi Langstrumpf. Verlag Friedrich Oetinger. Hamburg 1949.
Lurija Alexander R.: Romantische Wissenschaft. Forschungen im Grenzbezirk von Seele und Gehirn. Rowohlt TB. Reinbek bei Hamburg 1993.
Massing Almuth / Weber Inge (Hg.): Lust & Leid. Sexualität im Alltag und alltägliche Sexualität. Springer. Berlin Heidelberg 1987.
Maturana Humberto: Erkennen: Die Organisation und Verkörperung von Wirklichkeit. Ausgewählte Arbeiten zur biologischen Epistemologie. Vieweg. Braunschweig 1982/1985.
Maturana Humberto: Was ist Erkennen? Piper. München 1994.
Maturana Humberto / Francisco J. Varela: Der Baum der Erkenntnis. Die biologischen Wurzeln des menschlichen Erkennens. Goldmann Verlag 1990.
Märchen der Brüder Grimm, Droemer Knaur. Mit 100 Bildern nach Aquarellen von Ruth Koser-Michaels. München 1937.
Mitscherlich Alexander: Auf dem Weg zur vaterlosen Gesellschaft. Ideen zur Sozialpsychologie. Serie Piper. München 1973/1996.
Moeller Michael Lukas: Die Liebe ist das Kind der Freiheit. Rowohlt TB. Reinbek bei Hamburg 1986/1990/1992.
Moeller Michael Lukas: Die Wahrheit beginnt zu zweit. Das Paar im Gespräch. Rowohlt. Reinbek bei Hamburg 1988/1989.
Moore Robert / Gillette Douglas: König, Krieger, Magier, Liebhaber. Die Stärken des Mannes. Kösel. München 1992.
Mucchielli Roger: Gruppendynamik. Theoretische Einführung und praktische Übungen. Otto Müller Verlag. Salzburg 1972.
Neumann Erich: Tiefenpsychologie und neue Ethik. Fischer TB. Frankfurt/Main 1985/1990.
Olivier Christiane: Jokastes Kinder. Die Psyche der Frau im Schatten der Mutter. dtv. München 1989.
Ötsch Walter: Haider light. Handbuch für Demagogie. Czernin Verlag. Wien 2000.
Perner Rotraud A.: Die Tao-Frau. Der weibliche Weg zur Karriere. C. H. Beck. München 1997.
Perner Rotraud A.: Lust Macht Mut. Ein Strategiehandbuch für Frauen. Ueberreuter. Wien 2000.
Perner Rotraud A.: Madonna UND Hure. Jagdstrategien für Amazonen. ankh Verlag. Weichselboden 1997.
Perner Rotraud A.: Management macht impotent – Abschied vom Mythos Macher. Orell Füssli. Zürich 1997.
Perner Rotraud A. (Hg.): Menschenjagd. Vom Recht auf Strafverfolgung. Donau Verlag. Wien 1992.
Perner Rotraud A.: Schaff' Dir einen Friedensgeist! Gewaltprävention im Alltag. aaptos. Wien, 2001.
Perner Rotraud A.: Schuld & Unschuld. Täter und Opfer sexueller Gewalt. aaptos. Wien 1994.
Perner Rotraud A.: Ungeduld des Leibes – Die Zeitrhythmen der Liebe. Orac. Wien 1994.
Perner Rotraud A.: Zeugin der Lüste. Lust und Frust der Rundfunksexualberatung. Edition Tau. Bad Sauerbrunn 1991.

Perner Rotraud A. (Hg.): Zuliebe zu Leibe. Über die Möglichkeit und Unmöglichkeit kindlicher Erotik. Edition Tau. Bad Sauerbrunn 1991.
Peseschkian Nossrat: Positive Familientherapie. Eine Behandlungsmethode der Zukunft. Fischer TB. Frankfurt/Main 1982.
Pilgrim Volker Elis: Der Vampirmann. Über Schlaf, Depression und die Weiblichkeit. Eine Forschungsnovelle. Claassen. Düsseldorf 1989.
Pilgrim Volker Elis: Dressur zum Bösen. Warum wir uns selber und andere kaputt machen. Rowohlt TB. Reinbek bei Hamburg 1986.
Plesse Michael / St. Clair Gabrielle: Feuer der Sinnlichkeit. Licht des Herzens. Tantrische Selbsterfahrung für einzelne und Paare. Goldmann. München 1992.
Rauchfleisch Udo (Hg.): Homosexuelle Männer in Kirche und Gesellschaft. Patmos. Düsseldorf 1993.
Redfield James: Die Prophezeiungen von Celestine. Ein Abenteuer. Wilhelm Heyne Verlag. München 1994.
Restak Richard M.: Geheimnisse des menschlichen Gehirns. Ursprung von Denken, Fühlen und Handeln. mvg München 1989.
Richter Horst-Eberhard: Die Gruppe. Hoffnung auf einen neuen Weg, sich selbst und andere zu befreien. Psychoanalyse in Kooperation mit Gruppeninitiativen. Rowohlt TB. Reinbek bei Hamburg 1972/1978.
Riemann Fritz: Grundformen der Angst. Eine tiefenpsychologische Studie. Ernst Reinhard Verlag. München 1984.
Ringel Erwin: Die österreichische Seele. 10 Reden über Medizin, Politik, Kunst und Religion. Böhlau. Wien 1984.
Ringel Erwin / Kirchmayr Alfred: Religionsverlust durch religiöse Erziehung. Tiefenpsychologische Ursachen und Folgerungen. Herder. Wien 1986.
Rinne Olga: Und wer küßt mich, fragt die Muse. Frauen finden ihre eigene Kreativität. Kreuz Verlag. Zürich 1989.
Rogers Carl R.: Der neue Mensch. Klett-Cotta. Stuttgart 1983.
Rogers Carl R. / Rosenberg Rachel L.: Die Person als Mittelpunkt der Wirklichkeit. Klett-Cotta. Stuttgart 1980.
Rossi Ernest L.: 20 Minuten Pause. Wie Sie seelischen und körperlichen Zusammenbruch verhindern können … Junfermann. Paderborn 1993.
Rutschky Katharina: Schwarze Pädagogik. Quellen zur Naturgeschichte bürgerlicher Erziehung. Ullstein. Berlin 1977/1997.
Saint-Exupéry Antoine de: Der kleine Prinz. Arche. Zürich 1983.
Satir Virginia: Selbstwert und Kommunikation. Familientherapie für Berater und zur Selbsthilfe. Verlag J. Pfeiffer. München 1975/1985.
Schaef Anne Wilson: Im Zeitalter der Sucht. Wege aus der Abhängigkeit. dtv. München 1991/1997.
Schellenbaum Peter: Im Einverständnis mit dem Wunderbaren. Was unser Leben trägt. Kösel. München 2000.
Schellenbaum Peter: Homosexualität im Mann. Eine tiefenpsychologische Studie. Kösel. München 1991.
Schiller Hans-Ernst: Brüderlichkeit und Moralprinzip. Zur politischen Ethik. in: Gamm Gerhard / Kimmerle Gerd s. o.

Schmidbauer Wolfgang: Die hilflosen Helfer. Über die seelische Problematik der helfenden Berufe. Rowohlt. Reinbek bei Hamburg 1977/1981.
Schulz von Thun, Friedemann: Miteinander reden 1. Störungen und Klärungen. Allgemeine Psychologie der Kommunikation. Rowohlt TB. Reinbek bei Hamburg 1981/1991.
Schutz Roger: Die Gewalt der Friedfertigen. Auf der Suche nach dem dritten Weg. Herder. Freiburg 1972.
Seemann Hans-Jürgen / Meier Rainer: Das Prinzip Bosheit. Die Alltäglichkeit der Schikane. Beltz. Weinheim und Basel 1988/1989.
Sierck Udo: NORMalisierung von rechts. Biopolitik und >Neue Rechte<. Verlag Libertäre Assoziation. Hamburg 1995.
Sloterdijk Peter: Im selben Boot. Versuch über die Hyperpolitik. suhrkamp TB. Frankfurt/Main (1993) 1995.
Specht Harry / Vickery Anne: Methodenintegration in der Sozialarbeit – zur Entwicklung eines einheitlichen Praxismodells. Lambertus. Freiburg, 1980.
Spitz René A.: Vom Säugling zum Kleinkind. Naturgeschichte der Mutter-Kind-Beziehung im ersten Lebensjahr. Klett-Cotta. Stuttgart 1983.
Sprenger Reinhard K.: Aufstand des Individuums. Warum wir Führung komplett neu denken müssen. Campus. Frankfurt 2000.
Starhawk: Wilde Kräfte. Sex und Magie für eine erfüllte Welt. edition phönix. Freiburg im Breisgau 1987.
Steiner Claude: Macht ohne Ausbeutung. Zur Ökologie zwischenmenschlicher Beziehungen. Junfermann Verlag. Paderborn 1985/1991.
Stromberger Barbara: Briefe ohne Kuvert & Liedtexte & Gedichte. Verlag Kitab. Klagenfurt 2001.
Stromberger Barbara: knack. Texte. Edition Carinthia. Klagenfurt 1999.
Stromberger Barbara: Saitenweise Texte.
Tannen Deborah: Du kannst mich einfach nicht verstehen. Warum Männer und Frauen aneinander vorbeireden. Kabel. Hamburg 1991.
Teilhard de Chardin Pierre: Das Auftreten des Menschen. Walter Verlag. Olten 1964.
Teilhard de Chardin Pierre: Der Mensch im Kosmos. Verlag C. H. Beck. München 1959/1999.
The Calouste Gulbenkian Foundation (Hg.): Gemeinwesenarbeit und sozialer Wandel. Aktuelle Planungs- und Ausbildungsfragen. Lambertus. Freiburg 1972.
Thureau-Dangin Philippe: Die Ellenbogen-Gesellschaft. Vom zerstörerischen Wesen der Konkurrenz. S. Fischer. Frankfurt/Main 1998.
Traugott Hannelore: Lilith. Eros des Schwarzen Mondes. Edition Astrodata. Wettswil 1995.
Ulrich Thomas: Dualseelen und Seelenpartner. Das Geheimnis der ewigen Liebesverbindung. Heyne TB. München 2001.
Wagner Johanna: Die, die so aussehen wie jemand, aber möglicherweise etwas ganz anderes sind. Aus der Praxis afrikanischer Medizinmänner. Verlag Clemens Zerling 1990.
Watzlawick Paul: Anleitung zum Unglücklichsein. Piper. München 1983.

Watzlawick Paul / Beavin Janet H. / Jackson Don D.: Menschliche Kommunikation. Formen, Störungen, Paradoxien. Verlag Hans Huber 1969/1982.

Weber-Kellermann Inge: Weibliches Schuldgefühl aufgrund tradierter Rollenansprüche. in: Massing / Weber s. o.

Zauner Hansjörg: Das Falten der Zahlen, Worte, Abstände. Gedichte, Fotos, Zeichnungen. Edition URURSCZ. Wien 1986.

Zehentbauer Josef: Körpereigene Drogen. Die ungenutzten Fähigkeiten unseres Gehirns. Artemis & Winkler. München 1992/1993.

Zehentner Traude: Bauchgedanken Kopfgefühle. Edition Eff-Eff. Frischfleisch. Wien o. A.

Zeldin Theodore: Der Rede Wert. Wie ein gutes Gespräch Ihr Leben bereichert. Malik. München 1999.

Zilbergeld Bernie: Männliche Sexualität. Was nicht alle schon immer über Männer wussten … Forum für Verhaltenstherapie und psychosoziale Praxis Bd. 5. Deutsche Gesellschaft für Verhaltenstherapie. Tübingen 1983.

Zwettler Sylvia: Warum Lehrer Lehrer werden. Eine hilfreiche Verhaltensstudie für Eltern, Lehrer und Schüler. Orac Pietsch. Wien 1981.

Das Standardwerk zur Gewaltfreiheit von Rotraud A. Perner:

Schaff' dir einen Friedensgeist!
Gewaltprävention im Alltag

Fair TEILen setzt einen Friedensgeist voraus.
Unfair TEILen ist eine Form von Gewalt. Es schädigt das eigene und fremde Potenzial.

Jeder von uns kann immer und überall Opfer, Zeuge oder Auslöser von Gewalt werden. Und kaum jemand weiß, wie man sich anders verhalten kann als Gewalt durch Gewalt zu bekämpfen. Gewalt kennt viele Tatorte – Büros, Straßen, Institutionen, Wohnungen, Schlafzimmer, Kinderzimmer, Schulen, Wirtshäuser ...

Die Autorin liefert in diesem Buch die notwendigen Strategien, damit Menschen eine Chance haben, sich anders, eben vernünftiger, zu verhalten als unsere archaischen Vorfahren. Wenn wir aber Frieden haben wollen, müssen wir unseren unkontrollierten Kampfgeist aufgeben und uns einen Friedensgeist erarbeiten. Das heißt, wir müssen

- eigene und fremde Gewaltbereitschaft schon im Ansatz erkennen
- eigene Aggressionen beherrschen und in Kraft umwandeln
- eigene Ziele in Sprache ausdrücken
- eigene Grenzen verteidigen und
- andere zu einem Miteinander statt Gegeneinander motivieren.

Um die notwendigen Strategien zu erlernen, bietet Prof. Dr. Rotraud A. Perner Vorträge, Seminare, Workshops und Einzelcoachings auf Anfrage an. Nähere Auskünfte erhalten Sie unter der Telefonnummer 0043/(0)1/9681818 oder per E-Mail unter rotraud.a.perner@chello.at

Aaptos Verlag, Wien
ISBN 3-901-499-06-6